テロリスト・ワールド

真鍋 厚

現代書館

テロリスト・ワールド＊目次

プロローグ

ガンディーもゲバラもマンデラも
皆テロリストだった

われは知る、テロリストの
かなしき心を——
言葉とおこなひとを分ちがたき
ただひとつの心を、
奪はれたる言葉のかはりに
おこなひをもて語らむとする心を、
われとわがからだを敵に擲げつくる心を——
しかして、そは真面目にして熱心なる人の常に有つかなしみなり。

「ココアのひと匙」　石川啄木

裁判なし、長期勾留、拷問、暗殺……何でもOK

「テロリズム」「テロリスト」と聞いてどんなイメージを持つだろうか。

「悪」「残酷」「卑怯《ひきょう》」「自爆」などさまざまな言葉が思い浮かんでくるかもしれないが、実のところ、その大半はメディア（主としてマスメディア）から提供された「テロ事件」の被害の衝撃的な映像や情報に依存したものに過ぎない。だから、「テロリズム」「テロリスト」の実像といっても、直接当事者や関係者などに会って詳しい話を聞き、因果関係を解きほぐしていかない限りは「何がどうなっているのかはよく分からない」のが現実といえる。

例えば、次のようなレポートがある。

アブ・オマル自身はイスラム国建国の目標を信じ、妻と3歳の息子を残して戦闘に加わった。最初は頭部の切断や無差別殺人といったISISの残虐行為も弁護しようとしたものの、その残虐さに耐えられなくなったと告白。米軍などがシリア北部のラッカでISISの拠点を空爆し、戦闘員が散り散りになった隙をみて逃げ出したという。(1)

これは、イスラーム教スンニ派過激派組織「イスラーム国」の元メンバーにインタビューしたCNNの記事の一部だ。このことから推測できるのは、ほかにも同様の心境変化などにより違和感を覚えたものの、依然組織内に留まっている者がいるということである。

あらゆる組織がそうであるように、「イスラーム国」も多様な人種、価値観・思想の持ち主の寄せ集めであり、決して一枚岩ではない。また、最も身近な組織といえる企業がそうであるように、トップと中間管理職と実働部隊では、考えていることも生活スタイルも大きく異なることも想像に難しくないだろう。

南米のとある国で政府の中枢である「国家宮殿」を襲撃し、閣僚や国会議員などを人質に取って、仲間の釈放と身代金を得た組織のリーダーは、後日ジャーナリストにこう語った。

～怖くはなかったか？

「怖かった。もちろんだ。死ぬ覚悟はしていた」

～もし、政府軍が強行突入をはかったら、人質をことごとく射殺するつもりだったのか？

「難しい質問だ。政治的な意味を考えれば、そのようにすべきだろう。そうしなければ、次の闘争が難しくなるだろうからだ。私も当然、すんなりと投降するつもりはなかった。

ただ、実際に無抵抗な人質を射殺できるかとなると話は別だ。たぶんできなかったんじゃないかと思うが、究極の選択であり、答えは自分でもわからない。そういう事態にならなかったことに、今となっては感謝するしかない[2]」

しかし、われわれは「テロリスト」と聞くと、ロボットのような冷酷無比な人間を想像しがちだ。つの人々がわれわれと同じく「状況」に左右される存在であることがみえず、迷いや逡巡などとは無縁の「狂信」の文脈でしかその行動を理解することができない者も多い。

では、そもそも「テロリスト」とは一体誰のことを指し示しているのだろうか。いわば「テロリスト」の定義に関わる問題である。

9・11事件（二〇〇一年九月十一日に発生した全米同時多発テロ事件）の後、世界中で突然不当に拘束され、文字どおり行方不明になるムスリム（イスラーム教徒）が相次いだ。キューバの米軍事基地内にある悪名高きグアンタナモ湾収容キャンプに、アフガニスタンをはじめとする多くの地域から「テロリスト」の容疑を掛けられた者が、「国際法に反する方法」によって強制的にかき集められたからであった。しかも、これは世界最大の超大国が何食わぬ顔で行なった「秘密作戦」だった。

だが、のちに容疑者のほとんどは無実であったことが判明する（本書第二章）。彼らの中には、過酷な監禁状態のせいで死んだ者、拷問のせいでPTSD（心的外傷後ストレス障害）になった者、仕事をなくし家族もなくし、母国にすら戻れない者もいる。人間としての最低限の保障を受けられず、むしろその尊厳をとことんまで踏みにじられ……、最悪なのはそれに対する謝罪もなく「人権侵害」の認識すら乏しいことだ。

一切の先入観を排するため、もっと極端な例について、抽象的に表現してみよう。

ある宗教の説教師が自国の政府を批判する演説を繰り返し、ある非合法組織への勧誘に一定の影響力を持っている。ただそれだけの理由で、正式な起訴もなく罪状を証明する具体的な証拠も明らかにしないまま、何の予告もなしに無人機からミサイルを発射し、この説教師と一六歳になる彼の息子を殺害したのである。

しかも、この説教師は、他国にいながらにして「自分が市民権を持っている自国の軍隊」に攻撃されたのだ。つまり、国家のトップの指示を受けた政府の諜報機関によって「超法規的」に暗殺されたわけである（本書第四章）。政府側のいい分はこうだ。彼は国際的テロ組織のメンバーで、「わが国に差し迫った脅威がある」。その場合に限っては、自国民を殺害することができる云々と。だが、その『脅威がある』根拠」とやらは国家機密なので開示できないという。

要するに、すべてはブラックボックスというわけである。

もし、あなたが地球外生命体の「ナントカ星人」だとしたら、以上の事件をどのような視点でどのように評価するだろうか。

何やら地球では「テロリスト」と名が付く者は、連続殺人鬼や連続強姦魔、あるいはマフィアの大ボスなんかと違って、完全に「人外なもの」として取り扱われ、法治国家であるにもかかわらず、まともな「裁判」もなく、最低限の「人権」も保障されず、滅茶苦茶に拷問しても、長期間勾留しても何の問題もないのが通例のようである……。

しかし、仔細にみていくと、肝心のその「テロリスト」とやらは、どのような属性を意味しているのかは釈然としない。というか、立場によって「自由の戦士」だとか「祖国の英雄」だとかコロコロ変わるし、当人の行動は変わらないのに当局の都合で「テロリスト」のレッテルを貼ったり、剝がしたりしている……、しまいには、かつて「テロリスト」として数十年もの間投獄された人々の中からは、「ノーベル賞」という大変名誉な賞を授与される者まで出現している。歴史を振り返ると、インド独立の父であるマハトマ・ガンディーも、革命のアイコンとしてお馴染みのチェ・ゲバラも、BBCの世論調査で世界大統領に最も相応しいとされたネルソン・マンデラも、皆当局からテロリストとして遇されていた(ちなみに、マンデラは南アフリカ共和国大統領に就任した後も米政府のテロリスト監視リストに名前が載っていた)。これでは、まったくわけが分からない。

最も理解しやすい解釈は、「バカ」とか「アホ」とか「単細胞」とか「ろくでなし」とかと同じ、単なる悪口、ダーティワードであるということだろう。つまり、「ムカつくから殺してしまいたい」という程度の乏しい語意でしかない。

フランソワ＝ベルナール・ユイグはいう。

テロ組織の活動が大国の利益と一致したり、適切な敵を相手にしている場合、専制政治に反抗して武器をとる「自由の戦士」という地位に移行する場合がある。たとえば、アメリカはコソヴォ解放軍(UCK)を一九九九年にテロ組織リストからはずした(アメリカはかつて、ネルソン・マンデラひきいる南アフリカのアフリカ民族会議(ANC)もテロ組織とみなしていた)。また、イランの反体制武装組織ムジャヒディン・ハルクは、現在、欧州連合(EU)のテロ組織リストに載っていない。さらに、コロンビア革命軍(FARC)やハマスも、組織リストから除外すべきだという声があがっている。

このように、「テロリスト」と「自由の戦士」は表裏一体の存在なのである。（『テロリズムの歴史』遠藤ゆかり訳、創元社）

つまり、国々や組織ごと、さらには個人個人で、価値基準が異なることから、「テロリスト」の普遍的な定義などしようもないというのが実態なのだ。

加藤朗はそれをこんなふうに説明する。

個人や共同体の価値観は千差万別なために、人間のアプリケーションソフトもまた千差万別となる。だから、あるコトが情報として人間の「アプリケーションソフト」に入力された時、その「アプリケーションソフト」の処理によって、テロとして出力、認識されるか、反政府闘争として出力、認識されるか、あるいはもっと他のコトとして出力、認識されるかが分かれるのである。だからテロは定義できない。（加藤朗『13歳からのテロ問題　リアルな「正義論」の話』かもがわ出版）

都合の悪い事実を隠せる都合の良い単語

今話題の「イスラーム国」は、独自の広報戦略によって「実際の実力以上に脅威を与える」ことに成功している（本書第八章）。

だが、「近現代史で最大の大英帝国を打ち立てたイギリスの面積よりも広い地域を、一組織が支配下に置くことに成功」したこと、「国境を越えた共同体への帰属意識と、宗教的イデオロギーに感化された外国人戦闘員の移住は、昨今までは稀な現象であり、政治学上の名称も存在しなかった」（以上、アブドルバーリ・アトワーン『イスラーム国』春日雄宇訳、中田考監修、集英社インターナショナル）ことの二点を無視して、「イスラーム国」のメンバーを一まとめに「テロリスト」と呼んでしまうのは少々的外れな感じがする。彼らは「カリフ制国家」を名乗り、実際に領土を持ち、行政サービスなどを展開しているのだから、どちらかといえば民族自決を謳う「反政府武装勢力」や「反政府ゲリラ」のカテゴリーに近いだろう。大きく異なるのは、特定民族ではなくイスラーム共同体（スンニ派）を主体としていることだ。過大評価や過小評価にブレたりすることなく、活動の本質を見抜くことが最適な対策への近道となる。

「彼ら」の存在が「われわれ」の眼前に急浮上したのは、日本人二人が殺害された二〇一五年一～二月の人質事件からで、それ以降、国内で感化された者によるテロの危険性を盛んに煽る行政と一部のマスメディアが現われた。

だが、今後の可能性について高い順から予測した場合、日本国内に限定すれば、「われわれ」日本人が「テロリスト」になったり、テロリストの標的にされることよりも、恐らくはテロリストの疑いを掛けられて監視対象になったり、事情聴取を受けたり、一時的に拘束を受けたりすることのほうがあり得そうな事態である。なぜなら、インターネット上の書き込みや検索履歴だけで判断すれば、「怪しい」者はいくらでもいるからだ。

そういう点からいったん立ち止まって考えてみる必要があるだろう。

現在、「テロリスト」という言葉は「悪」と同義になっている。

近年、ここまで「純度の高い悪」として濫用されることはなかったように思う。そのような単純化は、世界を「マニ教的な善悪二元論」の視座で眺めるがごとき誤りを招く。いわば「世界の複雑性」からの逃避である。

二〇一五年九月十一日、あの忌まわしい9・11事件から一四年を迎えた。

【ワシントン＝尾関航也】オバマ米大統領は、米同時テロから十四年となった十一日、ワシントン近郊の軍施設で演説し、「脅威は今も消えていない」と述べた。

イスラム過激派組織「イスラム国」の掃討など、国際テロ防止に向けた長期的な取り組みを継続する必要があるとの考えを強調した。

オバマ氏は、「イラク、シリア、アフガニスタン、北アフリカで、テロ組織やテロリストの思想が今も重大な脅威をもたらしている」と強調し、米国が今もイスラム過激派の脅威に直面しているとの認識を示した。

同時テロについては、テロをきっかけに米国民の結束が強まったと指摘。「我々は、共通の信念と考え方、責任感でつながっている」と語り、国民に対し立場の違いを超えて米政府の対テロの取り組みを支持するよう訴えた。(3)

かつては「戦争」という〝イベント〟が、国民の結束を強めるための起爆剤だったとすれば、今は

「テロ」というイベントがその役割を担っている（実際は自由な社会をとことんまで破壊し、国内の民族・宗教対立をさんざん煽っただけである）。二〇一五年十一月十三日に発生したパリ同時多発テロ事件（死者一三〇人以上）、十一月十七日にロシア政府が「テロ」と断定した十月三十日のエジプトにおける旅客機墜落事故（死者二二四人）以降もますますこの状況が進行している。フランソワ・オランド大統領が「フランスは戦争状態にある」と宣言したことは決して比喩ではないのだ。まさに常時戦争状態が継続していること（いつでも有事！）において、国民を徹底的にコントロールする全体主義の世界を描いたジョージ・オーウェルの小説『一九八四年』の超大国「オセアニア」そのものである。「テロとの戦い」に終わりがなければ、憲法違反をものともしない挙国一致体制にも終わりがない。

だが、現在の悪夢を作りだしたのはアフガニスタン紛争からイラク戦争へと続く米国の事実上の侵略戦争のせいだ。壊滅の危機にあったアル＝カーイダはフランチャイズ化とともに息を吹き返し、「イラク、シリア、アフガニスタン、北アフリカ」で猛威を振るい、最終的にカリフ制国家を名乗る「イスラーム国」の出現を招いた。つまり「アメリカのイラク占領以降の一一年間は、国内のスンナ派を周縁化し、無視、蔑視する政策が採られたが、この政策によりイスラーム国誕生のための種が蒔かれ、やがて成長していったのであった」（『イスラーム国』）。

米国は、彼らを「脅威」とみなすが、最新の研究によれば、（あえて「テロ」という言葉を使用させてもらうが）米国内においては、右派の白人過激派によるテロのほうがイスラーム過激派のそれを上回っているのである。[4] これは白人至上主義者によるヘイトクライムが「脅威」の一つとしてカウントの対象に入っていないことを意味する。いつの時代も国家は、「行き過ぎた反体制活動家たち」よりも「行き過ぎた愛国者、国粋主義者たち」を贔屓《ひいき》するものなのだ。

これは「テロ」というマジックワードが国家に体よく利用されている事態以外の何ものでもない。

「テロとの戦い」でいえば、「テロ」というマジックワードは、まず「われわれ」と「彼ら」を分かち、次に名指す側である国家アクターによる「国家テロリズム」をみえなくしてしまう。通常、国家による「テロ」は、「テロ」とは報道されないし、国連統計の「テロ」にすらカウントされないからだ。つまり、「テロ」とは、国家アクターにとっては、「都合の悪い事実を覆い隠すことができる都合の良い単語」なのである。一例を挙げれば、フリージャーナリストの常岡浩介がいうように、欧米を中心とした国際社会が「イスラーム国」の残虐行為ばかりに目を向けがちになることで、それの何十倍もの犠牲者をだしているシリアのアサド政権の残虐行為にはスポットが当たらなくなってしまう（本書第五章）。

「テロ」というマジックワードがもたらす遠近法的な効果といえるだろう。

そう、実際問題として、非国家アクターによる「テロ」は、「情報が豊富」ゆえに「話題になりやすい」――その一点だけで素早く拡散されるのだ。では、なぜ国家による「戦争犯罪」や「事実上の虐殺行為」は、その内実はまったく同じなのに「テロ」とは認識されず、こんなにも多くの人々の目からスルーされるのか……。

そんなわけの分からないマジックワードの問題について、そのマジックワードの是非も含めて考え付く限りのことをほじくり返そうというのが本書の狙いだ。

だから、本当のところ明解な答えはない。あえていうなら「世界の複雑性」に正比例した答えがあるだけである。しかし、それと付き合えるタフさ（ある種の能天気さ?）がなければ「われわれ」に未来はないだろう。

筆者の立場は、「テロ」の正当化や安易な国家批判ではなく、「テロ」をめぐる従来の言説や受け取り方に再考を迫るものだ。つまり、「われわれ」と自明視しているものに「揺さぶり」を掛けることができれば、本書の目的は半ば達成されたといえる。

では、本当の「テロ」の話をしよう。

第一章

テロリストとは誰か

徳なき恐怖は罪悪であり、恐怖なき徳は無力である。恐怖は迅速、峻厳、不屈の正義に他ならず、徳性の発現である。それは特殊原則というより、祖国緊急の必要に適用された民主主義の帰結である。

マクシミリアン・ロベスピエール

（『世界を創った人々22　ロベスピエール』小井高志編訳、平凡社）

わたしは彼の死を欲する。わたしは彼を殺さねばならぬことを知っている。テロと革命のために必要なのだ。わたしは力が藁《わら》をもみつぶすことなら信じるが、言葉は信じない。できるなら、わたしは政府高官と支配者の全員を殺すだろう。わたしは奴隷でありたくないし、奴隷がいることも望まぬ。どうして殺人がいけないのか、わたしにはわからぬ。それに、自由の名において殺すのはよいが、専制の名において殺すのは悪いなどという理くつが、わたしには納得できない。

ロープシン（『蒼ざめた馬』川崎浹訳、岩波書店）

〝テロリスト〟という言葉のレトリック

テロリストとは、要するに蔑称のことだ。

どこかの政府もどこかのマスコミも決して肯定的な意味で使うことはない。「悪の枢軸」（axis of evil）とか「ならずもの国家」（rogue state）とか、そういった極めて独善性の強い作為的なレッテルの一つである。それはよく知られている。そもそも、これまで「いかなる人物、集団も自らを『テロリスト』だと名乗るようなことはほとんどなかった」（チャールズ・タウンゼンド『1冊でわかる テロリズム』宮坂直史訳・解説、岩波書店）ことがそれを裏付けている。いわゆる「テロ組織」が「テロリスト募集」などと掲げていることなど絶対にあり得ない。自称ではなく他称であること。それがこの言葉に含まれるニュアンスを規定しているのだ。

では、そのテロリストと呼ばれる人々はいったい何者なのか。

まず、われわれ日本人の一般的な傾向として、テロリストと聞いたら真っ先にどのような人物を思い浮かべるだろうか。

白人を思い浮かべる者はまずいないだろう。

黒人はどうか。これも少ないと思われる。わが国を含む中国や朝鮮半島などの東アジア系も同様に少ないだろう。恐らく高い割合ででてくるのは、「イスラーム過激派」と称される人々なのではないだろうか。これは別に日本人特有の偏見ではなく、全世界的な傾向である。その大きな理由の一つに9・11事件以降の状況が挙げられる。米国は、9・11事件を国際テロ組織「アル＝カーイダ」の犯行と断定し、米国を中心とする有志連合vs.イスラーム過激派とその支援者（国）という「対テロ戦争」（war on terrorism）の正当性を主張。これに伴い、各国政府やマスメディアがイスラーム過激派にとどまらず、イスラーム教徒（ムスリム）やイスラーム諸国に対するネガティブキャンペーンを展開した。このことから、テロリストのイメージがイスラーム教を信仰するアラブ系の人々と強く結び付きやすくなった。最近では、イスラーム教スンニ派過激派組織「イスラーム国」に呼応するかのようにカナダやアメリカなどで発生しているホームグロウン・テロ（欧米諸国に居住する者が過激思想に感化・同調し、自国で実行するテロのこと。二〇一一年以降、「アル＝カーイダ」が「個人的ジハード」「単独ジハード」の名称でシンパに実行を呼び掛けている）の影響によって、イスラーム教に改宗した自国民をも含むムスリム全体にまでそのネガティブイメージの範囲が拡大している。当然、これらの大半は誤ったメッセージであり、特定の宗教や人種にテロリズムの原因があるわけではない。

しかしながら、テロリスト＝ムスリムという連想が生まれやすい下地が、特に欧米をはじめとした先進諸国ではでき上がってしまっているのだ。

次に、テロリストというと、政府や捜査当局のトップがよく口にする「テロには屈しない」「テロリストとは交渉しない」という常套句に象徴される、人の弱みに付け込む血も涙もない「悪魔（サタン）」のごとき人々を真っ先にイメージするかもしれない。つまり、「テロリストは純度一〇〇％の絶対悪であるため、一％でもテロリストの要求を呑んでしまうとわれわれ（善の側？）の負けとなり、同種のテロが繰り返されて世界の秩序がどんどん悪化する」という、政府や捜査当局がアナウンスする際の非常に単純化された図式のことである。

実はこれもまったく正しくない。むしろ、場合によっては助かる命も助からなくなってしまう。一例を挙げよう。「イスラーム国」は、さまざまな報道で異教徒や同性愛者などに対する虐殺行為が取り沙汰され、アナーキーな殺人狂集団のような印象が強いが、その一方で、ジャーナリストや欧米人の誘拐をビジネスとしてやってもいる。ビジネスということは、当然信用取引なのだから人質の保障はさることながら、ちゃんと裏で交渉が行なわれていることを意味する。このあたりの事情に関してはＡＦＰがこう報じている。


２０１３年６月の主要８か国（Ｇ８）首脳会議では、自国民が人質になった場合でも身代金を払わないことが約束された。昨年１月にも、英政府主導で国連安全保障理事会（UN Security Council）が同様の決議を出している。

しかし、その効果はほとんどない。国境なき記者団（Reporters Without Borders）によれば、ＩＳによって12人の外国人記者が解放された。ほとんどが、おそらく身代金が支払われた後の解放だったとみられている。

イタリア政府はもう少しで、支払いの事実を認めるところだった。また、ニューヨーク・タイムズ紙の調べでは、オーストリア、フランス、スペイン、スイスが何千万ドルもの身代金を国際テロ組織アルカイダ（Al-Qaeda）に支払っている。(1)

テロリストと呼ばれる人々は、自らの収入を確保するため純粋にビジネスとして誘拐を行なうことが珍しくない。どちらかといえば、テロ活動のための資金稼ぎとの位置付けであるので、身代金が支払われれば人質も無事に解放されることが多い。

「テロには屈しない」「テロリストとは交渉しない」という常套句を聞くと、まるで話の通じない相手であるかのような印象を持つが、同じ人間である以上そんなことはあり得ない。現実的には、「交渉は可能」であり、前述のように実際に交渉は行なわれているのだ。二〇一五年一月に動画が公開されて話題になった会社経営者の湯川遥菜さんとジャーナリストの後藤健二さんの人質事件では、初期段階で日本政府が後藤さんの家族に交渉をやめるよう命じた経緯もあり[2]、残念ながら斬首により殺害されるという最悪の結末を迎えてしまったが、いずれにしても当事国の政府や捜査当局には建前があるので、交渉の有無も含めて大っぴらにされることはない。

また、テロリストは貧困層・失業者層・低教育層から、その悲惨な境遇に絶望してでてくるとの見方もいまだに根強いが、これも人物像としては完全に間違っている。

アラン・B・クルーガー『テロの経済学』（藪下史郎訳、東洋経済新報社）では、社会で最高の教育を受けている人や高所得の職業に就いている人のほうが、社会的に最も恵まれていない人たちよりも過激な意見を持ち、かつテロリズムを支持する傾向があることを、さまざまなデータから明らかにしている。

実際、９・11事件の実行犯たちや、海外研究者らの間で宗教テロリズムとの評価が定着したオウム真理教による地下鉄サリン事件の実行犯たちは、比較的高学歴の者が多かった。

では、これらのテロリストと呼ばれる人々をテロリストたらしめている肝心のテロリズムとは、いったい何なのか。

手早くインターネットなどで調べてみると、たぶん以下の定義がぞろぞろとでてくるだろう。

一定の政治目的を実現するために暗殺・暴行などの手段を行使することを認める主義。また、それに基づく暴力の行使。（大辞林 第三版）

政治的に対立する個人または集団に対し、その肉体的抹殺をも含めて、組織的暴力を加える行為をいう。実行者が単独であっても、その動機に一定の政治的主張があればやはりテロリズムと呼ぶ。（ブリタニカ国際大百科事典 小項目事典）

どんな辞典を捲《めく》ってもだいたいこんな具合だ。

だが、これらの定義には実行者の主語（誰が？）が抜け落ちている。

国家なのか、集団なのか、アクターを明確にしていない。要するに、これは広い意味で暴力主義の思想的な背景（政治的な動機など）を説明しているに過ぎないのである。「エコテロリズム」（環境保護団体による国や企業を標的にした破壊活動）から「個人妄想テロリズム」（「個人的な復讐」を社会全般に対する攻撃に結び付けるローンウルフ〈一匹狼〉型の破壊活動）に至るまで多様な組み合わせによる使い方がなされているのはそのためだ。

ノーム・チョムスキーは、9・11事件以前から米国自身が「テロ国家の親玉（leading terrorist state）」と繰り返し発言していることで有名だが、こういうふうな使い方は一般的にあまり馴染みがないかもしれない。しかし、これは根拠のないレッテル貼りではない。その一例として、米国はレーガン政権時代に中南米のニカラグアへ介入したことに関し、国際司法裁判所から国際的テロとして有罪を宣告された前科がある(3)（第五章参照）。

けれども、特定の誰かをテロリストと名指しするとき、名指しする側は必ずといっていいほど国家であることが多い。というか、恐らくは大半がそうだろう。

それゆえ「国家テロリズム」という概念は、実行者である国家にとっては非常に都合が悪い。正確な情報が表にでることがほとんどなく、新聞などで目にする機会が少ないのはそのためだ。「すなわち、関心は『盗賊のテロリズム』と『やつらのテロリズム』に集中していて、『帝国とその顧客国家のテロリズム』や『われわれのテロリズム』については誰も言及しない」のが〝お約束〟になっているのである（ノーム・チョムスキー『テロの帝国アメリカ　海賊と帝王』海輪由香子・滝順子・丸山敬子ほか訳、明石書店）。

しかし、これはテロリズムという言葉の成り立ちを考えるとおかしな話になる。

もとを正せば、テロリズムとはフランス革命時の「恐怖政治」（フランス語では単に terreur、英語では reign of terror）に由来するもので、驚くべきことに「現代の意味とは正反対で、当時のテロリズムは『肯定的な』意味で使われていた」からである。

> 一七八九年の暴動後の、一時的な無政府状態の混乱と大変動の期間に、秩序を打ち立てるための手段として恐怖政治《レジーム・ド・ラ・テラー》――英語の「テラー」の起源はここ――が行なわれた。したがって、現在一般的に理解されているテロリズムとは、国家的な権力を持たない《サブナショナル》団体がくわだてる、「革命的な」、または反政府的な行動のことだが、当時の恐怖政治《レジーム・ド・ラ・テラー》は、できたばかりの革命「国家」が行使する統治手段だった。新しい政治体制の地盤を固めるために、新体制を「人民の敵」と見なす反革命派や危険分子やその他あらゆる反体制派の人々を弾圧した。逮捕および審判に関して大きな権限があたえられた公安委員会と革命裁判所（近代では「人民裁判」と呼ぶ）は、反逆罪の宣告を受けた人々（つまり保守派）を公然と断頭台《ギロチン》にかけた。こうして、革命に反対したり、旧体制《アンシャン・レジーム》をなつかしむ人々全員に、有無をいわせぬやりかたを見せつけた。（以上、ブルース・ホフマン『テロリズム　正義という名の邪悪な殺戮』上野元美訳、原書房）

これは今の言論状況しか知らない人にとっては、目からウロコの指摘かもしれない。

無理矢理日本に置き換えると、明治新政府が行なった不平士族の反乱などに対する一連の鎮圧行動・武力行使が、総じて恐怖政治＝テロと称されることになるだろう。

ブルース・ホフマンは、さらに「皮肉にも、テロリズムという語が使われはじめたころは、高潔な生きかたと民主的社会という理想と密接にむすびついていたとも思われる」と現代にも通じる普遍的な思想傾向を明らかにしている。「革命の指導者、マクシミリアン・ロベスピエールは、徳性こそが、平和時の人民政府のめざすものだと固く信じていたが、民主的社会を獲得するために、革命時にはある程度の恐怖が必要だと考えていた。彼の有名な言葉に『徳性なき恐怖は悪だ、恐怖なき徳性は無力だ』とある。また、こうも述べている。『恐怖は、敏速で冷酷で確固とした正義にほかならない、ゆえに、徳性を発散するのだ』」（同前）と。

その後、ロベスピエールの恐怖政治の終わりとともに、テロリズムという言葉が否定的な意味を帯び始め、その中身も紆余曲折を経て「革命政府の統治手段」から「非国家組織による反政府的な行動」へとシフトし現在に至っている。

これがテロリズムという言葉のおおまかな前史だ。

では、今の日本では（国家として）テロリズムをどう定義しているのだろうか。

テロリズムとは、国家の秘密工作員又は国内外の結社、グループが、その政治目的の遂行上、当事者はもとより当事者以外の周囲の人間に対してもその影響力を及ぼすべく、非戦闘員またはこれに準ずる目標に対して計画的に行われる不法な暴力の行使をいう。（公安調査庁『国際テロリズム要覧』一九九八年）

ここでは、〝主体〟が明確にされている。

最初にでてくる「国家の秘密工作員」とは、日本が他国の国家エージェントをテロリストとして取り扱うケースを想定している。

北朝鮮による拉致被害が典型的である。

日本に潜入してきた北朝鮮の工作員たちは、当然国家のための重要任務と考えていたはずだ。これは世界中に散らばる各国のスパイ活動と何ら変わるところがない。しかし、日本側からすれば、先のテロリズムの定義にある「国家の秘密工作員」による「非戦闘員またはこれに準ずる目標に対して計画的に行われる不法な暴力の行使」に当てはまる。一般的にスパイ活動に従事する国家エージェントの愛国心（パトリオティズム）は強いといわれるが、仕掛けられている側からみれば単なる違法行為、破壊活動であり、テロリズム以外の何ものでもない。つまり、ここでは愛国者（パトリオット）＝工作員とテロリストはコインの表裏となっている。要するに、どのような政治的な立場に身を置くかでテロとなるか、そうでないかの評価が全然変わるわけだ。

この「テロリスト」かそうでないかの判断についてもっと深く掘り下げるには、国際連合総会で常に議論となるパレスチナ問題を知ることが早道だろう。

ヨルダン川西岸地区およびガザ地区に住むパレスチナ人にとって、イスラエルは基本的に入植者＝侵略者であり、「テロリスト」「テロリスト国家」と呼ぶことも珍しくない。イスラーム主義を掲げるパレスチナの政党・ハマス（ＨＡＭＡＳ）は、イスラエル側にとっては、狂信的なテロ組織に映っているが、武力闘争を行なうのは専らハマスの軍事部門（「エゼディン・アル・カッサム旅団」）であり、その他のメンバーはパレスチナの同胞への教育や医療、職業訓練、インフラなどに関する支援活動を展開している。彼らにとっては、組織の別称（Islamic Resistance Movement＝イスラーム抵抗運動）にもあるとおり、あくまでイスラエルによる不法占拠、殺戮行為に対するレジスタンス（抵抗）なのだ。

ジル・ケペルはいう。

アラブ人やイスラーム教徒、アル＝ジャズィーラ放送の視聴者さらには第三世界主義者や反帝国主義者たちは、たくさんのひとを道連れに自爆するパレスチナ人を、〈我が身を犠牲にして殉教者となりアッラーのもとに行くジハード戦士〉とまでは言わないにしても、イスラエル占領軍にたいするレジスタントとかんがえる。かれらにとって、むしろイスラエルの方がテロリストとして非難されるべきなのである。（『テロと殉教　「文明の衝突」をこえて』丸岡高弘訳、産業図書）

当たり前だが、愛国心（パトリオティズム）はレジスタンス運動に身を捧げる戦士にもある。いくらイスラエル側がハマスをテロリストと名指ししたところで、一部のパレスチナ人にとっては〝正規軍〟のような役割を担っている面がある。実際、ハマスの戦闘員は、他国の軍隊と同じような指揮系統を持ち、記章付きの制服に身を包み、武器を携行し、隊列を組んで行進する。毎年盛大な軍事パレードを開催して市街を練り歩くテロ組織というのはちょっと想像しづらい（二〇〇四年十二月、欧州司法裁判所〈ＥＣＪ〉は、ハマスの資産凍結を継続するとした一方で、ＥＵにおけるテロ組織指定は解除すべきとの判断を下している）。

因果は巡る——ではないが、イスラエルが建国する前、祖国回復運動に身を捧げたシオニストの人々は、ユダヤ人移民を制限して委任統治を行なう英国に対し、エツェル（イルグン）などの武装組織の総力を結集して当局側から「テロ」とみなされる抵抗運動を続けていた。

第一次大戦後にパレスチナを委任統治下においた大英帝国はシオニストとアラブ民族主義者の衝突に手を焼いた。そしてその双方を弾圧するのである。シオニストはアラブ民族主義者への「テロ」ばかりでなく、イギリス委任統治当局への「テロ」活動をおこなう。有名なのはイギリスの国務相の暗殺、エルサレム中心部の英軍司令部があったキング・デービッド・ホテルの爆破（死者九十人）などである。それらを指揮したのは後にイスラエルの首相となるメナハム・ベギンやイツハク・シャミールだ。後にパレスチナ人を「テロリスト」呼ばわりする彼らは、彼ら自身、当時イギリス当局のお尋ね者である「テロリスト」だったのだ。（芝生瑞和『パレスチナ』文春新書）

しかも、このホテルの爆破では、英国人、アラブ人だけでなく、十数人のユダヤ人を含む九〇人以上が死亡した。

これに対し、英国軍の報復はますますエスカレートした。

例えば、一九四六年十二月には、イルグーンのメンバー二人がムチ打ちによって刑死した。これに対してイルグーンは、英国の少佐と三名の下士官を誘拐し、ムチ打ちを行なった。この仕返しの状態はさらにひどくなり、一九四七年七月には、四名のテロリストの処刑に対する報復として、英国野戦警察の二名の下士官、カリフォード・マーチンとマーヴィン・ペイスがイルグーンによって縛り首にされ、遺体には罠を仕掛けられてナサヤ近くの果樹園に放置された。そのような残虐さに直面した英国は、国内外の世論においてパレスチナに駐在し続けることを正当化することは難しいとしだいに理解した。犠牲者が増加するにしたがい、撤退の決定がなされた。一九四八年五月十四日、イスラエルの独立宣言が英国の最後の部隊が撤退する二四時間前になされた」（John Pimlott, *Guerrilla Warfare*）（佐渡龍己『テロリズムとは何か』文春新書）

このような経緯は、イスラエルの歴史を知らない人々には衝撃だろう。

そして、特筆すべきことに「このイスラエルの抵抗運動が一九五〇年代の反植民地蜂起の鋳型」（同前）となるのである。ここでは、皮肉なことではあるが、「国家を持たない民族が建国という目的のためにテロに及ぶ」という図式が繰り返されている。一度目は英国・イスラエル間で、二度目はイスラエル・パレスチナ間でだ。もし、将来的にパレスチナが正式な国家となった場合、数え切れないほどのいわゆる自爆攻撃（suicide attack、suicide bombing）は、民族解放運動の有効な手段であったとして歴史的に位置付けし直されるかもしれない[4]。

ことほどさように、「テロリズム」や「テロリスト」なる単語は、さまざまな立場を越えて適用できるような公平性や普遍性がないどころか、むしろ自らを正当化したい者が反対者を異分子として排除する際の巧妙なレトリックになっているのだ[5]。

妥協点としての暴力

国家をテロリズムから守ろうとする兵士や工作員、他方、国家を持たないがゆえに自分たちの存在を主張し、一日も早く国際社会への仲間入りを果たそうとする武装組織やテロリストと呼ばれる人々……。この両者を国家の有無を勘定に入れないで、純粋にその行為のみにスポットを当てると、そこに何がみえてくるだろうか。

ミュンヘンオリンピック事件とその後のイスラエル諜報特務庁（モサド）による報復作戦を描いた米映画『ミュンヘン』[6]（二〇〇五年）は、作中における史実の信憑性はともかくとして、国家エージェントである工作員とテロリストの二分法がいかに滑稽なものであるかを浮き彫りにした傑作である。

ミュンヘンオリンピック事件とは、一九七二年、西ドイツ（当時）・ミュンヘンの選手村内のイスラエル選手団宿舎にＡＫ－47の自動小銃や手榴弾などで武装したパレスチナ過激派組織「黒い九月」（Black September）のメンバー八人が侵入し、イスラエルのアスリート一一人（うち二人は人質になる前に抵抗して殺害された）を人質に取った事件のこと。人質引き換えの条件としてイスラエルに捕虜として収監されているパレスチナ人二三四人の解放を要求したものの、西ドイツ警察との銃撃戦の末に、アスリート全員が死亡するという最悪の結果に終わった。首謀者である組織の名を取って「黒い九月事件」と呼ばれることもある。

映画は、これらの出来事を詳細に再現する検証番組のような手法を採らず、事件後に編成されたモサドの暗殺チームに抜擢された工作員・アヴナー（エリック・バナ）が、「黒い九月」の関係者に対する殺害計画を実行し、自身も襲撃の恐怖に怯える中で、暗殺作戦自体の正当性への疑念を払拭できなくなり、最終的にチームから離脱するその心境変化に焦点を絞った。このため、これはアヴナーが報復の連鎖の不毛さに気付く、ハリウッドのお家芸である「苦悩するヒーロー」、つまりは翻身（主人公の成長）がモチーフの無害なエンターテインメントに過ぎないのではないか、との批判が公開当初からあった。

まず、その理由の一つとして、実際は暗殺の対象となった一一人の半分以上が事件と関係のない者であったことから、報復の連鎖図式が成り立たないという議論がある。[7] 映画はその複雑なバックグラウンドを至極単純化した産物だとの指摘だ。

しかし、スピルバーグは「本作で報復行動を非難するつもりはない。むしろ正しい決断だったのかもしれないが、難しい問題として残っている」、あるいは「本作で論じたかったのは暗殺の正否ではない。暗殺者の苦悩を描き、問題提起をしたんだ。答えは出していない」と、あらかじめ報復の連鎖図式の否定という、分かりやすいメッセージを回避したことをほのめかしている。[8]

たしかに、「神の怒り作戦」と名付けられたこの暗殺作戦では、「黒い九月」への報復が狙いであったが、同様のテロの再発を防ぐ――「テロにはテロを」的な――カウンターテロの目的も併せ持っていた。

アーロン・J・クラインは、「国家が暗殺の実行を決断する場合には、しばしば相互に関連をもつ三つの異なる要因、予防、抑止、報復が検討される」（『ミュンヘン　黒い九月事件の真実』富永和子訳、角川文庫、以下同様）という。

予防の役割は明らかだ。テロリストだとわかっている人物を殺せば、次の攻撃を阻止できる。わかりやすく言えば、爆発寸前の〝時限爆弾〟を止めるのだ。テロリスト組織のリーダーを適当な時に暗殺すれば、場合によっては、組織全体に致命的な一撃を加え、その組織が機能する能力を半永久的に妨げることができる。

抑止は、これよりも複雑な要因だといえよう。基本的には、テロリストになろうとしている者たちを、他の道を選ぶよう、暴力的な手段で説得するのが目標である。たしかにそうする者もいるようだ。「何人とは言えないが」モサドのもと高官は、にやっと笑ってそう言った。これは本当だろう。しかし、暗殺による抑止にどれほどの効果があるかは疑問である。

抑止は、三つ目の要因である〝報復と処罰〟に分かちがたく絡みあっていることが多い。報復の目的は、〝我々を傷つける者は、組織だろうと、個人であろうと、永遠に、突然、命を奪われる不安を抱いて生きることになるぞ〟と通告し、相手を牽制《けんせい》することだが、これには戦術的な付加価値もある。殺される不安に付きまとわれ、たえず肩越しに振り向いているテロリストは、間違いをおかしやすいからだ。

どちらかといえば、スピルバーグは、この〝恐怖〟という「戦術的な付加価値」の最大化を目指すカウンターテロの部分に照準を絞りたかったのではなかったか。でなければ「一番の防衛手段としてなぜ〝暴力には暴力〟を選んだのか。理解するには共感が必要だ。本作を通じてイスラエルに共感できれば彼らの行動を理解できる(9)」というようなコメントはでてこないだろう。

最初、上司のエフライム（ジェフリー・ラッシュ）は、任務に際してアヴナーに「テロリストは本部に報告せん。君も同じだ」といったが、その後の経過をみると報告どころか犯行の手口から潜伏の仕方まで何もかもが瓜二つだ。暗殺作戦の途中、ルフトハンザ機が「黒い九月」のメンバーにハイジャックされ、人質の乗客と交換にミュンヘン事件の容疑者三人が釈放される。リビアに入国した後の記者会見で、ミュンヘン事件の成果について尋ねられた彼らは、「我々の〝声〟を世界中に聞かせることができた。以前は誰も聞かなかった」と返答する。そして、そのテレビ映像に暗殺チームは大きな衝撃を受けるのである。なぜか。それは、彼らに全世界に向けて自分たちの主張を喧伝する機会が与えられてしまったためだ。

なぜなら、それこそがテロの主目的であるからだ。

ミュンヘンの事件から一年半後、ＰＬＯ議長ヤセル・アラファトが、国連総会に招かれて演説し、そのすぐのちに、ＰＬＯが、国連の特別オブザーヴァーとしての地位を認められたのは、まったくの偶然ではないだろう。一九七〇年代の終わりには、確立された国民国家であるイスラエルが公式に外交関係を結んでいた国は七十二カ国だったのに対して、国家ではないＰＬＯは八十六カ国だった。ＰＬＯが国際テロリズムに訴えなかったら、こういう形で成功できていたかどうかは疑わしい。（『テロリズム　正義という名の邪悪な殺戮』）

これはいくら強調しても強調し過ぎることはない。

暗殺チームの一人であるスティーヴ（ダニエル・クレイグ）が、記者会見の様子に憤って「敵のように闘わないと勝てない」と苛立ちをぶちまけるのは当然の帰結といえるだろう。

後年、「黒い九月」の関係者は作戦の目的についてこう述懐している。

ひとつは「パレスチナ人民の存在を、全世界に知らしめるため」それと、「イスラエルの刑務所に閉じ込められている二〇〇人のパレスチナ人を解放するため」

三つ目の目的は、あらゆるテロリストの論理的根拠をきわめて巧みに表している。「とにかく、ひとつの都市に詰めかけた前代未聞の大勢のカメラやマイクを使って、パレスチナの苦闘を世界の人々に見せることだ！」（『ミュンヘン　黒い九月事件の真実』）

宣伝効果としての「テロにはテロを」――を示す、最も決定的なシーンがある。ゴルダ・メイア首相（リン・コーエン）と上級閣僚で構成される秘密会議だ。この中に交わされるやり取りは完全にテロリズムの論理である。

閣僚の一人は、空爆による報復で「ゲリラの訓練所を空爆し、アラブ人六〇名が死亡した」と訴えるが、他の閣僚は「無意味だ。誰も注目しない」と空爆の有効性を否定する。そして暗殺（爆殺）を「世界に知らしめるのだ」といって譲らないのだ。そこには先の〝恐怖〟という「戦術的な付加価値」の最大化、つまり相手にこれ以上のない〝恐怖〟を植え付けることが念頭にある。エフライムの「〝ア

ラブ人テロリスト　爆死〟と新聞で見たい」という台詞にそれは如実に表れている。そもそも、テロとカウンターテロの共通項は文字どおり〝テロ＝terror〟（恐怖）なのだ。

レバノンのアジトに直接乗り込んで三人のテロリストを射殺したスプリング・オブ・ユース（若者の春）作戦は、後年多大な抑止効果をもたらしたといわれている。「モサドとイスラエル人たちは、どこに隠れようとも、寝室までも踏み込んでくる、どんな相手でも食らいついたら離さない、と。多くの人々が、〝スプリング・オブ・ユース〟は、モサドがヨーロッパで行なってきたどんな任務よりも強烈にアラブ諸国を揺さぶったと主張している」（同前）と。

作戦に関与したアハロン・ヤリヴ将軍は、のちにこう語った。

「ベイルート空港でのわが軍の軍事作戦や、ヨーロッパでの暗殺によって、ＰＬＯの幹部たちは海外でのテロ活動を中止したが、正直これには驚いた。この事実からして、まちがった選択ではなかったのだ」（マイケル・バー＝ゾウハー、アイタン・ハーバー『ミュンヘン　オリンピック・テロ事件の黒幕を追え』横山啓明訳、ハヤカワ文庫ＮＦ）

イスラエルは、まさにこれを望んでいたのだった。

映画に話を戻すと、スピルバーグの狙いは、原作や新事実などの込み入った事情よりも、一人の工作員の言動を通じて、イスラエル＝アメリカ的な暴力による封じ込めに対する疑問符を、つまり自分自身の政治的なポジションを反映させることだった、というもっともらしい批評が多かった（先のテロとカウンターテロを同一視するような描き方は、イスラエルでは激しく非難されることとなった）が、本当にそうか。

暗殺作戦から離脱したアウナーがエフライムと決別するシーンで、その仮説は分かりやす過ぎるぐらいに一目瞭然となる。ここでバックにそびえ立つのは、9・11事件で崩壊する前の世界貿易センタービルだ。なぜ、わざわざCGで再現して風景として挿入する必要があったのか。意図はあまりにも明白なように思われる。が、スピルバーグは前述のように「本作で論じたかったのは暗殺の正否ではない」と安易な二元論を真っ向から否定している。それに、スピルバーグが「むしろ正しい決断だったのかもしれないが……」というとき、イスラエル在住のユダヤ人や在外ユダヤ人へのリップサービスではないことはたしかだ。では、そこに何が含意されているのか。それは特定の国家や民族にコミットする際の逃れがたい矛盾だ。愛国心（パトリオティズム）が必然的に孕む解決不能のジレンマだ。

ここでわれわれは、先の秘密会議の場面におけるゴルダ・メイア首相の台詞に戻らねばならない。彼女は何といったのか。「今は平和を忘れ、我々の強さを示さねば」と述べた後、「あらゆる文明国家はそれぞれの価値観において妥協点を協議すべきです」と暗殺作戦のゴーサインをだしたのだ。映画の本編中、前振り的なシーンでもあるので注意しなければ見逃してしまう。スピルバーグは、この国家意思の最前衛といえる「妥協点」に立たされ、魂ごと引き裂かれた者の悲劇をスクリーンに焼き付けたかったのではないか。この頃のイスラエルは窮地に立たされていた──「再び攻撃され、虐殺された。世界中が競技に興じ、五輪の火が燃え、ドイツにはユダヤ人の死体。世界は気にもしない」（劇中のゴルダ・メイア首相の台詞）――つまり、ホロコースト（大量虐殺）から独立戦争[10]（第一次中東戦争）へと続く悲劇の連鎖の中で、（反ユダヤ的なIOC会長によるオリンピックの続行、事件に端を発する国際世論のパレスチナへの同情などがあり）孤立感はひときわ大きなものとなった。

工作員による暗殺作戦は、「戦時国際法」「正規軍」の枠組みからあえて逸脱している（法の外にある）がゆえに、それが国家意思の名の下で正当化された暴力のカリカチュアであることを隠さない。かえってその純粋な暴力性のみが露わになる。タラル・アサドは「自らの所属する共同体への愛ゆえに殺人を犯す反乱者は、自分たちの国土を守るために戦うリベラルな社会の軍隊の鏡像である」（『自爆テロ』苅田真司訳、青土社）と看破したが、これはリベラルな社会の工作員にも当てはまる。ここにおいて愛国者（パトリオット）＝工作員と「テロリスト」は限りなくニアイコールとなるのだ。

「恐怖」という〈精神的〉暴力

では、テロリズムはどのように定義するのが適当なのだろうか。

先の〝恐怖〟がヒントになる。

加藤朗は、テロリズムを「暴力の使用や威嚇によって恐怖（terror）の心理的状態を作り出し、その恐怖を行使することによってある特定の目的を達成する手段といえる」と述べ、「クラウゼヴィッツの有名な戦争の定義『戦争とは、敵を強制してわれわれの意志を遂行させるために用いられる暴力行為である』を援用して次のように簡潔に表すことができる。すなわち『テロリズムとは、敵を強制してわれわれの意志を遂行させるために用いられる〈精神的〉暴力行為である』」と定義した。「要するにテロの本質は文字どおり『恐怖』という精神的暴力であり、破壊活動、誘拐、暗殺などの小規模な物理的暴力は精神的暴力を作り出す手段でしかない」（以上、『現代戦争論　ポストモダンの紛争LIC』中公新書）と。

これは非常にシンプルで分かりやすい。

第八章で詳しく取り上げるが、「イスラーム国」による日本人人質事件が「日本人二人が海外で非合法組織に誘拐された」以上の、何十倍、何百倍もの衝撃をもたらしたという事実は、それが「物理的暴力」を超える「精神的暴力」であることの好個の例である。

もう一つ重要なのは「特定の目的」というくだりだ。

テロリストが行うような行為は、殺人や暴行などを規制する各国の刑法やその他の特別法等の国内法により処罰することが可能である。刑法等の殺人は、殺人を行ったことそれ自体が重視されるが、テロリズムにあっては、行為の目的、動機が客観的な法益侵害以上に重視され、目的に政治性等があれば、テロリズムとされる(11)。

つまり、政治目的あるいは宗教目的、さらには何らかのイデオロギーが動機になっていることが必須条件なのである。

だから、本来、動機が解明されていない犯罪行為を「テロ」と呼ぶことは誤っている。

米国などでは、通り魔事件を起こした犯人が直前にアダルトサイトを閲覧していても当然「テロ」にはならないが、イスラーム過激派のサイトを閲覧していると「テロ」の疑いあり、という警察発表がそのまま報道されることがあるが、この程度の証拠で「テロ」と断定してしまうのは定義としてはまったく相応しくない。

本書はこの二点にならい、テロリズムを「政治目的・宗教目的、または何らかのイデオロギーに基づき」「敵を強制してわれわれの意志を遂行させるために用いられる〈精神的〉暴力行為である」とひとまず括りたい。

ミュンヘンオリンピック事件につなげると、「黒い九月」もモサドのメンバーもこの「〈精神的〉暴力行為」の応酬に明け暮れ、その虜《とりこ》——劇中ではアヴナーが暗殺の恐怖に怯え、爆弾が仕掛けられていないかベッドを切り裂き、電話機を解体し、挙句の果てに不眠症に陥る——になったのだ。

ここに少しばかり辛らつな注釈を加えるとすれば、アーロン・J・クラインの「二〇年間、こうした暗殺作戦に関する費用便益分析はほとんどなされなかった」という指摘だろう。

一九九二年、イスラエル空軍のヘリコプターが、シーア派のテロ組織、ヒズボラのリーダーであるアッバス・ムサウィの車にヘルファイア・ミサイルを撃ちこんだ。二カ月後、ヒズボラはこのお返しにアルゼンチンのＡＭＩＡビルを攻撃し、一九六人の命を奪った。双方が抑止効果を狙って攻撃をエスカレートさせると、人々はテロリストの指導者を殺す価値があるかどうかを議論しはじめた。

一九九六年一月、数え切れないほどのテロ攻撃を手がけた、自爆テロ戦術考案者のひとりでもある〝エンジニア〟のイヒヤ・アヤシュを、イスラエルの工作員が暗殺した。すると、彼の所属していたパレスチナのテロ組織ハマスがあちこちで爆発事件を起こしてこれに応じた。人々は再び、アヤシュの暗殺がその代償に値するかで議論を戦わせた。報復がないときは、議論もなかった。(『ミュンヘン　黒い九月事件の真実』)

そして、クラインは「暗殺の公正さ、有効性、その価値は、現在も続いている争いのなかで絶えず議論されてきた。攻撃と反撃の応酬も続いてきた。その是非に関する議論は高まっては引きまた高まるが、いまだに結論はでない」と結んでいる。

このくだりと、スピルバーグの「本作で報復行動を非難するつもりはない。むしろ正しい決断だったのかもしれないが、難しい問題として残っている」が似ているのは偶然ではない。これは両者が徹底したリアリストであるがゆえに「結論がでない」という至極まっとうな「結論」なのである。

第二章

国家テロ vs. 自由の戦士

テロリズムが狂信主義と暴力を体現しているとしても、テロリズムは、それを非難する者の暴力と彼らの無力さの具現化であり、テロのあの悪魔的な共犯関係と可逆性を何ひとつ理解せずに、テロと正面から闘おうとする不条理の具現化でもあるのだ。

ジャン・ボードリヤール
（『悪の知性』塚本史・久保昭博訳、NTT出版）

五六年にアルジェリアに向けて出発。私の所属する部隊では、ティジ・ウズ（Tizi Ouzou）、ブリダ（Blida）、ラグワット（Laghouat）などの戦場を経て、五七年からは秩序維持とアルジェの港を守るのが任務でした。戦場で思ったこと……。戦争が、良いものであるはずがない。仲間の死や、拷問までを目にしたのですから……。ただ、あったのは連帯感だけです。

あるフランス軍兵士の回想

「ソビエト人の目玉をえぐりだせ」

9・11事件の首謀者とされるウサーマ・ビン＝ラーディンは、一九八〇年代にアフガニスタンでCIAなどの支援を受けてソ連軍と戦ったムジャーヒディーン（聖戦の戦士）の一人だった。この事実は、諸説あるもののさまざまな報道や著作ですでに明らかになっているので深くは立ち入らないが、「国家テロ」と「自由の戦士」という相反する二つの概念を解き明かすうえで絶好のサンプルとなる。

ソ連崩壊（九一年十二月）以前の米国にとっては、いわゆる「共産主義との戦い」が最優先事項であり、過激な思想を持つイスラーム主義とも容易に手を結ぶことができた。

ジョン・K・クーリーは、一九五〇年代以降、反共の名の下に「アメリカとイスラム主義のいちゃつきは、次第に真剣な恋愛へと発展していった」と書く。「特にイギリスとフランスがこの関係強化に協力した。ケニアでのイギリス、アルジェリアでのフランスに見られたように、これら諸国の政府やメディアは、しばしば、アジアやアフリカでの植民地維持のための戦争を、『共産主義に対する戦い』として描き出し、アメリカの支援を得ようとした」（『非聖戦　CIAに育てられた反ソ連ゲリラはいかにしてアメリカに牙をむいたか』平山健太郎訳、筑摩書房）。

ソ連は、一九七九年のクリスマスにアフガニスタンに侵攻し、首都カブールを占拠。ハフィーズッラー・アミーン大統領を殺害し、チェコスロバキアに亡命していた親ソ派のバブラク・カールマルを新大統領に擁立した。この第一報は、当時の米大統領ジミー・カーターとその政権中枢に衝撃を与えた。

カーターの補佐官たちの一部は、対抗措置に乗り出す決意を固めた。中央アメリカは言うに及ばず、アンゴラ、ソマリア、エチオピアなどで既に用いてきた代理戦争の戦略、戦術を使うというのだ。（同前）

こうして、米国は、パキスタンの軍統合情報局（ＩＳＩ）を介した極秘の資金提供・武器供与などの支援活動を本格化させた。

アメリカのアフガニスタン援助は、開始された八〇年当時は年に二千万ドルないし三千万ドルという比較的妥当な額だったが、八七年には、年に六億三千万ドルにまで跳ね上がった。八〇年代を通して見ると、計三十億ドル近い額が、アフガニスタンの抵抗グループに流れている。（ピーター・バーゲン『聖戦《ジハード》ネットワーク』上野元美訳、小学館）

ソ連軍と戦うためアフガニスタンはもとよりイスラーム諸国から二〇万人とも三〇万人ともいわれるムジャーヒディーンたちが集結した(1)。米国は、彼らのことを「赤化」の防波堤を買ってでた「自由の戦士」（freedom fighters）であるとして褒め称えた(2)。

だが、アフガニスタンの未来については何も考えていなかった。「ＣＩＡの大多数にとってアフガンの聖戦はソビエト人を殺すことで、それだけだった」からだ。現地人に「ロバと金と迫撃砲だけ」を与え、あとは高見の見物を決め込むという典型的な代理戦争である。ＣＩＡのパキスタン支局長だったハワード・ハートは、「パキスタンに、ソ連兵に懸賞金をかけるよう助言までした。特殊部隊兵には一万ルピー、徴集兵には五〇〇〇ルピー、生きたまま連れてくれれば倍額という内容だ」。しかも「これはソ連が北ベトナムとベトコンを支援したことへの仕返しだった」という。(3)

ソ連軍の撤退直前の一九八八年に公開された米映画『ランボー3／怒りのアフガン』は、ベトナム帰還兵のジョン・ランボー（シルヴェスター・スタローン）が、アフガニスタンで拘束されたかつての上官、トラウトマン大佐（リチャード・クレンナ）を救出するため、現地のムジャーヒディーンたちと協力してソ連軍の基地に潜入するという筋書きなのだが、ソ連軍をアフガニスタンの民衆を虐げる「国家テロ」の尖兵として描く一方で、ムジャーヒディーンたちを西部劇よろしく自らの土地を守るために銃を取った開拓民精神になぞらえた。そして、本編終了後に「この映画をすべてのアフガン戦士たちに捧げる」という能天気なテロップまで付け加えたのだった。全額ＣＩＡが出資しているといわれても違和感のない、完全に米国側のプロパガンダを鵜呑みにした締めくくりである。

では、その後このムジャーヒディーンたちはいったいどこへ行ったのか。

もうお分かりであろう。彼らの多くはアフガニスタンでの主導権をめぐって各派間の対立を強めて軍閥化し、一部はアル＝カーイダなどの過激派組織へと吸収され世界中で猛威をふるい始めた。九〇年代半ばにイスラーム神学校（マドラサ）の生徒たちが中心となって立ち上げた「ターリバーン」が台頭してくると、それに反発するムジャーヒディーンたちは結束して「北部同盟」（正式名称はアフガニスタン救国・民族イスラーム統一戦線）となり北部を統治しつつ抵抗を続けた。

ここまで悲惨な状況に陥ったのにはちゃんとわけがある。武器供与にとどまらない恐るべき支援があったからだ。

CIAは、特殊の技能を持つ米軍の兵員を選抜し、パキスタン軍の協力を得、狂信的なムスリムの軍隊を訓練するという方針を決定した。これらの傭兵を、給与も訓練もよく行き届くようにし、隣接国パキスタンや富裕なサウジアラビアのような反共的イスラム諸国からの支援を得た上で、戦場に投入するというのである。(『非聖戦』)

志願兵のリクルートは世界中で行なわれたという。

その中には、犯罪者や訴追を逃れてきた亡命者、単なる金目当ての傭兵なども含まれていた。CIAは直接的には関与しなかったが、米国でもニューヨークやロサンゼルスで合法的なイスラーム系団体を擬装して勧誘活動を盛んに行なった。これは今考えると驚くべき逸話である。なぜなら、インターネット環境がなかっただけで、やっていることは「イスラーム国」とまったく同じジハーディストの勧誘だからだ。しかも時系列的にいえばこちらのほうが先なのである。

アフガン聖戦の戦士たちの訓練者が教えた破壊技術は六十種類以上にのぼる。それらの技術とは、精巧な時限信管と爆発物、装甲貫通爆弾の入った自動操作の武器、地雷や爆弾を爆発させる遠隔操作装置などの使用法である。これらの技術は後に志願兵らの祖国や、南レバノンのイスラエル占領地域で使われた。(同前)

さらに見逃せない重要な事実は、手段を選ばないジハードを奨励する教科書を米国がバラまいたことである。それには「ソビエト人の目玉をえぐりだし、足を切り落とす」よう説かれていた。[4] これは意外と知られていない。

だが、最も大きな誤算は、窓口となったパキスタンの軍統合情報局（ISI）が米国のコントロール下になかったことである。米国がアフガニスタンの聖戦を後押ししたのは事実だが、のちに米国が自国本土を標的にするテロリストを育てたことを否定する、最大の根拠は、この資金や武器の使い道に関する決定権——どの組織（指導者）に対してどのように配分するか——のなさにあった。

パキスタンは、最も過激なイスラミスト〔イスラム主義者〕の武闘グループばかりに資金提供をつづけ、それがアフガニスタンの非情な内戦続行の一因となった。また、パキスタンは、アフガニスタンの反欧米武闘グループにも数億ドルにおよぶ資金を流した。その資金が過激派ゲリラの軍事訓練に使われ、のちに彼らは、世界じゅうに——アメリカを含めて——ジハードとテロリズムを輸出することになった。秘密作戦から派生する、そういう思ってもみなかった成り行きを、スパイ用語で〝逆流《ブロウバック》〟という。（『聖戦《ジハード》ネットワーク』）

こうして前代未聞の規模で破壊と殺戮のための資金と武器とノウハウが、狂信的な指導者を戴く過激派の幹部から最末端のジハーディストにまで供給されたのだった。

これを「テロ支援」といわずして何というのだろうか。

ウサーマ・ビン＝ラーディンが、九〇年代に入り在ケニア・在タンザニア米大使館への爆弾テロなどでお尋ね者になると、米国は掌を返してかつての「自由の戦士」を国際テロリストのリストに加えた。そして、二〇一一年五月二日、ステルス型ヘリコプターなどに分乗して密かにパキスタンに侵入した米海軍特殊部隊（Navy SEALs）の部隊によって殺害されたのはご存じのとおりだ。

ここで一つの円環が閉じたといえる。

つまり、米国が作り上げた「自由の戦士」という虚像がブーメランとなって自国に返ってきたことに対する後始末がひとまず終わったのである。

米国のスタンスは、多くの国々と同様に明快だ。

自国の利益になると考えた場合は、「自由の戦士」と呼んで金と武器を与え、どんな残虐行為も容認する。自国の利益にならない場合は、テロリストとして取り扱い、資産を凍結し、過去のどんな些細な犯罪行為をも追及する……、そしてお決まりの台詞「われわれはテロには屈しない」「テロリストとは交渉しない」等々だ。

いうまでもなく、現在の「イスラーム国」やアル＝カーイダなどの過激派組織やグローバル・ジハード運動の戦士たちは、この冷戦下の代理戦争のむごたらしい歴史と地続きにあり、アフガニスタンで極限にまでブラッシュアップされた〝破壊と殺戮の教え〟は確実に受け継がれているのだ。

テロの首謀者が国家のトップに

一般的に「自由を得るために戦う人たち」＝「自由の戦士」と「テロリスト」は別物とされている。しかし、大国の利害や国際情勢などにより「テロリスト」が「自由の戦士」へと評価が変わることが珍しくない。ウサーマ・ビン＝ラーディンとは逆のパターンである。

第2次世界大戦期にドイツ占領下にあったフランスで起きたレジスタンス（対独抵抗運動）をはじめとする歴史上の抵抗運動や、現在は国家の主要政党となっている『アルジェリア民族解放戦線』（FLN）や「アフリカ民族会議」（ANC）なども、最初は非合法な存在だった。そのように以前は権力当局から卑劣な殺人者と呼ばれた人びとも、『貧者の戦争』に勝利し、国際社会の賛同を得ることができれば、名誉や、ときにはノーベル平和賞まで、あたえられることがあるのである。（フランソワ＝ベルナール・ユイグ『テロリズムの歴史』遠藤ゆかり訳、創元社）

テロリストが「自由の戦士」に格上げされた好個の例はIRA（アイルランド共和軍）だ。年表を見ると分かりやすい（以下、外務省ホームページ）。

一八〇一年　英国がアイルランドを併合
一九一九年～一九二一年　独立戦争

一九二二年　英連邦内の自治領として発足。アイルランド自由国憲法制定（北アイルランドは英国領にとどまった。）
一九三七年　アイルランド憲法（現在の憲法）制定（大統領制の導入）
一九四九年　共和制を宣言（英連邦離脱）
一九五五年　国連加盟

つまり、一八〇〇年代から反英独立運動の芽が育ち始め、一八四八年にアイルランド青年団、一八六八年にアイルランド共和同盟（ＩＲＢ）がそれぞれ暴動を企てた。これらはすべて英軍により鎮圧されたが武装闘争の必要性は高まり、一九一六年にはアイルランド義勇軍（ＩＶＡ）がイースター蜂起を決行し、中央郵便局や医科大学などの要所を占拠、臨時大統領を置き「アイルランド共和国宣言」を発した。このＩＶＡがＩＲＡの前身となる。これもことごとく鎮圧されたものの、英軍の軍法会議が首謀者を一斉に処刑したことが反発を呼び、上記の二年にわたる独立戦争へとつながっていく。

独立戦争後、英愛（英国・アイルランド）条約（一九二一年）によりアイルランド自由国（後のアイルランド共和国）が成立した。しかし、北部の六州だけが北アイルランドとして連合王国の一部に残留することとなった。これがのちに、北アイルランド問題として数々の騒動やテロを巻き起こす要因となるのだが、この時点（カナダやオーストラリアなどイギリス連邦自治領と同等の自治権を得たに過ぎなかった）で、ＩＲＡのメンバーはアイルランド自由国軍（のちの国防軍）に編入されるグループと、あくまで英連邦からの完全独立をめざす条約反対派のグループに分裂した。つまり、片方は独立のプロセスにおいて、非合法組織の軍事部門から合法組織の正規軍へと移行を遂げたわけだ。これは第一章で述べた、英国側にとってはテロ組織だったエツェル（イルグン）などが、イスラエル建国と同時にイスラエル国防軍に編成し直されたのと同様である。ちなみに、現在ＩＲＡと称される組織は、この条約反対派のグループの系列であり、一九六九年を境にオフィシャルＩＲＡとＩＲＡ暫定派に二分するなど、その後も分派を繰り返し現在四つのＩＲＡを名乗る組織が存在する。

独立戦争については、ヴェネツィア国際映画祭で金獅子賞を受賞した英・アイルランド・米合作映画『マイケル・コリンズ』（一九九六年）が、政治家で軍事部門の指導者だったマイケル・コリンズを主人公に据えて、実際に要人暗殺やゲリラ戦を行なう専門部隊を設立し、英軍や警察関係者などに対するテロを次々と実行する様子を描いている。

ダブリンではコリンズによって「暗殺団」がつくられた。それは一二人で構成されていたので、「一二人の使徒」とも呼ばれたが、有給のエリートで宿舎に住み、コリンズの情報部と直結していて、テロ活動などの危険な仕事を担当する専従部隊であった。（略）七月下旬の英スパイの処刑に続いて、九月一二日、一一月三〇日、一二月一四日と英行政府の警部が射殺された。（鈴木良平『アイルランド建国の英雄たち　一九一六年の復活祭蜂起を中心に』彩流社）

この時代、当局側からしてみれば、マイケル・コリンズはいわばテロ組織の作戦を指揮する親玉で、「超」が付く「危険人物」である。当然のごとく懸賞金がかけられ、発見と同時にただちに逮捕・殺害される対象であった。

しかし、いったん英国から自治権が認められると、コリンズは暫定政府の首相の地位に就き、組閣が行なわれた。そうして、コリンズはその地位について大英帝国の法律に基づき英国国王のお墨付きをもらったのである。

「駄々をこねるようなら殺《や》ってしまえ」

映画『マイケル・コリンズ』には、まるでフェアな視点を入れるために意図的に創作されたような人物が登場する。

コリンズに内部情報を流してくれるダブリン市警察のエドワード・ブロイだ。

が、ブロイは想像の産物ではなくれっきとした実在の人物。劇中で英軍に殺害される顛末以外はおおむね事実に沿っている。彼は、コリンズのカリスマ性ゆえか、演説を聴き、その主張を文書化して容疑者リストとしてまとめるうちに独立闘争に共感し、理解を示すようになる。

取り締まる側の人間が「テロリスト」の側に同情するとは、どういったメカニズムが働いた結果なのだろうか。

理由は簡単だ。彼は、「テロリスト」という抽象的な人物ではなく、コリンズという生身の人間として出会ったからだ。敵対勢力というフィルターを排して、同じ人間として見ざるを得なくなれば、主張として正しいか否かで判断するしかなくなる……。

「テロリスト」と「自由の戦士」の対比で、もっとわれわれに身近な人物を挙げてみよう。
初代韓国統監だった伊藤博文を暗殺した朝鮮独立運動家、安重根（アンジュングン）だ。

安重根をめぐっては、韓国と中国が暗殺現場である黒竜江省ハルビン市のハルビン駅に記念館を開館しようとしていることについて、菅官房長官が「我が国は安重根は犯罪者と韓国政府に伝えてきている。このような動きは日韓関係のためにはならない[5]」と不快感を表明し、それが中韓の反発を呼んだことが話題となった（二〇一四年一月十九日に開館）。

中韓合同で安重根の伝記映画の話[6]が進んでいることもあって、現在もインターネット上では、一部の日本人には記念館の存在を含めて快く思っていない人々がいる。

しかし、暗殺事件が起こった当時は、日本の知識人やアジア主義者などからの同情が少なくなかった。

アジア主義（または汎アジア主義）とは、簡単にいえばアジアの植民地支配を欲する欧米列強の脅威に対し、アジア諸国が連帯して独自性を保ちつつ近代化を遂げようとする運動のことを指す。よって、欧米同様に植民地主義的な政策を取り続けた日本側のスタンスに問題があると考えていた者らはなべて安に同情的だった。また、要人暗殺テロは日本人に馴染み深いこともあり、その動機や人となりから忠義を尽くす「志士」とみる向きもあった。

安の裁判における陳述は実に理路整然としたものだった。

日韓両国人の間では、たがいに隔てなく同国人であるという観念で尽力しなければならないと思います。伊藤は韓国に統監として来てから、韓国の人民を殺し、先帝を廃位し、現皇帝に対して部下のように圧制し、人民を蠅を殺すように殺しました。元来、生命を惜しむのは人情であります。しかし英雄は常に身命をなげうって国につくすよう教えられています。ところが伊藤はみだりに他国人を殺すのを英雄と心得、韓国の平和を乱し、十数万の人民を殺しました。私は日本天皇陛下の宣戦の詔勅にあるように、東洋の平和を維持し、韓国の独立を強固にして、日韓清三国が同盟して平和をたたえ、八千万以上の国民が互いに相和して、徐々に開化の域に進み、ひいては欧州および世界各国と共に平和に力をつくせば、市民は益々安らかに暮らすことができ、宣戦の詔勅にそうことになります。

しかし、伊藤公爵がいては、東洋平和の維持はできないと思ったので、今回の事を行いました。

（中野泰雄『安重根と伊藤博文』恒文社）

安は、暗殺は決して一個人の私怨ではなく、東洋平和のためにしたことを強調する。

今回の殺害は私一個人のためにした事ではなく、東洋平和のためにしました。日露戦争について日本の天皇陛下の詔勅によれば、「東洋の平和」を維持し、「韓国の独立」を強固にするとありました。それで、日本の凱旋を韓国人は自国の凱旋のように喜んでいました。そこに伊藤公爵が統監としてきて、韓国上下の民をあざむき、五箇条条約を締結しました。これは日本天皇陛下の聖旨に反したものですから、韓国民はみな統監をうらむことになりました。つぎにまた七箇条条約が締結され、ますます韓国は不利益を受け、さらにあるべきでない皇帝の廃位まで行われましたので、みな伊藤公爵を仇敵と思っていたのです。（同前）

五箇条条約とは、第二次日韓協約のことで、これにより大日本帝国が大韓帝国の外交権をほぼ掌握したため、事実上の保護国となった。しかも、日露戦争後の一九〇五年（明治三十八年）に、一九一〇年の「日韓併合」に先だって強制的に結ばされたたぐいのものであった。条約に反対する高宗皇帝や臣下に圧力をかけるため、伊藤博文は、王宮前や目抜き通りで演習と称して、日本軍の部隊を動員して示威行動を行なわせ、翻意しない者には「あまり駄々をこねるようなら殺《や》ってしまえ」と脅迫すらほのめかしたのである（海野福寿『韓国併合』岩波新書）。

安は、この伊藤の暴君ぶりと「日本天皇の宣戦詔勅」「日本天皇陛下の聖旨」のギャップに憤っている。

中野泰雄によれば、「安重根は日清戦争の開戦詔勅にあった『東洋の平和』と『韓国の独立』の二つの言葉は『東洋の治安』と『韓国の保全』、『韓国の存亡』と書き改められていることを知らなかった。明治天皇が二つの戦争に危惧を抱きつづけていたことを、一般日本国民は知るすべもなかったが、天皇の真意と長州軍閥に依存する伊藤の所業との違いを安重根はよく洞察していた」という。

日清戦争に対し、開戦の際に「無名の軍」として東アジアをヨーロッパ列強に分割する原因となるものとして勝海舟は反対し、また明治天皇自身、詔勅に署名をしながら、祖先の霊に開戦を報告することに数日間反対しており、「東洋の平和」「韓国の独立」を名義とする詔勅が現実とは違うことを理解し、勝と同じ見識を示している。日清戦争開戦の際の首相が伊藤博文であり、安重根が日清、日露両戦争を経て、韓国併合にいたる軍事的帝国主義の道を歩む伊藤のアジア政策の責任を追及することは、適切な批判であった。(『安重根と伊藤博文』)

つまり、これらの「詔勅」の約束が果たされていないのは、天皇の意思を蔑ろにしている「君側の奸」がいるからだ、という理論構成となっている。その奸臣が他ならぬ伊藤博文であるというわけだ。事実はどうあれ、安はこの理論構成を信じ、暗殺を決行するに至った。

しかし、考えてみればこれは二・二六事件とまったく同じ理論構成なのだ。

第六章で改めて詳しく述べるが、二・二六事件の際に決起した青年将校たちは、天皇の大権を踏みにじり、天皇を自分たちの私利私欲のために利用している「君側の奸」を討伐する側面があった。その理由として、彼らは政治家と財閥の癒着に代表される政治腐敗や、ロンドン海軍軍縮条約における統帥権干犯などを挙げた(蹶起趣意書)。

このときの統帥権干犯とは、政府が天皇の統帥部＝海軍軍令部の意向を踏み越えて、一方的に軍艦の保有量を定めたのは大日本帝国憲法第一一条の「天皇ハ陸海軍ヲ統帥ス」(統帥大権)に違反するとして、帝国議会で野党らが批判したのに端を発する問題をいう。

これは明らかに統帥権の拡大解釈なのだが、天皇の意思や天皇の大権が公にされているのにもかかわらず、それが未だ実現されていないのはなぜかというこのズレの問題は、大日本帝国の周縁にいた安の鋭い陳述によりすでに提起されていたのだ。

安重根と伊藤博文の意外な共通点

話を元に戻すと、安のいう「東洋平和のため」には、アジア主義的な視点があった。獄中で著した「東洋平和論」に西欧列強に対して日本と共闘する姿勢が打ち出されているのはそのためだ。安は「序」の中で、中国、韓国、日本の三国が連携し団結して西欧列強の植民地支配に対抗しなければならないと力説している。「現在、西洋の勢力が東洋に押し寄せる患難に対して、東洋の人々が一致団結して極力防御することが最上の策であることは、小さな童子でもはっきりと知っている。しかるに、なぜ日本はこの道理に適った形勢を顧みず、同じ人種である隣国を剝ぎ裂いて、友誼を断絶し、自ら〝漁夫の利〟を起こす（西洋の勢力が労力せずに利得を得る）ような、愚かなことを仕出かすのであろうか[7]」。

これはあまりにも的を射ている。

しかも、このアジア主義は、岡倉天心の「アジアは一つ」（『東洋の理想』）に遡るものであり、もともとは清国や朝鮮と対等に提携することを理想としていたふしがある。が、大日本帝国は少しずつ侵略主義へとシフトするようになっていく。

いわばこれは戦争の本義をも問うた警鐘でもあったのだ。

主任官選弁護人の水野吉太郎は、当時の日本人であれば腑に落ちる論拠を持ち出して弁護にあたった。

「特に此の事件と最も似寄りて考へられますには櫻田門外に水戸の浪士が大老伊井掃部頭《かもんのかみ》を刺した事件でありますます（略）彼等が一身を捨てて君國の爲めに酬《むく》ゆると云ふ赤誠から敢て此の事を推行《(ママ)》したと云ふ所謂報國の丹心に對しては多大の同情を以て居るのでは有ませぬか」といい、「飜《ひるがえっ》て韓國の現狀は如何にと云へば外交軍事より司法の諸權に至る迄皆之を日本に委ねざるを得ないのみならず大皇帝は位を退かれ皇太子は日本に遊ばれて居るのではありますます被告の誤解の如く若し日本が韓國扶植の誠意なしとすれば其の國家の事は汲々乎《きゅうきゅうこ》として危ういのではありませぬか被告は實に國家存亡の秋《とき》であると信じたのでありますます同じく事を誤つたと致しましても事態の上から考へまして遙かに被告に同情すべき點があるのではありませぬか」と主張している。

そして「日本の志士に譲らざるものがある」と付け加えるのも忘れなかった（以上、満州日日新聞社編、礫川全次註記・解題『安重根事件公判速記録』批評社）。

弁護人だから当然という向きもあろう。

しかし、検察官の溝淵孝雄もこんなエピソードを残している。

「伊藤の罪状15ヶ条」を聞き終わって驚いた。これは、取り調べの冒頭で答えた「人物」が語る内容ではないと内心舌をまいたのである。一つ一つが、溝淵にとっても手厳しい指摘であった。今日の現状を、的確にとらえているとも思った。

溝淵は、安の顔をじっと見つめ、「いま、陳述を聞けば、そなたは東洋の義士というべきであろう。義士が死刑の法を受けることはあるまい。心配しないでよい」と思わず言ってしまった。が、これに対し安は「私の死生について論じないでください。ただ、私の思っていることを、ただちに日本の天皇に上奏してください。すぐにでも伊藤さんのよからぬ政略を改め、東洋危急の大勢を救ってくださることを切望いたします」と答えた。（斎藤泰彦『わが心の安重根　千葉十七・合掌の生涯』五月書房）

安の理論構成に納得する者は決して少なくなかった。

また、安と接するうちにその人物を評価する者は監獄の看守、法廷の通訳などにもいた。

平石旅順高等法院長から検事、判事、看守に至るまで、安重根に接する者は、みんな安重根を尊敬してしまう。ゆえに、監獄における安重根の取り扱いは、きわめて丁重であった。三度の食事はみんな白米、下着も四枚の綿入り布団も上等。みかん、りんご、なしなどの果物が毎日三度もだされ、煙草も西洋の上物。士は殺すべくはずかしむべからざるなり。もとより安重根は死刑に決まっているのだが、日本人は彼を国士として待遇した。

揮毫を求めるものがワンサワンサ。安重根は、墨痕淋漓「為国献身軍人本分」と大書した。平石高等法院長はこれを家宝にした。

「士は殺すべくはずかしむべからざるなり。」安重根は日本にとっても勤王の志士であったのである。（小室直樹『韓国の悲劇』光文社）

最も有名なのは石川啄木であろう。

啄木は、まず殺された伊藤について「偉大なる政治家偉大なる心臓――六十有九年の間、寸時の暇もなく、新日本の経営と東洋の平和の為に勇ましき鼓動を続け来りたる偉大なる心臓は、今や忽然として、異域の初雪の朝、其活動を永遠に止めたり」としつつも、「其損害は意外に大なりと雖ども、吾人は韓人の愍《あはれ》むべきを知りて、未だ真に憎むべき所以《ゆゑん》を知らず。寛大にして情を解する公も亦、吾人と共に韓人の心事を悲しみしならん」（『啄木全集』第9巻、岩波書店）という言葉を残している。

安にとってもそうだった。

先の引用とも重なるが、旅順の監獄に行くと、朝鮮にいた日本人との対応の違いに驚き、その後の心境に大きな変化を与えた（中野泰雄「安重根の『東洋平和論』と明治の日本」、『韓国がわかる11人の視点』〈世界日報社〉所収）。

さて、安は、韓国では独立運動の英雄、愛国烈士、つまり民族解放の「自由の戦士」である。そして日本では、「テロリスト」ということになっている。

だが、以上の経緯を振り返ればそのような二項対立は不毛であることに気付くだろう。

ここで学校の教科書なんかには絶対でてこないが、幕末史をかじった人なら誰でも知っている伊藤博文の過去について少しだけ触れておく。

伊藤とテロリズムは関係が深い。幕末長州藩の倒幕の志士であった伊藤は、過激分子で、再三、

自らテロを行なっている。（森川哲郎『暗殺百年史《テロリズム》』図書出版社）

青年時代の伊藤博文は、塙次郎と宇野東桜を暗殺した。軍人出身者を別にして、総理大臣経験者の中で暗殺を行なったのは、伊藤だけである。（高大勝『伊藤博文と朝鮮』社会評論社）

という事実だ。

文久二年十二月のこと、伊藤は、幕府のスパイと疑われた同志の高槻藩士・宇野東桜の暗殺、孝明天皇を廃帝にする方法を調べていると噂されていた国学者・塙次郎の暗殺に加わっている。そのほか、公武合体論を主張する長井雅楽の暗殺を画策したり、高杉晋作らと品川御殿山の英国公使館焼き討ちも行なっている（久米正雄『伊藤博文伝』改造社）。

つまり、皮肉ないい方をすれば「幕末のテロリストは、いつのまにか専制政治家になり、テロに斃されたともいえる」（『暗殺百年史《テロリズム》』）のだ。

「秩序維持作戦」という欺瞞

安重根は、裁判で自らを大韓義軍の参謀中将であると説明したうえで、「今回の殺害も韓国の独立戦争のために、わたしが義兵の参謀中将として韓国のためにしたことで、普通の刺客としてやったわけではありません。わたしは今、被告人ではなく、敵軍のために捕虜となっているのだと思っています」（『安重根と伊藤博文』）と語った。

つまり、暗殺行為はあくまで「(独立)戦争」の一環との位置付けだ。

しかし、大日本帝国は「犯罪」と断定、殺人罪で起訴して死刑に処した。

要するに、安は植民地支配に対する解放軍として戦ったわけだが、大日本帝国は単なる〝暗殺テロ〟の犯罪者として片付けてしまったのである。

これは前述のアイルランド独立戦争でも同じで、「英政府は戦争状態が存在することを決して認めようとせず、普通の犯罪事件がおこっている振りをした」という。コリンズ曰く「彼ら〔英国〕は一種の戦争をしていたが、戦争の法規や慣例を尊重しなかった。我々の兵士が彼らの手に落ちると、弾丸か絞首刑執行人の縄によって『虐殺』された」(以上、『アイルランド建国の英雄たち』、〔 〕内引用者)。

このような非対称性は枚挙にいとまがない。

植民地を統治する宗主国と現地人との間に火ぶたが切られると、宗主国は概してそれを戦争とはみなさない傾向がある。それゆえ戦時国際法(戦時ルール)などが適用されることはない。アルジェリア戦争(一九五四―一九六二年)が分かりやすい。フランス政府は、一九九九年になるまで「戦争」とは公式に認めておらず、「北アフリカにおける秩序維持作戦」と呼称してきた(8)。

第二次世界大戦が終結し、アジア・アフリカ大陸で民族自決の動きが活発化するなか、アルジェリアでは反仏運動の組織化が進み、一九五四年にアルジェリア民族解放戦線(FLN)が誕生。同年十一月に一斉蜂起を行なった。FLNは軍事部門としてアルジェリア国民解放軍(ALN)を設立してゲリラ戦を展開。フランスは延べ五〇万人の陸海空軍、三〇万人の国家憲兵隊・警察を動員して各地で掃討作戦を開始した。FLNが潜伏していると思われる農村部への侵入や現地人の虐殺、FLN

活動家・シンパへの拷問など手段を選ばなかった。それに対し、ＦＬＮはフランス人が集まりやすいカフェや映画館を狙った爆弾テロで応酬した。

特にフランス警察による人権蹂躙は国際的な非難の的となった。

独立運動家のジャミラ・ブーパシャの逮捕と拷問は凄惨を極めた。電気ショック、あるいは性器への瓶挿入などの激しい暴行を繰り返した（シモーヌ・ド・ボーヴォワール『ジャミラよ朝は近い　アルジェリア少女拷問の記録』手塚伸一訳、集英社）。

また、「アルジェ大学教授モーリス・オーダン（アルジェリア共産党員）がＦＬＮを支援していたとして逮捕され、獄死した」。「日常的になったこうした報道に、フランスの世論は動揺し」、結果としてこの「秩序維持作戦」と称する事実上の植民地戦争に対する支持を失うことになった（シャルル＝ロベール・アージュロン『アルジェリア近現代史』私市正年・中島節子訳、文庫クセジュ）。

これとは逆に、少人数の組織によるテロ行為であるにもかかわらず、国家から「戦争」＝軍事行動とみなされ、図らずも歴史が大きく転換するケースがある。

古くは第一次世界大戦のきっかけとなったサラエボ事件がそうだろう。

一九一四年六月二十八日、オーストリア＝ハンガリー帝国の帝位継承者フランツ・フェルディナント夫妻が、現ボスニア・ヘルツェゴビナ領（当時はオーストリアの統治下）のサラエボを視察中、「青年ボスニア」（南スラヴの統一を目指すボスニアの青年運動の総称）に所属するセルビア人の青年ガヴリロ・プリンツィプら七人によって射殺された事件だ。オーストリア＝ハンガリー帝国政府は、セルビア王国の軍事組織ナロードナ・オドブラナが暗殺に関与しているとして、最後通牒を突き付け、七月二十八日にセルビア王国に宣戦布告した。
これがわずか五年後のヴェルサイユ条約までに、兵士だけでも九〇〇万人以上が戦死し、民間人を合わせると戦死者が一六〇〇万人（戦傷者を含めると犠牲者は約三七〇〇万人）まで膨れ上がる、人類最初の世界大戦へと発展したのである。
最近だと9・11事件がこれに当てはまる。
ジョージ・W・ブッシュは、二〇〇一年九月二十日の議会演説でこう述べた。

米国民は、「この戦争をどのように戦い、どのようにして勝つのか」と問うている。われわれは、持てる資源のすべて、すなわち、あらゆる外交手段、あらゆる情報手段、あらゆる法執行機関、金融面でのあらゆる影響力、そして戦争に必要なあらゆる兵器を使って、世界のテロ・ネットワークの分断と撲滅に当たる。

この戦争は、明確な領土の解放と迅速な終結を見た10年前のイラクとの戦争のようなものにはならないだろう。また、地上軍を使わず、米国側に戦死者が1人も出なかった2年前のコソボ空爆のようでもないだろう。

われわれの対応は、即時の報復と単発的な攻撃をはるかに超えるものとなる。米国民は、1回限りの戦闘ではなく、これまでに体験したことのない長期的な軍事行動を想定するべきである。テレビで見られる劇的な攻撃もあり、成功しても明らかにされない秘密作戦もあり得る。われわれは、テロリストの資金を枯渇させ、テロリスト同士を対立させ、彼らを隠れ家から隠れ家へと追い立て、避難場所も休息も得られなくなるまで追い詰めていく。そして、テロリストに援助と隠れ家を提供する国家をも追及する。どの地域のどの国家も、今、決断を下さなければならない。われわれの味方になるか、あるいはテロリストの側につくかのどちらかである。今後、テロに避難所あるいは援助を提供する国家は、米国に敵対する政権と見なす。(9)

事実、米国ではツインタワーやペンタゴンへの攻撃を、ちょうど六〇年前の大日本帝国によるハワイ・真珠湾への奇襲攻撃（一九四一年）と同列に論じるメディアや識者であふれ返った。

その後、アル＝カーイダの引き渡しに応じなかったアフガニスタンのターリバーン政権を転覆させるため、同国内の北部同盟を味方に付け、有志連合諸国とともに「テロリズムに対する汎地球戦争」（global war on terrorism）と称してアフガニスタンに対する侵攻を行ない、それから二年も経たないうちにイラクにも侵攻したのである。

とあるテレビ番組のインタビューでブッシュ大統領が思わず「第三次世界大戦」と漏らしたのは、9・11事件を米国に対する戦争行為として捉えるセンスからきている。しかし、だからといってテロリストとみられる人々を正規の戦闘員として遇したわけではない。

国家は非常事態宣言を発し、戦争状態に突入したことを示唆したものの、相手は非国家の国際テロ組織のネットワークであり、メンバーには米国民をも含んでいた。これは実体としては影も形もない対象に宣戦布告をするのに等しい。二〇一五年一月、フランス・パリで風刺週刊紙を発行する新聞社シャルリー・エブド襲撃などの連続テロ事件を受け、フランスのオランド大統領が中東海域に空母派遣の方針を打ち出し、バルス首相が「テロとの戦争に入った」などと宣言したのは、この図式の反復を思わせる言動である（二〇一五年一一月のパリ同時多発テロ事件でも、オランド大統領が非常事態宣言を発令し、「フランスは戦争状態にある」とした）。

これらの非対称性をより鮮明にするために、国家がテロリストあるいはテロリストと疑われる人物に対し、いかに超法規的な措置で応じるかという話をしたい。それも、やはり国家によるテロリズムなのである。

「彼を拷問したら……すべてが無になる」

9・11事件後、米政府は、犯罪捜査というアプローチと並行して、自衛権の行使（！）による他国への軍事介入を進めた。その結果として「グアンタナモ収容所」という悪名高い超法規的なシステムが生まれた。

米軍はアフガニスタンに侵攻した際に、アル＝カーイダやターリバーンの兵士と疑われる者を多数拘束した。普通に考えれば、「テロとの戦争」であろうと何だろうと「戦争」と呼ぶからには「捕虜」（prisoner of war）となるはずである。しかし、ラムズフェルド国防長官は、「捕虜ではない。非合法戦闘員であり、ジュネーブ条約に基づく権利はない」と述べ、ブッシュ大統領も「アル＝カーイダは正規軍ではない。テロリストであり、国家を持たない」などとし、戦争や武力紛争における捕虜の人道的待遇を定めた一九四九年のジュネーヴ条約を適用しないことを決めた。捕虜資格を認めた場合、長期勾留や法に囚われない尋問方法を採用できないので戦時国際法を無視したのだった。

しかし、国連と赤十字国際委員会（ＩＣＲＣ）は、米国とターリバーン政権との戦闘を国際武力抗争（international armed conflict）と位置付け、抑留された者は捕虜と認められるべきとの見解を示した。「グアンタナモ基地に捕虜の処遇に関する調査団を派遣しているＩＣＲＣのダルシー・クリステン報道官は、『捕虜の待遇に関して定めたジュネーブ第３条約は、捕虜の適切な衣食住・衛生・医薬品を受ける権利、宗教と習慣の自由の権利について明示している。我々は米当局にジュネーブ第三条約の遵守を要請している。アルカイダ兵とタリバン兵を捕虜と認めないならば、裁判権のある法廷でこれらの人間の身分を決めなければならない』」と主張。さらに「国際法に則り、戦争が終った時点で捕虜は刑事告訴されている者を除き全員解放されなければならないと指摘した[10]」。

だがこれは、先のアルジェリア戦争でフランス軍が行なった人権侵害から連綿と続く対テロ戦争の特徴でもあるのだ。

「戦争」と称しながら相手を「捕虜」として取り扱わず、いかなる法の庇護も受けさせず残虐な尋問を行なうことをためらわない。時には相手に恐怖心を植え付けたり、相手の人格をズタズタに破壊することだけを目的とする。

極言すれば、国家はいかなる種類の暴力を行使しようとも、それは「テロとの戦争」の一環としてやむを得ない措置なのであって、国家なき（非国家の）戦闘員は、ただの卑劣漢、人殺し、テロリストなのであり、人間として最低限の尊厳すら保障しなくても一向に構わない、という論理なのだ。

実際、米ニューヨーク・タイムズは、9・11事件の立案者としてグアンタナモ収容所に収監されたアル＝カーイダ幹部のハリド・シェイク・モハメドが一八三回にも及ぶ水責めに遭ったことを報じている。また、別の幹部にも八三回にわたる水責めが行なわれたとしている。しかもその回数は、書き換えられた可能性があると報じている[11]。

そして、最も恐るべきことは、容疑者の大半が無実であったことだった。


ウィルカーソン氏の陳述書によると、当時のディック・チェイニー副大統領とドナルド・ラムズフェルド国防長官は、２００２年の時点でグアンタナモ収容者の大半は無実であることを知っていたが、「収容者の釈放は政治的に不可能だ」と考えていたという。

ウィルカーソン氏は「パウエル国務長官は、副大統領と国防長官だけでなくブッシュ大統領もグアンタナモに関するすべての意思決定に関与していたと考えていた」ことを、パウエル長官とこの問題について協議した際に知ったと書いている。「グアンタナモ収容者の多くは、本当に敵性戦闘員だったかどうかとは無関係に拘束された。そもそも敵だったかのさえ疑わしい[12]」

二〇〇二年八月下旬までにグアンタナモに到着した第一陣の収容者は七四二人に上り、「12～13歳の子どもから92～93歳の老人までが」「1人につき5０００ドルで米軍に売られてきたという」。しかも政府は、その実態が明るみに出るのを恐れ、彼らの釈放を望まなかったのだった。

英映画『グアンタナモ、僕達が見た真実』（二〇〇六年）は、ちょうどその時分に、友人の結婚式のためパキスタンに里帰りしていたパキスタン系英国人の三人の若者が、現地でたまたま戦闘に巻き込まれた挙句、アル＝カーイダの関係者と間違われてグアンタナモに送られてしまった実際の事件をドキュメントタッチで再現したものである。

しかし、一点だけ補足しなければならないのは、過剰な暴力で満たされているハリウッド映画とは違い、製作過程にこの三人の若者が関わっている事情もあり、プライバシー的な配慮から「あえて一部の暴力行為を映像にはしなかった」ことだ。

若者の一人であるローヘル・アフマドはこう話している。

ローヘル　映画で描かれていることは100％正確ですが、多くの出来事がたしかにふくまれていません。たとえば、製作者側でそれも描きたいと言っていたものとしては、私たちの両親であるとか家族の姿ですね。これは私たちがお願いして、描かないことになりました。それから性的な暴力もありました。あるいはもっといろいろな怖いことも起きたわけですが、たとえば性的な虐待でいえば、我々の母親や姉妹もこの映画を見るということで、マイケルとマット〔映画の製作陣〕にお願いして、どうか含めないでほしいということになりました。（アムネスティ・インターナショナル日本編『グアンタナモ収容所で何が起きているのか　暴かれるアメリカの「反テロ」戦争』

合同出版、〔 〕内引用者)

では、事実はどうであったのか。

ハリド・シェイク・モハメドに行なわれた水責めはほんの一例に過ぎない。

殴る、蹴る、棒でたたく、踏む、手錠をかけての宙づり、犬を使った脅迫、頭巾をかぶせて体に尿をかける、裸にする、女性軍曹による性的虐待、コーランをトイレに流すなど、およそ考えられる、あらゆる虐待や拷問が収容所の中で行われていました。とても人間扱いとはいえません。(略)驚くのは、こうした行為は「許される尋問テクニック」として、政権上層部が2002年という早い時期から承認していたことです。ブッシュ大統領は「タリバン・アルカイダには、捕虜の人道的取り扱いを定めたジュネーブ第三条約は適用しない」と判断していました。(同前)

9・11事件の三年前に公開された映画『マーシャル・ロー』(一九九八年)は、このような事態を見事に先取りしていたことで事件ののちに話題となった。

米ニューヨークでイスラーム過激派と思しきメンバーによるテロ事件が相次ぐ。FBI(連邦捜査局)のテロリズム対策部長であるアンソニー・ハバード(デンゼル・ワシントン)のチームによる捜査が難航するなか、FBI本部が入っている連邦政府ビルが自動車爆弾によって爆破される。死者六〇〇人に上る大惨事となり、ついに大統領はニューヨークに戒厳令を布く。ウィリアム・デヴロー将軍（ブルース・ウィリス）率いる部隊が動員され、戦車までもが往来に展開する異常事態となる。そして、犯人がアラブ系の若者であったことから、捜査の矛先がアラブ系住民全体に向けられ、兵士は彼らを片っ端から逮捕・連行し、急きょスタジアムに設けた即席の収容施設にぶち込んでいくのだ。デヴローは、ＦＢＩの捜査を逐一盗聴するだけではなく、その情報に基づき危険人物とされる容疑者を横取りして拘束してしまう。

そして密室（といってもブロック造りの薄汚い男子トイレだ）に閉じ込め、素っ裸の状態で椅子に固定したうえで、いかなる尋問にも応じないことが分かると、断眠、電気ショック、ナイフ、水責め等々の拷問方法について検討しはじめるのだ。

ハバードはその会話に耳を疑う。「気は確かか？」と。

「一人の苦しみが大勢を救う」と返すデヴローに、ハバードは、彼らの狙いが米国が拉致したとする族長（シーク）の解放ではなく、この国を混乱させることだったらどうすると怒りだす。

「軍を出動させ国民を不安に陥れ、法と憲法は破られる。彼を拷問したら我々が命をかけて戦ってきたことが、すべて無となる。奴らが勝つ！　もう勝ってる！」

スラヴォイ・ジジェクは、９・11事件後にこれとまったく同じ警告を「リベラリズムの戦士たち」に向けて発した。

反民主主義的な原理主義と闘うことに熱心なあまりに、ただテロリズムと闘うことだけに満足し、その結果、自由と民主主義それ自体を捨て去ってしまうといったことに終わっているのではないか？　彼らは、非キリスト教的原理主義が自由にとって主要な脅威であることを証明することに情熱的なあまりに、キリスト教的と見做されている社会では此処《ここ》と現在《いま》の自由をみずから制限せねばならないといった立場を最後の拠り所とすることを喜んで決意する。「テロリストたち」がこの世界を他者への愛のために喜んで破壊する以上、テロリズムに対する戦士たちもまたムスリム的他者への憎悪のために民主的な世界を喜んで破壊する、というわけである。（『「テロル」と戦争　〝現実界〟の砂漠へようこそ』長原豊訳、青土社）

つまり、「人間的尊厳を愛するあまりに、そうした尊厳を保護すると称して、人間的尊厳の究極的頽廃である拷問の法制化を是とすることさえ厭わない」（同前）人間が出てくることになるのだと。これは、極めて重要な指摘である。

だが、ハバード＝ジジェクの警告も空しく容疑者はあっけなく殺されてしまう。

結末は、米国の良心を高らかに謳い上げるための、絶対にフィクションでしか起こり得ないハッピーエンドが用意される。

つまり、罪のない人々を逮捕・連行し、拷問によって死に至らしめた、その責任を引き受けるべき地位にいるデヴローの逮捕（！）である。ハバードのチームは、デヴローの司令部に乗り込むと、彼が主導した族長の拉致・不法監禁などの国際法違反を非難し、スタジアム収容者の釈放令状を提示する。そして、上記の殺人容疑につき逮捕するというのだ。
ＦＢＩが米政府とは対照的に、ウサーマ・ビン＝ラーディンを在ケニア・在タンザニア米大使館爆破テロの容疑のみで重要指名手配犯のリストに入れ、９・11事件に関しては「確たる証拠がない」との態度を貫いていたことに通じるエピソードでもあり、非常に興味深い(13)。
実際、９・11事件から三週間後にＦＢＩはこう回答している。

「あのテロ事件に関与した人物を実際に告発するまでには、かなりの時間が必要となるだろう」と、重要指名手配犯に関するＦＢＩの広報責任者で、どの指名手配犯をリストに掲載するかの決定にも関わるレックス・トゥーム氏は言う。「犯罪者として告発するということは、容疑事実が間違いでないという確たる証拠を捜査当局がつかみ、検察側が事件を立件すると言明したことを意味するのだ(14)」

だが、米政府は、ジジェクがいったように「ただテロリズムと闘うことだけに満足し、その結果、自由と民主主義それ自体を捨て去ってしまう」道を突き進み、ハバードのようにみえたオバマ政権もブッシュ政権の方針を踏襲したに過ぎなかった。映画のごとき大団円などあろうはずもなく、今もなおその後遺症は癒えていない。

第三章

正しいテロリストは存在するか

政府が、裸になって踊るようにいったら、私たちは踊るでしょうか？　サッティヤーグラヒーであるのなら、私は政府にいいます。「その法律は自分の家に置きなさい。私はあなたの前で裸にならないし、踊りもしません」。それにもかかわらず、私たちは非サッティヤーグラヒーになっているので、政府の命ずるまま、裸になって踊るよりももっと下劣なことをしているのです。

M・K・ガーンディー

（『真の独立への道　ヒンド・スワラージ』田中敏雄訳、岩波文庫）

テロリストは、最終地点に到達している。彼の同胞の「生活様式が強制的に変換」させられることを防ぐためには、非道徳的な殺人も実行しなければならないとテロリストがいう時、このテロリストには他の選択肢は残されていないし、少なくとも彼はそう主張するであろう。もし彼が十分な数の非戦闘員を殺害すればおそらく政治的に責任のある人々が、望まれた形で反応するであろう（と、彼は理由付けするだろう）。

タラル・アサド（『自爆テロ』苅田真司訳、青土社）

二七年間投獄されたマンデラ

かつてテロリストという汚名を着せられていた有名な人物といえば、マハトマ・ガンディーとネルソン・マンデラだろう。

マハトマ・ガンディーは、独立以前のインドの宗主国・大英帝国の不当な支配、インド人への差別的な扱いに対し、非暴力・不服従運動（サッティヤーグラハ運動）で応じたことで知られる。しかし、当時の大英帝国はこれをテロリズムとみなした。

ガンディーは、運動についてこう説明している。

サッティヤーグラハ、または魂の力は英語で「受動的抵抗（パッスィヴ・レジスタンス）」ともいわれています。この語は、人間たちが自分の権利を獲得するために自分で苦痛に耐える方法として使われています。その目的は戦争の力に反するものです。あることが気に入らず、それをしないときに、私はサッティヤーグラハ、または魂の力を使います。

例として、私に適用されるある法律を政府が通過させたとする。私には気に入らない。そこで私が政府を攻撃して法律を廃止させるとすると、腕力を行使したことになる。もしその法律を受け入れず、そのために下される罰を受けるとすると、私は魂の力またはサッティヤーグラハを行使することになる。サッティヤーグラハで私は自己犠牲をする。（『真の独立への道　ヒンド・スワラージ』）

よくある誤解だが、ガンディーは暴力を用いることを禁じただけで、イギリス製品の不買運動、納税の拒否、サボタージュ（怠業）、ストライキなどによる抵抗は奨励しているので、いわゆる無抵抗主義ではまったくない。だが、大英帝国は、サッティヤーグラハなどの一連の抵抗運動をテロリズムと捉え、令状なしに逮捕・投獄などができるローラット法を施行した（今でいう米国の通称愛国者法〈Patriot Act〉と似ている）。ガンディーは何度か逮捕され、懲役六年の判決などが下された。

ネルソン・マンデラは、南アフリカにおける人種隔離政策＝アパルトヘイトの撤廃運動の象徴的な存在。一九五〇年代にアフリカ民族会議（ANC）の指導者となり、六一年に「ウムコント・ウェ・シズウェ（民族の槍）」という反アパルトヘイトの軍事組織を編成し、初代司令官に就任したが、それが「武装闘争＝テロリズムによる国家転覆」路線への転換とみなされ、国家反逆罪などの容疑で逮捕された。

終身刑の判決を受け、二七年もの間収監されることになったが、九〇年に当時の大統領フレデリック・デクラークの指示で、ANCなどの非合法指定を解除し、マンデラを釈放した。そしてアパルトヘイト関連の法律をすべて廃止し、九三年に両名がノーベル平和賞を受賞。マンデラは九四〜九九年の期間、大統領に就任した。

二〇〇八年まで米政府のテロリスト監視対象リストにマンデラの名前が掲載されていたのは、笑い話でもなんでもなく当時の米国を中心とした西側諸国が、アパルトヘイトを支持する南ア政府を黙認していたことを意味する。

ましてや、その後の英国女王エリザベス二世とのツーショットなど誰が想像しただろうか。

この二つのケースは、どちらも自らの要求を押し通すために〝暗殺テロ〟や無差別テロなどは行なっていない。ガンディーは、体制に抵抗はしたが、物理的な暴力の行使ではなくいわば「知力」によるものだ。マンデラは、軍事組織を編成し発電所や公共施設を破壊したりしたが、あくまでアパルトヘイトの象徴に対する攻撃に過ぎなかった(1)。にもかかわらず、当局はそうは考えなかった。これは裏を返せば、これらの人物に象徴される運動が宗主国や政府にとって、自分たちのポジションを揺るがしかねない恐るべき脅威に映っていたということでもある。つまり当局は、とりあえず彼らを「テロリスト」と呼ぶことで辛うじて自分たちの正当性を固持したのだった。これはタチの悪い心情告白か、同語反復(terror is terrorism)である。

しかし現在、ガンディーもマンデラも偉人の仲間入りを果たしている。もはや異論を差し挟む者はいない。

以上のように「正しさ」の評価軸は、時代によって激しく変動していく。

特にテロリズムという要素が加わると油断ならない。

例えば、第二次世界大戦のとき、ナチス支配下にあった欧州諸国におけるレジスタンス運動は、ナチス・ドイツにとってはテロ活動であったが、現在これら一連の戦闘行為を称賛に値するものとして顕彰する者はいても、違法で不当なものだったとして反省材料にする者はいない。すでにナチス＝絶対悪という評価が固まっているからだ。それもこれもナチス・ドイツが崩壊したためであり、極論をいえばイデオロギー（ファシズムとの戦い云々）は関係ない。それをテロと評価するか、抵抗と評価するかは完全に勝者の論理だからである。

ここに「正しいテロリスト」または「正しき反逆者」という不思議な言葉の組み合わせが生まれる余地がある。

国際法廷で裁かれなかったコソボ解放軍

最新の例を挙げよう。

武装闘争路線が明確だったコソボ紛争における「コソボ解放軍（ＫＬＡ）」の評価である。

一九八〇年代末、ユーゴスラビア連邦共和国が解体の危機に瀕した。アルバニア系住民（大半がムスリム）が多数を占めるコソボ自治州ではセルビアからの分離傾向が強まり、九一年「コソボ共和国」の独立を宣言。これに対し、セルビア政府はコソボの自治権（独自の憲法の下、議会や政府、裁判所などを持っていた）をはく奪し、直接統治に乗り出した。アルバニア系住民の急進派の人々が軍事組織ＫＬＡを結成し、武力闘争を開始した。

九七年頃から、ＫＬＡは、セルビアの政府関係機関や警察署などを狙った襲撃事件を起こし数百人に及ぶ死傷者がでた。セルビア系住民への誘拐・レイプ・殺人事件も多発したため、セルビア政府はＫＬＡをテロリストとみなし、治安部隊の増援による鎮圧行動を拡大させた。

九八年、両者の対立が激化し、衝突がコソボ全土で繰り返され、治安状況が急速に悪化。襲撃事件は二千件にも上り、脱出するセルビア系住民が相次いだ。いわゆる「コソボ紛争」といわれる事態に発展したのである。セルビア政府は、ＫＬＡの支援基盤と思しき村落のせん滅に乗り出し、ＫＬＡの無力化を図ろうとした。一方、アルバニアやボスニアなどからはＫＬＡに共鳴するムスリムの義勇兵が参入し、紛争はより一層熾烈さを極めた。やがて、セルビア政府による非人道的な「民族浄化（ethnic cleansing）」が行なわれているといった情報の下、[2]北大西洋条約機構（ＮＡＴＯ）が大規模な軍事介入をして千機以上の航空機を投入、Ｂ−52戦略爆撃機による絨毯爆撃も含む大規模な空爆を行なった（アライド・フォース作戦）。セルビアの主要軍事施設を破壊することが目的だったが、天候などが影響して効果は上がらず、精密誘導ミサイルやクラスター爆弾による誤爆が相次ぎ、無関係の市民が多数死傷。混乱に乗じて略奪や放火、殺人、レイプなどが横行し、セルビア系だけでなくアルバニア系住民も難民として国外に流出し、その数は八五万人に達した。

当初、米国代表の特使リチャード・ホルブルックは、ＫＬＡの行為を「テロリズム」だと断定して非難していた。ところが、この方針は転換されることとなる。

木村元彦は、ＫＬＡの変遷についてこう書く。

> 九〇年代後半には、コソボの独立を非暴力の対話路線で進める指導者イブラヒム・ルゴヴァ大統領と袂を分かち、政治部代表に急進派のアデム・デマチを掲げる。
>
> パトロール中のセルビア人警官を襲ったり、セルビア人に協力的なアルバニア人の殺害を繰り返した。アルバニア本国とも密接な関係を保ち、アルバニアを独裁支配したエンベル・ホッジャ

の影響を多く受けていた。武器はそのアルバニア本国から密輸される中国・ロシア製のものがほとんどであった。

同時にまた、イスラム教徒としての宗教的な繋がりから、国際的テロリスト集団アルカイーダからの支援関係ももたれていた。九四年にビン・ラディン自らがアルバニア本国に渡りサリ・ベリシャ大統領と接触。やがてアフガン戦争を戦った兵士ムジャヒディンたちと共に隣国のコソボへ越境してKLAの軍事訓練を指導していたことが、CIA（米国中央情報局）によって確認されている。

このことからも分かるように、元来は超の字のつく反米武力集団であった。現にゲルバート米国バルカン特使は当初、KLAを「テロリスト集団」と呼んでいた。

激変したのは九九年のNATO空爆直前からである。「敵の敵は味方」理論で、米国は反ミロシェビッチのKLAを強力に軍事支援し肥え太らせた。（『終わらぬ「民族浄化」セルビア・モンテネグロ』集英社新書）

つまり、「突如としてこの不名誉なレッテルは消された。アメリカは、アルバニア人分離派を必要としたからだ。アルバニア人分離派は、『野蛮なセルビア人と戦う自由の戦士』になった」（J＝F・ゲイロー、D・セナ『テロリズム　歴史・類型・対策法』私市正年訳、文庫クセジュ）のだった。

さらに驚くべきことは、KLAには「セルビアによる残虐行為を誘発させることによって、独立のための闘いにＮＡＴＯを引き込もう」とする意図があったことだ。

ホルブルックも、ＫＬＡは「西欧国家をこの戦争に引き込むために、挑発的な手段を取っていた」とコメントしている。ＫＬＡリーダーのハシム・タチはＢＢＣの取材に対して、「我々は自分たちの軍事行動がコソボ住民を標的とした冷酷な報復の引き金になるだろうことを、十分に承知していた」「彼らが住民に対して復讐することは確実だった」などと述べた。つまり、セルビア側を挑発し、報復行為に誘い出すことにより、国際世論の注目を集め、ＮＡＴＯの介入を後押ししようとの目論見があったのである（以上、ノーム・チョムスキー『新世代は一線を画す　コソボ・東ティモール・西欧的スタンダード』角田史幸・田中人訳、こぶし書房）。

だが、当時、「野蛮なセルビア人」からコソボの人々を守るといった報道で埋め尽くされ、真相は一部のメディアを除いてどこまでも覆い隠された。

そして、空爆後にセルビア系住民を襲ったアルバニア系住民からの報復行為は悪夢としかいいようのないものだった。

　空爆後から約三〇〇〇人のコソボのセルビア系民間人が、ある者は組織的に、ある者は家族の目の前で誘拐され行方不明になった。そしてその人々の遺体が闇の世界から浮上するようにコソボ各地で見つかり始めた。うち身元が確認されたのが約一五〇〇体。（『終わらぬ「民族浄化」セルビア・モンテネグロ』）

九九年、コソボはNATOの占領下に入り、KLAは解体、コソボ防護隊（大半がKLAの元兵士で構成）へと改組された。このコソボ防護隊が現在の国軍であるコソボ治安軍の前身となるのである。

二〇〇八年二月十七日、コソボ議会は「コソボ共和国」の独立を宣言。

KLAの元軍事指導者アギム・チェクは、紛争終結ののちコソボの首相（二〇〇六－〇八年）となったが、セルビア政府は戦争犯罪人としてチェクの首相就任を非難。しかし、彼はオランダ・ハーグの旧ユーゴスラビア国際戦犯法廷（ICTY）から訴追は受けなかった。KLAの元司令官ラムシュ・ハラディナイは、コソボ首相を短期間務めたのち、ICTYから戦争犯罪（セルビア系住民などの殺害、虐待、レイプ）の容疑で訴追されたが、すべての容疑で無罪となった。また、ほかに指揮官だった者も同様に訴追されたが、すべての容疑で無罪となり、コソボの交通・通信大臣を務めた。

コソボ解放軍リーダーのハシム・タチはコソボ民主党の党首となり、コソボ共和国の首相（二〇〇八年－）となった。

まさに、「昨日テロリスト、今日英雄」である。

だが、それぞれの陣営の立場を越えた視点で、純粋に行為のみを抽出してみると、違法性を免れる者はどこにもいないことは明白だ。

それゆえ、これも勝者の論理なのである。

セルビア側にとってはは依然コソボの独立は認めがたいものであり、元KLAメンバーらが戦争犯罪人で、テロリストとの評価は何も変わっていない。

つまり「ミロシェビッチの戦争犯罪については、私たちセルビア人も何が行なわれたのか知りたいし、彼は裁かれるべきです。しかし、一方で同じように私たちセルビア民族の民間人を誘拐したり、殺したりしてきたKLAの幹部たちが、今やコソボで要職に就いているのを見ると悔しくて涙が出る。ミロシェビッチの首をよこせと言うのならハシム・タチ（KLA元司令官、現在は独立強硬派のPDK・コソボ民主党党首）もハーグに送るべきではないのか」（『終わらぬ「民族浄化」　セルビア・モンテネグロ』）という言い分もまた真実なのである。

それでは、「結局、アメリカとNATOは、自由の戦士とテロリスト（信仰心の篤いイスラーム急進主義者と麻薬密売人）、いったいどちらを支援したことになるのだろうか」（『テロリズム　歴史・類型・対策法』）。

この疑問は、コソボの独立が米、英、独、仏、日本など一一〇カ国から承認を受けている反面、露、中国、インド、南アフリカ、ブラジル、スペイン、インドネシア、イスラエルなど八五カ国が承認を拒否している現状が表しているように、今なお、現在進行形なのである。

なぜなら、それぞれの国で少数民族の独立運動など分離傾向がある地域を抱え込んでいるからだ。つまり、KLAを認めることは自国の問題にも直結し、国内にまで影響を及ぼすことを意味している。いずれにしても、かつての宗主国に対する民族独立運動と異なり、日本に置き換えれば突然「四国」や「九州」が独立宣言を行なうような、確定した国境線の変更を要求する動きが、国際社会において手放しで受け入れられる例は少なくなっている。要するに、KLAの存在は「明日は我が身」という教訓であり、それ以上でもそれ以下でもないのだ。

しかし、裏を返せば、すべての地域の民族独立運動が今後もまったく実を結ぶことがないともいいきれないのも現実なのである。

「奴らは空爆する。俺たちは自爆しかない」

そもそも「正しいテロリスト」という言葉は妥当なものなのだろうか。

ＫＬＡは米国の後押しを受けて独立を勝ち取り、正規軍に再編されたが、少なくともセルビア側にとっては永遠にテロリストのままだ。その評価は絶対に変わらないだろう。それは安重根に対する日韓の温度差と二重写しである。

だが、「テロリスト」という呼称を取り去って、物事の因果関係のみに目を向けたとき、われわれは全然違った地平に立っていることに気付くだろう。

それは、あらゆる戦いを正当化しようとする「必要性の概念」である。

タラル・アサドは、「無辜の市民を意図的に殺しているという事実によって、テロリストを国家の正規軍から区別することができる」という、よくありがちな議論についてこう反論する。

軍隊の指揮官が、自分たちの行動の不可避の結果として多くの一般市民が巻き添えになることを知っているときでさえ、指揮官は市民を殺すことを選択すべき場合があると、多くの人が答えている。戦争とテロリズムの根本的な区別可能性を擁護する人々は、不幸にしてそれが暴力的になりすぎることがあるとしても、戦争が必要とされる場合がありうるのに対して、テロが必要になることはありえないと主張する。国家の防衛だけが必要な戦争の例ではない。人道的な軍事介入の必要性について論じられることもある。そして、戦争が必要な場合には、「正しい」戦争の理論によって、開戦の宣言から戦時の行動、そして戦争の終結まで、われわれが果たすべき道徳的な責任は特定されている、と主張される。これに対して、「正しい」戦争論が与えようとしているような道徳的な外見とは関係なく、戦争で法的に認められる行為は戦争に関する国際法によってすでに特定されている、と応答することもできるだろうし、そして、戦争に関する国際法が、勝利国に対して適用されることはめったにないと指摘することもできるだろう。敗戦国の軍隊だけが、自らの誤った行動に対して、体系的に責任を負わされ、処罰されるからである。しかし、私の議論は、こうしたよく知られている偏りを越えていく。私は、一方で戦争の必要性は常に議論の対象であったことを指摘し、他方で、過激派も、殺害行為が闘争に必要なものであると主張していることを指摘する。必要性の概念は、組織された殺害行為を正当化することができるが、そこには反乱者によって実行される殺害行為も含まれてしまうのである。(『自爆テロ』)

自爆攻撃(suicide attack、suicide bombing)に臨む若者の最後の四八時間を追った『パラダイス・ナウ』(二〇〇五年)という映画がある。

パレスチナ人の監督ハニ・アブ・アサドがイスラエル人のプロデューサーと組み、仏・独・蘭・パレスチナ合作で撮ったフィクションだが、自爆未遂者や遺族などへの取材に基づいており、初めて自爆攻撃の実態を捉えた作品ともいわれている。米アカデミー賞外国語映画賞にノミネートされると、自爆攻撃の犠牲者の遺族支援などを行なう国際団体が、「自爆テロを支持している」との理由からノミネートに反対する署名運動を展開するなど話題を呼んだ。

だが、そんなステレオタイプな内容では一切ない。いうなれば「政治的にならないよう（特定の主張に与しないよう）周到に作り込んだ反政治的な映画」である。つまり、嫌でも自分自身の政治性と向き合わざるを得なくなる、見る者に選択を迫るチャレンジングな作品なのである。

パレスチナ自治区のナブルスで自動車修理工として働く二人の青年サイード（カイス・ナーシェフ）とハーレド（アリ・スリマン）が主人公だ。ナブルスは、インティファーダ（反イスラエル蜂起）以来、メディアから「テロリストの巣窟」といわれた場所で、四六時中ロードブロックと検問所で包囲されており、住民の多くは一度も町から外にでていないという（エリック・アザン『占領ノート　一ユダヤ人が見たパレスチナの生活』益岡賢訳、現代企画室）。

そこにヒロインであるスーハ（ルブナ・アザバル）が車の引き取り客として現れる。スーハは、モロッコから父親の生まれ故郷のナブルスに移住してきた才女である。

ほどなくして、サイードは自爆志願者を募集するパレスチナ人組織の交渉代表者ジャマール（アメル・レヘル）から、ハーレドとともにイスラエルのテルアビブで自爆攻撃を敢行する任務が下される。親友同士であることに配慮した作戦計画だった。

二人は身なりを整え、黒いスーツに身を包む。その下には、ベルト型の爆弾が装着される。しかもこのベルト型の爆弾は外そうとすると起爆する仕組みにもなっている。

そして二人は、イスラエルへと続くフェンスを切断し、潜入することになるのだが、映画はここでワンクッションおいて話を容易には展開させない。あるトラブルによって離れ離れになった二人は、スーハとの偶発的な再会によって感情をかき乱されることとなるのだ。このエピソードを通じてパレスチナが置かれた凄まじい不条理を描くのである。

スーハが二人に対し、暴力以外にも抵抗の手段はある、と訴えるところがそうだ。だが、生まれたときから占領下にあり、降り注ぐロケット弾とイスラエル兵による暴力にさらされ、これからも人間として最低限の尊厳も認められないことが確実で、人生に何の希望も持てなくなっている彼らにとって、スーハの正論はどう割り引いても絵空事にしか思えない。要するに、主権国家の庇護があって初めて説得力を持つような〝部外者のたわ言〟にしか聞こえないのだ。

イスラエルがパレスチナ自治区に行なっている政策は、かつての南アフリカ共和国のアパルトヘイトに似ている。いや、それ以上である。

「テロリストのイスラエルへの侵入を防止する」として二〇〇二年、分離壁の建設を開始した(二〇〇三年に国連決議により建設中止と撤去を求め、二〇〇四年にオランダ・ハーグの国際司法裁判所が違法と判断した)。その名もアパルトヘイト・ウォールといわれるが(八メートルもの高さのコンクリートの壁は南アフリカ共和国にもなかったものである)、イスラエルは「セキュリティ・フェンス」と呼んでいる。

テロの首謀者とみられる者への超法規的暗殺、入植地の拡張、土地の収奪、領土の細分化、移動の制限……。数え切れないほどの屈辱にさらされる一方、その違法性を国際社会に広くアピールしてみたところで、（分離壁の建設を誰も止められないことが象徴的だが）実効性のある介入は皆無だった。

つまり、「パレスチナ人が、イスラエル軍の戦車や装甲ジープに乗った戦士によって出された外出禁止令を破れば、公共の秩序を乱したことになる。そんなパレスチナ人は罰せられて当然。よくて催涙ガス、最悪の場合は撃ち殺される。イスラエルの戦士と国軍のほうは、たとえ彼らが何千人という子どもたちが学校へ行くのを妨げ、教師たちが仕事場へ行くのを妨げ、患者が病院へ行くのを妨げ、農民が畑へ行くのを妨げ、祖父母が孫たちの顔を見に出かけるのを妨げたとしても、あくまで公共の秩序と安全を守っているとされるのである」（アミラ・ハス『パレスチナから報告します　占領地の住民となって』くぼたのぞみ訳、筑摩書房）。

これが自爆攻撃に走る若者たちが生活している世界のおおまかなバックグラウンドである。

劇中のハーレドとスーハの会話に、パレスチナ人のジレンマがいい尽されている。自爆攻撃を準備していることを知ったスーハが「なぜ、こんなことを！」と感情的に問い詰めるシーンだ。

ハーレド「平等に生きられなくとも、平等に死ぬことはできる」
スーハ　「平等のために死ぬのなら、平等に生きる道を探すべきよ」
ハーレド「あんたのいう〝人権〟で？」
スーハ　「たとえばね……。イスラエル側に殺す理由を与えないの」

ハーレド「無邪気だな。自由は戦って手に入れる。不正がある限り犠牲は続く」
スーハ「犠牲じゃない。復讐よ！　人殺しに犠牲者も占領者も違いはないわ」
ハーレド「奴らは空爆する。俺たちは自爆しかない。まったく違う」
スーハ「何をしてもイスラエル軍のほうが常に強いのよ」
ハーレド「死は平等だ。俺たちは天国に行ける」

それを聞いたスーハはハーレドの頭を叩き、「天国は頭の中にしかないわ」と怒る。

だが、ハーレドは爆発しそうな感情を押し殺して「地獄で生きるより頭の中の天国のほうがマシだ。占領下は死んだも同然。それなら別の苦しみを選ぶ」と返す。

つまり、彼は真っ当なリアリストであるがゆえに、あえて「頭の中の天国を選ぶ」といっているのだ。これは決して現実逃れの言葉遊びなどではない。一面の真実をいい表わしている。

ハニ・アブ・アサド監督は、どちらかが正しいといいたいわけではないと前置きしたうえで、「世俗の論理は宗教の論理を不可知だとして排斥する傾向にありますが、ハーレドは天国という問題について、『この世での人生が地獄である以上、頭の中の天国を自分は必要としているんだ』ときわめて理知的に応じているのです」と補足してみせた[3]。

このあまりに明晰な回答は続く台詞でも一目瞭然だ。


スーハ「残された私たちはどうなるの？　こんな作戦で勝利すると思う？　あなたの行動が私

たちを破壊するのよ。そしてイスラエルに殺す理由を与えるの」
ハーレド「理由がなくなれば？」
スーハ　「殺さない。モラルの戦いをするのよ」
ハーレド「イスラエルにモラルなんてない」

二〇一四年のガザ侵攻の際、「ハマス」が病院やモスク、学校、民家に武器を隠したことが「人間の盾」として批判されたが[4]、その際、批判する側が忘れがちなのは、それをミサイル攻撃するかどうかの判断はイスラエル軍に委ねられているという事実だ。「ハマス」にのみ責任を押し付けようとする態度は、同じようにイスラエルにのみ責任を押し付けようとする態度と相似であり、物事の分析の仕方としては最悪である。事実、二〇一五年六月にだされた国連の報告書では、双方に戦争犯罪の可能性があったと結論付けている。

また、圧倒的な武力の非対称性を前にして、抵抗組織は多かれ少なかれそういった戦術に頼らざるを得ない。これは第二次世界大戦中のナチス・ドイツ支配下のレジスタンスでも、ベトナム戦争における南ベトナム解放民族戦線（ＮＬＦ）でも、「ハマス」に限らず世界中のあらゆる抵抗運動が実践してきたことなのだ。

イスラエル軍は、ハイテク兵器を駆使して「ハマス」幹部をほぼピンポイントで殺害することができる（巻き添え被害はゼロではない）が、「ハマス」はせいぜいイスラエル国内に自爆志願者を送り込むのが精いっぱいだ。情報収集能力、軍事技術、セキュリティーなど、どれを取っても途方もない差があるため、政権幹部に相当する人物の暗殺など夢のまた夢だろう。アル＝カーイダがオバマ大統領暗殺を企てるようなものである……。

タラル・アサドはいう。

軍隊の指揮官の動機が複雑である場合（非戦闘員を殺害するが、もしそうする必要がなければそうしないであろう場合）、一見したところ故意のようであるが、実は強制されて非戦闘員を殺害したテロリストに対しても同じことが言えないであろうか？　テロリストは、最終地点に到達している。彼の同胞の「生活様式が強制的に変換」させられることを防ぐためには、非道徳的な殺人も実行しなければならないとテロリストがいう時、このテロリストには他の選択肢は残されていないし、少なくとも彼はそう主張するであろう。もし彼が十分な数の非戦闘員を殺害すればおそらく政治的に責任のある人々が、望まれた形で反応するであろう（と、彼は理由付けするだろう）。（『自爆テロ』）

サイードの告白「我々に安全がないのなら彼らにも安全はない。力じゃない。力は彼らの助けにならない。これを彼らに分からせたい。ほかに方法はない」――は、右のごとき論理を口語体にしたものに過ぎない（しかも、バスに子どもが乗っていることが分かった瞬間に乗車を諦めるシーンに如実なように、彼は、ただユダヤ人というだけで殺害の対象にすることには逡巡する者として描かれる）。

自らの身体に爆弾ベルトを巻き付けて兵士や市民の命を奪う自爆攻撃もそういった非対称性ゆえの絶望的な反撃の仕方なのである。

そこでは、「テロリスト」という蔑称は、状況に対する理解の妨げにしかならない。

ボンヘッファーの「不可避の罪」

「正しいテロリスト」「正しき反逆者」という言葉が成立する地点について、もっと自分たちに引き付けて身近なところから考えてみたい。

例えば、われわれの国の政府が軍隊や警察を動員して、現政権を快く思っていない政党や組織、異論を唱える知識人や活動家、はたまた個人的な恨みから「あいつは政権の悪口を言っていた」と告発された者たちを次々と逮捕・拘束し、そのうちの何人かを見せしめとして処刑・殺害し始めたとき――。あるいは、われわれの国の政府が特定の人種（といってもそれを人種と呼ぶ科学的根拠が薄かったりする）をターゲットに、一方的な財産没収を命じて強制収容所へ連行し、むごたらしい虐殺を行ない始めたとき――。

これは、世界中の至るところで散見される悲劇の定番でもあるのだが、さて、これを日本国家および日本国民に置き換えた場合、果たして政府中枢や国家元首に対する、国民の側からの武力行使は「正当性がある」「正しい」といえるだろうか。国民の側からすれば「命がけの抵抗」になるが、国家の側からすれば「テロリズム」である。もちろん、武力行使をすれば両者の犠牲は免れない……。ディートリッヒ・ボンヘッファーのケースが非常に分かりやすい。

ボンヘッファーは、二十世紀を代表するキリスト教神学者の一人でありながら、第二次世界大戦中にヒトラー暗殺計画に加担したことで知られる。ドイツ国防軍の将校を中心とした反ヒトラー組織とともに、ヒトラーの暗殺などを実行してクーデターを起こし、米英軍と講和を結ぶ手はずになっていたが、東プロイセンの総統大本営の爆破（ナチス側からすれば「爆弾テロ」である）でヒトラーが軽傷のみで生き残ったため、計画は失敗となりおよそ二〇〇人もの関係者が残忍な方法で粛清された（七月二十日事件）。

この爆破は、ヒトラーの近くにいた速記者や軍幹部など四人が死亡した殺人事件でもあったが、戦後は一転して反ナチス運動の英雄として顕彰されることとなり、反ヒトラー組織の構成員の名前を冠した学校、通り、兵舎などが数多く存在する。

つまり、ドイツ国家およびドイツ国民の総意としては、ドイツのもともとの「基本理念」を破壊するような政治体制は「転覆しても構わない」という方針を強固なものにしたのだった。

これは、一九四九年制定のドイツ連邦共和国基本法（ボン基本法）に、一九六八年に「抵抗権」（第二〇条四項）として追加される形で結実している。

「全ドイツ人は、この秩序（ボン基本法）を廃絶しようと企てる何人（国家ないし個人）に対しても、他の救済手段が存在しないときは、抵抗権を有する」と規定したもので、仮に民主的手続きを経てヒトラーのような独裁者が出現しても、ボン基本法の「基本理念」である表現の自由や結社の自由を踏みにじる政治行動に及んだ場合は、実力行使によって独裁者を排除できる（殺害できる）権利をボン基本法そのものに組み込んだのである。

要するに憲法忠誠の徹底であり、理路はこれ以上ないくらい明快なのだが、これを明文化している国家は希少だ。なぜなら、国家を転覆できる法的根拠＝テロリズムを肯定する根拠になりかねないからだ。

ボンヘッファーは、神学者の立場で苦悩した。

しかし、彼は「手を汚すこと」を決意する。

「可能な範囲にある現在のどんな二者択一も一様に耐えがたく、生に逆らい、無意味である」（略）と感じられる。「善か悪か」というのではなく、悪の中からどれか一つを選ばなければならない。そのためには、かつて自分たちが倫理的判断の基準にしていたものをすべて思い切って捨て、「ただ神との結びつきにおいて」決断しなければならない。そしてそれは、「不可避の罪と自覚しつつおきてに違反する」ことを含むのである。（村上伸『ボンヘッファー』清水書院）

つまり、彼は、「抵抗権」を「悪の中の一つ」であり、「不可避の罪」と理解していた。そのうえでヒトラー暗殺計画に参加したのである。この「悪の自覚」というべき認識は、とてもリアリスティックなもので、権力をあくまで必要悪とみる自由主義の発想に近い。国家が国民の自由を侵し、生命や財産を奪い取るとき、自由主義の思想を護持する者だけが、それに対する「抵抗」＝「悪」をなすことができる（後述するが、ボンヘッファーの場合は、キリスト者であることの徹底だった）。この場合、「抵抗」とは実力行使を意味する。ボンヘッファーは、これを「車を停めること」に例えた。

彼は『ユダヤ人問題に直面する教会』という論文の中で、国家がそのあるべき姿から逸脱して人々の権利を奪い、暴虐を働いた時、教会のなすべきことの最後の可能性として「車にひかれた犠牲者に包帯をしてやるのではなく、車そのものを停める」（略）行動に出ることがあり得る、ということを示唆した。（同前）

この一連の事件をめぐる思想に突き当たったとき、これを十把一絡《じっぱひとから》げに「テロリズム」、あるいは「テロリスト」と呼ぶことについて、恐らく大半の人々が違和感を覚えるのではないだろうか。国家の暴政に対する（国民による）正当防衛といった表現のほうが合うように思われるからだ。

ボンヘッファーの評価は、時代の流れの中で変遷した。

1960年代はマルキストであり無神論者、70年代はベトナム戦争の反対者、80年代は中南米の解放の神学の支持者、米国のレーガン・ブッシュ両政権時代は神学的解毒剤として、またこの間はユダヤ人の友として、ホロコースト以後のキリスト者とユダヤ人の和解の基礎を据える神学者と評価されることもあった。(5)

だが、ここで重要なのは、ボンヘッファーのエッセンスがボン基本法の「抵抗権」として明文化されたことだ。公的なテキストになることで、その思想が意図する理念が誰でも参照できるものになる。つまり、合法的に「悪」をなす主体が、憲法に則ったものに限られることが謳われることになったのだ。

> ボンヘッファーは法を最大限に重んじたのである。決して簡単に破ってもいいなどと考えていたのではない。しかし、最後にはそれをのり越えなければならないようなギリギリの必然性、つまり限界状況（Grenzfall）があるということに注目していた。そのような状況になったならば、「法原理的な、通常で正規な（考え方の）領域から外へ出て、もはやいかなる法によっても規制されることができない、非常の事態に立ち向かう」（略）ことが求められる、というのである。このような「限界状況」を、彼はヒトラーの暴虐《ぼうぎゃく》な支配に見ていた。ここでは、悪法も法である、などと呑気《のんき》なことを言っているわけにはいかない。ヨーロッパが、ひいては世界全体が破滅するかも知れないのだ。そこで彼は通常の法秩序を突破しようとする。
>
> この場合、そのような行動が法的に是認されることを、彼は期待してはいなかった。まして何らかの新しい法理論のようなものを作り上げようなどということは、全く考えなかった。これはあくまでも非常の場合の必然性であり、責任的に生きようとする人が「自由な冒険において」（略）決断することなのである。（『ボンヘッファー』）

われわれの国家が「あるべき姿」を失い、憲法を無視して自由な社会を破壊し、われわれの同胞を片っ端から不当に監禁し、拷問を加え、殺害し始めたとき、われわれの手元には合法的に「悪」をなす根拠が果たしてあるのだろうか。ボンヘッファーは、「キリスト者」として責任的に生きるというところから、つまり、「自ら罪ある者となることも厭《いと》わずに人々を愛したイエス」に導かれて、暗殺という罪を引き受けて無辜の人々が殺されるのを止めようとした。

もし、日本でヒトラーのような独裁者が出現したら、われわれは何に基づいて「彼」が行使する合法的な「悪」を否定するのだろうか。

ボンヘッファーの問題は、テロリズムの問題を超えて、誰が何を基準にわれわれの自由な社会を守るのか、誰が自らの生命を危険にさらしてまでレジスト（抵抗）するのか、というより根源的な問題を提起しているのだ。

「自由社会」と「必要悪」としての番人

米国文化は、アンチヒーローのデパートだ。

クリント・イーストウッド作品に典型的な西部劇からアメリカン・コミックスの実写版まで連綿と続いている。

ここには、多かれ少なかれ米国の建国精神が息づいている。合衆国憲法修正第二条には、「規律ある民兵は、自由な国家の安全にとって必要であるので、人民が武器を保有し、携帯する権利は、これを侵してはならない」とある。これは、歴史的には十七世紀の英国の権利章典にその淵源を求めることができ、思想的にはジョン・ロックの「自然権」の考え方にまで遡ることができる。

また、直接的には、もともと米国が英国の植民地から独立を勝ち取り、数多の州をさらに中央政府が統括するという連邦制を敷いたことがあった。

つまり「憲法修正第2条をめぐる経緯は、常備軍に対する米国市民の不信感との関連からも理解しておく必要がある」のだ。「反連邦派は、強力な中央政府が、常備軍の力を背景に、人民の自由を蹂躪するのではないかと心配したのである」。要するに「民兵は、外部からの攻撃に対してだけでなく、反連邦派が抱く最大の懸念が仮に現実のものとなった場合、堕落した国家そのものに対して身を守る手段を、州と州民に提供するものでもあった(6)」。

一九六〇年代には、「革命権」として理解する動きも登場した。これは、ボン基本法の「抵抗権」とほとんど同じだ。今もNRA（全米ライフル協会）の一部には、銃規制を認めてしまうと、中央政府はそれを突破口に（実力行使をチラつかせることとできないことを利用して）、自分たちの権利をはく奪する政策を取るかもしれない、と考える勢力がいる。

二〇〇六年公開の米・英・独合作映画『Vフォー・ヴェンデッタ』は、第三次大戦後のイングランドを舞台にしたディストピアもので、アダム・サトラー（ジョン・ハート）率いるノースファイアー党の独裁体制に抵抗するV（ヒューゴ・ウィーヴィング）の活躍を、イヴィー・ハモンド（ナタリー・ポートマン）の視点から描いている。移民、異教徒（非キリスト教徒）、同性愛者などのマイノリティや反体制派を強制収容所に送り込み、秘密警察による拷問と処刑、メディアによるプロパガンダが日常的な世界で、Vは、中央刑事裁判所や国会議事堂などを爆破し既存秩序の破壊を煽動する者として位置付けられる。世界観的には、ジョージ・オーウェルの『一九八四年』を踏襲したものだが、ナチス・ドイツ的な全体主義の要素も随所に採り入れている。

Vは自らの動機を説明する。

「この世の悪を正すため、この腐った世界にうごめくウジ虫を掃除する」「悪を断ち切り、自由をもたらすために」。

彼が言及するのは、四〇〇年前の実在の人物、ガイ・フォークスだ。史実では、国王ジェームズ一世のイングランド国教会優遇策に反発し、国王爆殺を企てて逮捕されたカトリック教徒の過激派の一味とされ、絞首刑・四つ裂きの刑を受けたものの、のちに小説などでヒーローに仕立て上げられるようになった。火薬陰謀事件と呼ばれるこの政府転覆未遂事件の容疑者の一人に過ぎなかった彼は、現在、国際ハッカー集団「アノニマス」が二〇〇八年に用いて以降、世界中の反体制運動やデモでお馴染みの仮面のモデルとなり、自由の敵に対する「抵抗のシンボル」となっている[7]。

興味深いことに、劇中のVは、善人とも悪人ともつかない（イヴィーに対する台詞「以前君が言ったことは正しい。私は怪物だ」が見事にそれを表している）。

たしかに、原作同様、Vには個人的な復讐の面もある。だが、彼には参照すべき「自由社会の理念」がある[8]。数え切れない試行と過ちの上に、反省と修正を重ねてきた近代思想の精華が、彼の非合法活動を支えているテキストであることは明らかだ。これには、「権力からの自由」を重視しているために、「やや誇張していうならば、自由主義では、自由を確保できれば、『誰が政治権力を掌握するか』は二次的なこと」（加藤秀治郎・岩渕美克編『政治社会学』一藝社）とする価値観がみえ隠れする。

つまり、自由主義の番人の役目を買ってでる有志は、極端な話、どこの誰であろうと構わない。肝心なことは、「自由社会」が取り戻されることなのである。ここにヒーロー創造の鍵がある。

テロリストは、最終地点に到達している。彼の同胞の「生活様式が強制的に変換」させられることを防ぐためには、非道徳的な殺人も実行しなければならないとテロリストがいう時、このテロリストには他の選択肢は残されていないし、少なくとも彼はそう主張するであろう。(『自爆テロ』)

このタラル・アサドの言葉をもう一度読み返してみると、ボンヘッファーにも、さまざまな反抗者のアイコンであるVというキャラクターにも、十二分に当てはまるものだ。

しかし、これらの物語にはテロリストか自由の戦士かを問う二分法は、そぐわない。というかそんな単純な二分法は現実を無視した発想でしかないからだ。それにこれは、倫理学者がよく用いる「五人の人命を助けるため、一人の命を犠牲にすることは許されるのか」というトロッコ問題のように抽象化が許されるたぐいのものでもない。「自由社会」が危機に直面したとき、「必要悪」としての番人は可能なのかをケース・バイ・ケースで判断するしかないのだ。だから正解などは存在しない。

日本は「応報の絶対性」が共感を呼ぶ

さて、翻ってわれわれの日本文化に目を向けてみると、欧米文化に顕著な国家権力に抵抗するような反体制ヒーローは影を潜め、テレビ時代劇に象徴されるような勧善懲悪的なヒーロー像がメインストリームである。

特に近年、「テロリスト的な人物」をヒーロー化した作品が、コミックを中心に少なからず注目を集めている。なかでも、二〇一一～一三年に『ジャンプ改』に連載され、二〇一五年に映画化された『予告犯』（筒井哲也、集英社）は、日本における「テロリスト像」が如実に表れているという点で大いに参考になる。

インターネット上で通称〝シンブンシ〟と呼ばれ、その名のとおり新聞紙を目出し帽代わりに頭からすっぽり被って顔を隠している実行犯たちは、不祥事を起こした企業や闇金グループの代表、ソーシャル・ネットワーキング・サービス（SNS）上で問題発言をした人物などに対し、犯罪予告を行ない、実際に制裁を加えることによって絶大な支持を得ている。

つまり、標的からしてすでに欧米諸国とは一線を画しているのだ。先に述べた「自由社会」を前提にした「抵抗権」「革命権」のような明文化された根拠がない代わりに、山本七平のいう「応報思想」がその時々の制裁を加えるべき対象を決めているのである。

日本人には応報思想が深く深く浸透しており、「善因善果」「正しい者は報われる」でなければ絶対に承服しない。当然のことのように「正直者がバカを見ない社会」などという。いわば「善」「正しい」「正直」それ自体が絶対性をもっているのではなく、「応報」が絶対性なのである。

（『静かなる細き声』PHP研究所）

やがて〝シンブンシ〟の影響力に乗じた模倣犯（コピーキャット）が現われ、一つの社会現象にまで拡大していくのだが、この「応報の絶対性」こそが多くの人々の共感を呼んでいる理由なのだ。これは決して日本だけにとどまるものではないが、日本で特に強く信じ込まれているいわば土着思想なのである。

常にどこかで「善因は善果を生み、悪因は悪果を生む」と信じたがり、そうならないのは、この世のどこかに「悪」があるからだと信じている。「社会が悪い」「世の中が悪い」「政治が悪い」「環境が悪い」「友人が悪い」等々、この「悪い」には際限がなく世の中には「悪《サタン》」が満ち満ちているらしい。そしてこの言葉の後にあるのは「しかし私は正しい」であろう。（山本七平『禁忌の聖書学』新潮文庫）

つまり、われわれ日本人は、傾向として「社会の不条理」よりも「社会の悪」を信じたがるのだ。その、いわば腫瘍のごとき「悪」を外科的に取り除いていけば、理屈としてはすべて丸く収まるというわけである。しかも、この妄想は、今や全世界的な傾向になりつつあるようだ。

だが、これでは「合成の誤謬」を上手く説明することができなくなる。「合成の誤謬」とは、もともと経済学の用語で、一人ひとりが正しいと思って（この選択が最善だと考えて）行動しても、逆に社会全体に不都合な結果（想定にはなかった最悪の事態など）を招来することをいう。基本的にわれわれの生きている社会は、単純な因果関係で起こるような事象はほとんどなく、この「合成の誤謬」のような複雑怪奇なメカニズムで起こる事象のほうが多い。なので、この現代の日本社会のカリカチュアのような勧善懲悪的なアンチヒーロー像には、すでに破たんが構造的に組み込まれているのだ。

『予告犯』より前の二〇〇二〜〇六年に『週刊少年チャンピオン』に連載されたバイオレンスコミック『アクメツ』（田畑由秋脚本、余湖裕輝作画、秋田書店）は、いわゆる「支配階級」に属する要人への過激なテロリズムを展開していることが話題を呼んだ。

主人公のアクメツこと迫間生《はざましょう》は、旧大蔵省から天下りした大手銀行の相談役、県警本部長、影の総理といわれる与党の元幹事長などを次々に殺害し、自らも爆死する「一死一殺」のテロリストだ（設定を細かく話すと、正確には彼のクローンが死ぬ）。アクメツは、「俺程度殺しても警察は変わらんぞ。本部長よりもっと上がいる」と泣き叫ぶ県警本部長に対し、「じゃそいつらも殺せばいいじゃん」といい放ち、最終的には数百人規模で国会議員や官僚を粛清する事態にまで発展するのだが、これは第六章で取り上げる「血盟団事件」の精神性そのものを受け継いでいる。「支配階級の代表者二十人位を目標にして一人で二人三人を暗殺するのは困難だから一人一殺《いちにんいっさつ》主義とした」と語った井上日召の思想の戯画といってもいいだろう。

これらのコミックの主人公に共通しているのは、幕末の尊王攘夷運動のときに盛んに使われた「天誅」と似たスタンスである。

「天誅」は、神（超越者）が直接的に下す天罰のことではなく、「天に代わって誅伐する」という意味であり、皮肉なことに当時倒幕派にとっても佐幕派にとっても暗殺を正当化する言葉だった。つまり、この場合「天」とは自らが所属する組織内の「空気」に後押しされた「声」であって、原理原則として明文化されておらず、かつ超越的なものからの命令を意味しない。要は、その人のイデオロギー次第というわけで、その行為者の恣意性に委ねられているといっていい。それゆえ、「私怨」がそっくりそのまま身勝手な暴力に直結してしまうのだ。換言すれば、「ボン基本法」や「修正第二条」のような参照可能なテキストを欠いた、漠然とした「世直し気分」あるいは「革命モード」といった熱狂に駆動されているために、そのテロの標的は、メディアなどが作りだす「空気」に拘束され、その支配に従属せざるを得ないことを示している。

これは、もはやテロリズムというより、「世知辛い世の中」に対する憤りを、無理矢理一個人に還元しようとする、感情の爆発によるカタルシスのたぐいかもしれない。

気に入らない連中は皆「テロリスト」なのか

そもそも、われわれは国家による「暴力の独占[9]」についてどう考えているのだろうか。

これは、いうなれば、合法的に「悪」をなすのは国家のみと認めているようなものである。平時では、このこと自体に国民は疑問を持たないし、問題視もしないし、当たり前のことだと高をくくっている。別に不安や危機感はないだろう。それどころか「尖閣諸島や竹島に自衛隊を送ってやっつけろ」「不良外国人や暴走族を一掃しろ」なんて威勢の良い人々が目に付くほどだ。彼らは、自分たちが「やられる」「一掃される」立場になるなんて少しも思ってはいないのだ。

つまり、自分たちが「テロリスト」と呼ばれる事態などはまったく想定していない。

公安調査庁が毎年度作成している「内外情勢の回顧と展望」という報告書がある（データ版がホー

ムページで閲覧可能）。

国内情勢に関して五つの項目に分けており、トップの「オウム真理教」の次に、「社会的に注目を浴びた事象をめぐる諸団体の動向」とあり、そこには「普天間基地代替施設建設の中止を訴える運動を展開」「共産党や過激派が海底ボーリング調査に対する妨害などの抗議行動を実施」などと記されている。冒頭のみを抜粋してみよう。

米軍普天間基地の名護市辺野古への移設をめぐり、沖縄防衛局が代替施設建設予定地の海底ボーリング調査に着手した（8月）ことなどから、共産党や過激派は、「反対の声を圧殺する蛮行」と批判し、辺野古周辺で反対派が取り組んだ抗議集会や座込みなどの反対運動に全国から党員や活動家らを動員した[10]。

このほか、「諸団体の動向」には、「『再稼働阻止』を掲げて反原発運動を継続」「慰安婦問題をめぐり政府の対応を追及」「政府が進める重要政治課題を捉え政権批判を展開」があり、とにかく反体制勢力（正確には政府の特定の政策に対する反発）をやたらと注視していることがよく分かる。なぜなら、扱いの順番としては以降、「過激派」「共産党」「右翼団体など」と続く構成となっているからだ。

二〇一三年、自由民主党の石破茂幹事長（当時）が、特定秘密保護法に反対する国会前のデモについて、「単なる絶叫戦術は、テロ行為とその本質においてあまり変わらない」と自身のブログで述べたことが[11]、さまざまな方面から批判を浴びたことが象徴的であるが、基本的にどこの国の為政者も自らの政策に異議を唱える者たちを快くは思っていはいない。これらの人々をひとまとめに「テロリスト」と名指しするまでに大した労力や時間はかからないであろう。

今、巷では、二〇一五年九月に成立した安全保障関連法案や原発再稼働など、国の政策に反対してデモや集会などの活動を行なう者を「サヨク」「プロ市民」などと揶揄する傾向が非常に強い（逆に、安倍政権側のサポーターや日本会議の方針に同調する者らを「ウヨク」「ネトウヨ（ネット右翼）」と蔑視する傾向も顕著だ）。これは、従来からの「無思想」「非政治的」な振る舞いを知的な洗練だと勘違いしている日本人特有のメンタリティに、「政治的無関心」「政治に対する失望」が相まったもので、「またやってるよ」「こんなこと（シュプレヒコールや演奏行為）して意味あるの」「通行の邪魔だ」等々……、政治運動そのものを世界標準で眺めることができないほどバイアスがかかってしまっている。[12]

そうなると、例えばの話だが、デモや集会などの活動を行なう団体や個人を過激派とつながりがあるなどといって、「テロリスト」だと決め付けて違法に逮捕・勾留しても、マスメディアから国民に至るまで「大々的な反発」がでてこない可能性がある。

つまり、日本にヒトラーやゲッベルスのような悪知恵の働くマキャベリストが現われた場合、「反原発運動はテロリストの巣窟だ」などというニュースの見出しが予想される事件をでっち上げて、原発の再稼働に反対する勢力を握り潰すことなどお手のものだろう。さらには、その流れに乗じて法改正に着手して秘密警察（特別高等警察）の再来をも実現させるだろう。今のところ「平和裏にデモができるという状況」は、そういった人物がいないという幸運にのみ依存しているに過ぎないのだ。

いつの時代もそうだが、反体制勢力の取締りと称して、国家は、国民の生活の自由度を狭めてゆくものだ。9・11事件後、米国家安全保障局（NSA）はわずか数週間で愛国者法を制定し、かつてであれば絶対に許されなかった国民の通信監視に乗り出した。元CIA職員のエドワード・スノーデンが内部資料を携えてNSAの盗聴やハッキングの実態を内部告発したため、米国内でプライバシー侵害をはじめとした批判が巻き起こり、「米国自由人権協会（ACLU）」などがNSAの監視プログラムを違法だと訴えたことを裁判所が認めるなど[13]、ようやく事の重大性に気付いた人々による「揺り戻し」が実を結びつつあるというのが実情だ。が、これも内部告発と一〇年以上の歳月を要したのである。一度規制に舵を切ってしまうと、その法案を覆すことは至難の業だ。

もし、デモや集会の自由、表現の自由を「ヘイトスピーチ」撲滅にかこつけて、規制強化し始めたりしたらどうなるだろうか。「ヘイトスピーチ」が市民社会の常識から見て「恥ずべきもの」であり、「不愉快」であることは明白だが、実際に法規制するとなると、定義上の問題が一挙に噴出するので簡単ではない。政府が「ヘイトスピーチ」の定義を恣意的に判断できるような法案が成立する場合も含め、下手をすると自分たち自身の首を絞めかねないからだ[14]。

われわれは、自分と異なる人々を遠巻きにみて「自分とは関係ない」としがちで、彼らが逮捕・勾留されても良い気味だとか、無関心のどちらかに傾きがちだが、もっと社会全体に対してどういう結果をもたらすのかについて敏感でなければならない。

でないと、近い将来、誰もが「テロリスト」の疑いで訴追される社会にならないとも限らないのである。少しでも歴史の教訓を紐解けば、ニュースの話題になりやすい、ヒーロー化しやすい「個人によるテロ」など、国家の暴力性の前では屁みたいなものである。

多様化する正義とエコ・テロリズムの背景

日本をはじめ先進諸国では、「価値観の多様化」は抗い難い流れだ。価値観が多様化するということは、正義も多様化することを意味する。つまり、テロの動機も千差万別になるということだ。代表的なものの一つが「環境保護」「動物の権利（アニマル・ライツ）」を掲げる「エコ・テロリズム」である。

浜野喬士は、エコ・テロリズムには米国の建国精神にまで遡れる思想的なバックボーンがあるという。

米国にはある種の闘争を通じた「自由と権利」の拡大・獲得の歴史があり、約一五〇年前の奴隷解放、約五〇年前の黒人の公民権制定など、時には血なまぐさい暴力を伴いながらも、国民の側からすれば、結果として「自分たちの正義」を実現してきた。

こうした歴史を背景に、ラディカル環境保護・動物解放運動のメンバーは次のように考える。「自然の権利」や「動物の権利」といった概念が、現在という時点においていかに訝しく思われようとも、それは問題とならない。なぜならかつて「黒人の権利」、「女性の権利」もそうした疑念に晒されていたのだから。また「自然の権利」や「動物の権利」を確立しようとする運動が、非合法的な要素を含もうとも、これもまた問題とならない。なぜなら一九世紀のアメリカにおいて逃亡した南部の奴隷を匿って北部へ逃すことも、奴隷所有者の財産権侵害という非合法行為

だったのだから。（浜野喬士『エコ・テロリズム』洋泉社新書y）

一言でいうなら、「自由と権利」を「守るべきメンバー」の範囲が、動植物までを含めた地球全体へと広がっているのだ。しかも、それは米国史の教訓を踏まえ、暴力なしに達成することは不可能だとみている。

このことについて浜野はこう説明する。

こうした純アメリカ的な要素は、当然それ以外の要素とも結合し得る。例えば人間の利害を中心に置かない「ディープ・エコロジー」や、環境的カタストロフィに対する危機感と一体である「黙示録的傾向」といった要素である（同前）。

これは、エコ・テロリズムの本質に関わっている。

そこでは、前述のように動物と人間の命は等価となり、不法侵入を犯してまで動物を逃がすことは、「奴隷を逃がすこと」と同じなのだ。「守るべきメンバー」の範囲問題は、今後のテロリズムの傾向を考えるうえで、特に先進国におけるテロリズムの未来を占ううえで外せないポイントである。

先の米国における不正を正す「市民的不服従」に話を戻すと、この論理は、当然ながらボンヘッファーの「車にひかれた犠牲者に包帯をしてやるのではなく、車そのものを停める」例えにも通じる。

ある過激なクリスチャンが、ボンヘッファーの言葉を「胎児の権利」にも適用した場合、クリニックで中絶を行なう医者は「ナチ野郎」となり、暴力的な手段で排除することが許されるといいかねない。しかし、ボンヘッファーの論理は、第二次大戦中のナチス・ドイツを想定したものであり、あくまで暴虐を働く国家に対する抵抗なのである。近代社会の個人が自らの意思で選択した人工妊娠中絶のようなケースは思慮の外にある。

そもそも、意思疎通が不可能な領域にまで「市民的不服従」やボンヘッファーの論理を及ぼすのはかなり無理があるのだが、事実としてエコ・テロリズムにも、キリスト教右派などの過激派にも、それらの枠組みに依存している者が少なからずいる。

だが、これが例えば米国国民全体の同意を得られるものかといえば、将来的にみても相当に難しいだろう。

なぜなら、彼らは、「意思の確認しようのないもの」の代弁者という微妙なポジションを標榜しているに過ぎず、さらに通常は「抵抗権」「革命権」の範疇で語られるべき「自由と権利」を持ち出しているからだ。

だが、近未来において前記のようなエコロジー思想がマジョリティになった場合（国民の八割が動物実験を人体実験と同視する感受性を持つなど）は、「正しさ」についての立ち位置も恐らく変化してしまうわけで、必ずしも否定的な評価がいつまでも継続するとはいい切れないのもまた真実である。しかし、今のところ多くの人々の感情の問題としては、「守るべきメンバー」の範囲はあくまで人間（正確には「生物としての人間」というよりは「同胞と思える人間」）であり、個人が唯一暴力という手段を取ることについて罪を問われない「正当防衛」が類推できる状況でしか、「市民的不服従」や「抵抗権」を認めないだろう。

世界で最も有名な仏教の権威がこんな発言をしている。

殺人が許容される唯一の場合というものがある。

仏陀みずからが語った話を聞いたことがあるだろう。五九九人の生命を救うため、一人を殺すような場合である。そんな場合、殺人はまったく例外的にではあっても不可避なものとなる。五九九人が殺されることを防げるなら、その命を救うため、五九九人を殺す者が積む悪しきカルマを避けるため、一人を殺すことが絶対に悪だとは言い切れない[15]。

ボンヘッファーの「不可避の罪と自覚しつつおきてに違反する」とあまりにそっくりなのに驚くが、ボンヘッファーと同様、目を覆いたくなるほどの悲劇を経験した者だからこそのリアリズムであり、これが現代においてテロリズムを肯定できるぎりぎりのラインなのではないだろうか。

第四章

「対テロ戦争」というテロ

テロとの戦いとは、言葉のあやではありません。これは、われわれの世代が免れることのできない使命なのです。テロリストは、われわれの政策に反発するだけでなく、自由な国家としてのわれわれの存在に反発しています。いかなる譲歩も、彼らの憎悪を和らげることはできません。いかなる調停も、彼らの果てしない要求を満足させることはできません。彼らの最終的な野望は、中東の人々を支配し、世界中のその他の人々を、大量破壊兵器の恐怖によって脅迫することです。テロリストとの間に単独講和はあり得ません。少しでも弱みや後退の兆しを見せることは、テロリストの暴力を正当化することであり、すべての国家に対するさらなる暴力を喚起することになります。われわれの国民を守る唯一の確実な手段は、早期に一致団結した断固たる行動を取ることです。

ブッシュ大統領演説：イラクとアフガニスタンにおけるテロとの戦い

（二〇〇四年三月十九日、ホワイトハウス報道官室）

マフィアを狙ってシチリアを爆撃するか

テロ行為への国際的非難は珍しくないが、テロに対抗して戦争を起こすことが国際的な賛同を得ることはきわめて異例である。テロに反撃する手段として空爆が国際的に認められたことは、これまでにない。どれほど被害が大きいものであっても、テロ行為は刑事司法の領域で解決すべき問題として捉えられ、戦争による対抗は正当なものとは認められていなかった。その軍事行動が国連の授権や決定を度外視したものであれば、なおさらのことだ。

藤原帰一は、9・11事件後のアフガニスタンに対する空爆（不朽の自由作戦）についてこのように述べた（『デモクラシーの帝国　アメリカ・戦争・現代世界』岩波新書）。

そして、武力行使に対する世界各国からの全面的な支持について「ワシントンに逆らう選択は非現実的だという現実主義が、この政策判断の背景に覗いている。国際協調というよりは、追随と呼んだほうが実情に近い」と強調した（同前）。それは、少数の〝狂信者〟による未曾有のテロも恐ろしいが、乱心の極みにある世界最強の軍事大国のほうが、遙かに恐ろしいと多くの国々が感じ取ったことを意味する。

この作戦は、簡単にいえば、ある国家がテロ事件への関与が疑われる容疑者一人とそのグループ（しかもこの時点での犯行声明はなく、犯行を裏付ける証拠すらなかった）の引き渡しに応じなかったことを理由に、三千万人近い人口を持つその国家の領土（日本の約一・七倍の面積がある）に対し、原子力空母や戦略爆撃機を差し向けてミサイルと爆弾の豪雨を降らせるという、どう考えても異常としかいいようのない軍事行動であった。

作家のゴア・ビダルは、イタリアがシチリア島のマフィアにやったように懸賞金を掛けて捕まえれば良いだけで、「誰もシチリア島のパレルモを爆撃しろ、と提案などしなかった」と見事な例えで痛烈に批判した。(1)

実際、世界中の世論調査の結果からも乖離《かいり》していた。

『ギャラップ』が九月下旬に「米国はどう対応すべきか」という国際的世論調査を行ないました。主要な質問事項は、「もし犯人の出自が明らかになって、彼らの拠点がわかったら、米国は武力に頼るべきか、あるいは訴訟手続きにはいるべきか」というものでした。

ほとんど世界中が圧倒的に爆撃に反対でした。ヨーロッパでは、それは三対一から四対一でした。米国による干渉・介入の最大の経験をした地域ラテンアメリカでは、爆撃への支持はほんの僅かでした。パナマでは、爆撃への支持が最大だったところですが、それでも一六%で、八〇%は訴訟手続きを要求しています。(ノーム・チョムスキー『チョムスキー　21世紀の帝国アメリカを語る　イラク戦争とアメリカの目指す世界新秩序』寺島隆吉訳、明石書店)

にもかかわらず、爆撃は開始された。

NATO(北大西洋条約機構)が集団的自衛権を発動し、米英を中心とする有志連合諸国の軍隊がなだれ込んだのである。

無関係の市民が次々と巻き添えになり、誤爆も相次いだ。

米ニューハンプシャー大学のマーク・ヘロルドによると、米メディアや人権団体などの報告を調べた結果、二〇〇一年十月の空爆開始からわずか二カ月過ぎの時点で、アフガニスタン人の死者は9・11事件の犠牲者（約三〇〇〇人）を優に上回ったという。[2]

しかも、この数字はあくまで少なく見積もって、という条件が付く。なぜなら、爆撃で負傷した後に死亡した者や、うっかり不発弾やクラスター爆弾の「地雷」に接触して死亡した者、さらには爆撃のせいで住居を追われ難民となった数百万の人々のうち、餓死や凍死、あるいは病死した者はここには一切含まれてはいないからだ。

ウィリアム・ブルムは、これらの軍事行動を評して「『馬鹿者』の作戦」と呼んだ。

そして、英国のマイケル・ボイス国防参謀長が、「指導者を変えるまで爆撃が続くのだと、アフガニスタンの人々が自ら認識するまで」爆撃を続けると宣言したことについて、「このような政策は、FBIによる国際テロリズムの定義にそのまま当てはまる。FBIによると、テロリズムは、『政府や一般市民あるいはその一部を脅迫したり強制することにより、政治的あるいは社会的な目的を達成するために』、個人や財産に対して武力や暴力を行使することと定義されている」と指摘した（以上、ウィリアム・ブルム『アメリカの国家犯罪全書』益岡賢訳、作品社）。

ここでの本当の恐ろしさは、結局のところ、米国／NATOはアル＝カーイダ／ターリバーンとアフガニスタンの国民にさしたる違いをみいだしていないと思われること、ほとんど同一視していた疑念が拭えないことである。これは、現政権のターリバーンがアル＝カーイダと協力関係にあるのだから、ターリバーン支配下にいる者たちは総じてアル＝カーイダと「無関係とはいえない」との発想からきている。

これは「世界中でムスリムを虐殺している米軍に兵士を送り出し、兵器や後方支援に費やされる税金を支払っている米国民は、米国の軍事行動と無関係とはいえない」などとする、過激なイスラーム主義者がよく使う米国の一般市民に対するテロ行為の正当化と同じ論理だ。

巨大なビルが破壊され、米国は恐怖におののいている。米国民が味わっている恐怖は、これまで我々が味わってきたものと同じだ。

我々ムスリム（イスラム教徒）は80年以上、人間性と尊厳を踏みにじられ、血を流してきた。神は米国を破壊したムスリムの先兵たちを祝福し、彼らを天国に招いた。

今もイラクでは罪のない子供たちが殺されているのに、それを糾弾する声は聞かれない。イスラエルの戦車がパレスチナで破壊行為を続けているのに、だれもそれを直視しようとしない。なのに剣が米国に振り下ろされると、偽善者たちは悲しみを表明する。

米国はテロに立ち向かうとうそをつき続けている。（原爆を投下された）日本をはじめ、世界中で何十万人が殺されても、米国はこれを犯罪とは呼ばない。（98年に米国大使館連続爆破のあった）ナイロビとダルエスサラームで米国人が殺されると、アフガニスタンなどに爆弾を落とす。

世界は今、信仰をもつ者と、異教徒に分かれようとしている。すべてのムスリムは信仰を守るため、立ち上がらなければならない。預言者ムハンマドの地、アラビア半島から悪魔を追放する風が吹いている。

米国民よ、私は神に誓う。パレスチナに平和が訪れない限り、異教徒の軍隊がムハンマドの地から出ていかない限り、米国に平和は訪れない。(3)

特殊部隊は〝アメリカのタリバン〟だ

「不朽の自由作戦」で幕を開けた「テロとの戦い」は、そもそも相手のいない戦いであり、それどころか現実問題としてテロが地球上から根絶されることがない以上、文字どおり永遠に続く戦いでもある。

たしかに、当時のジョージ・W・ブッシュ大統領は「テロとの戦いに終わりはない。最終的な勝利はいつになるか分からない」と明言した。

かつて旧宗主国が直面しなければならなかった植民地における民族自決の戦いには終点があった。独立を承認するか、ある程度の自治権を認める線で納得させるか、果ては「対テロ」の姿勢を貫いて抵抗勢力をせん滅するか――のいずれかだった。しかし、こんにちの「テロとの戦い」の相手は、アメーバのように増殖する国際テロネットワークである。場所に限定されず(世界の至るところ)、少人数もしくは単独での行動が多く(あらゆる個人が対象)、予測も予防もできない(どこにでも危険がある)。つまり、大規模な軍事行動による成果ははなから期待できない。

むしろ、アフガニスタンへの爆撃のような大規模な軍事行動による一般市民の殺害、住居や生活基盤の破壊などによって、西側諸国への不信感や憎悪を持つ者、あるいは抵抗運動のシンパ（同調者）を増やすだけで、結果的にテロリスト予備軍を生みだす土壌を作り出してしまっている。つまり、国際法を無視した非道な国家テロリズムによって新たなテロリズムを誘発するという悪循環を招いているのだ。

現在も進行中である特殊部隊や無人航空機（UAV = Unmanned Aerial Vehicle/drone）による暗殺作戦は、必要最小限の攻撃で最大限の効果を上げる（かつてコリン・パウエルが提唱した「自国軍の死傷者ゼロ」軍事政策の究極の形態）とみられたが、これもテロ行為を予防するどころか一般市民の犠牲者は増大し続ける一方となっている。

ジェレミー・スケイヒルは二〇一三年、アフガニスタン、イエメン、ソマリアにおける「テロとの戦い」が、米国史上最も常軌を逸した体制の下で遂行されているおぞましい実態を暴いた（『アメリカの卑劣な戦争　無人機と特殊作戦部隊の暗躍』〈上・下〉横山啓明訳、柏書房）。以下の記述は、主に同書の内容に基づく。

統合特殊作戦コマンド（JSOC）は、米特殊作戦軍（USSOCOM）の一部門で、ブッシュ政権時に大統領直属となり、議会の承認を経ずにほとんど意のままに米海軍特殊部隊（Navy SEALs チーム6）、米陸軍特殊部隊（デルタフォース）などを世界中に展開させることができる。このJSOCがオバマ政権以降、特にアフガニスタンでのアル=カーイダやターリバーンに対する掃討作戦を強化した。

しかし、これが途方もない惨劇の始まりだった。なぜなら、JSOCは、ターリバーンの支援者や単に過激派と疑われる人物にまでターゲットを拡大させ、その結果として一般市民への被害が爆発的に増加したからである。それは作戦の根拠となる情報源を現地のアフガニスタン人に大きく依存していたためだ。

スケイヒルは、アフガニスタンに主席文官として駐留していた元海兵隊大尉のマシュー・ホーの「敵対者をタリバンの工作員だと告発し、土地争いや部族間対立の怨恨を晴らそうとする行為はアフガニスタンでは普通に行なわれている」「そんな偽情報をアメリカ軍に流したため、膨大な数の無実のアフガニスタン人たちが夜中にアメリカ兵の襲撃を受け、拉致されたり殺されたりするという土壌が育まれた」という衝撃的な発言を紹介している。

「彼ら〔JSOC〕は、すでに協力関係にあったり、これからわれわれが取り込もうとしている部族のリーダーやある種の行政官をも殺した。そうした人々が射殺されたことを、夜更けに知ることになるんだ。真夜中に村に行って、家のドアを蹴破って女性や子どもを殺害することほどひどいことはない」(『アメリカの卑劣な戦争』〈下〉、〔 〕内引用者)

そのなかでも、二〇一二年二月のパクティヤー州ガルデーズ郊外で起こった事件は凄惨きわまるものだった。

地元の警察署長ムハンマド・ダウド・シャラブディンが自らの屋敷で息子の命名式を祝うパー

ティーを催していたところ、突然米軍の銃撃を受け、署長の兄弟である地区検事のムハンマド・サビールは、ものの数分のうちに妻や他の兄弟、姪、さらには義妹が射殺されるのを目の当たりにすることになった。署長と一〇代の女性グラライも撃たれ、虫の息となった。

サビールは、すぐそこに車があるから病院に二人を連れて行かせてくれと頼んだが、米軍兵士は「負傷者は軍の医者が治療に当たる」といって譲らなかった。グラライの父タヒールにも「病院に搬送するヘリコプターが向かっている」と答えるだけだった。

だが、ヘリコプターが到着する前に二人は亡くなった。

アメリカ兵たちは生き残った人々に手錠を掛け、男女に分けた。そのとき、数人の男性が恐るべき光景を目にした――アメリカ兵たちが女性たちの遺体から銃弾を摘出していたのだ。

「彼らは亡骸にナイフを突き立て、弾丸をほじくり出していた」サビールはわたしにそう語った。

（略）

タヒールも、ナイフを手にして遺体を見下ろすアメリカ兵たちを目撃したという。

「連中は女たちの亡骸から銃弾をほじくり出して、自分たちの犯した罪の証拠を消そうとしていたんだ」（同前）

米軍は、警察署長の屋敷に「四～五十人のタリバンがいるという通報があった」と説明したが、実際そこにいたのは署長の家族や親戚、アフガニスタン政府の役人たちだった。

夜襲の二日後に国連による調査が行われたが、その結果は決して公表されることはなかった。調査による結論は次のようなものだった。

「夜襲の生存者たちは、アメリカおよびアフガニスタン兵から身体的暴行を受け、身体の自由を奪われた状態で極寒のなかで何時間も素足で立たされることを強制され、残酷かつ非人道的で、品位を損なう扱いを受けた。さらに目撃者たちの証言によれば、銃撃によって深刻な傷を負った二人に対し、アメリカおよびアフガニスタン兵たちは適切な治療を拒否したという。その結果両名とも数時間後に死亡した」（同前）

しかも、米軍はそれを必死にもみ消そうとした。ＮＡＴＯ軍は声明で、正当な攻撃であったと主張し、女性たちはすでに殺されていたと付け加えた。スケイヒルは、親米派だった署長一族がこの一夜を境に豹変した事実を重視し、彼らの怒りと憎悪に満ちた言葉を拾い上げている。

一家の長ハッジ・シャラブディンは、「初めのうちは、われわれアフガニスタン人はアメリカ人のことを友人だと考えていた。しかし今では彼らこそテロリストだと思っている。アメリカ人はわれわれの敵だ。彼らはこの国に恐怖と破壊をもたらしている」と激怒し、タヒールは「特殊部隊のことを、われわれは〝アメリカのタリバン〟と呼んでいる」と同様の反応をみせた（以上、同前。傍点引用者）。

このような惨劇がアフガニスタンの各地で繰り広げられた。

ＪＳＯＣ配下の部隊は、武器を持った者は銃撃してもよいとされていたため、夜襲の際に身の危険を感じて銃を手に取った一般市民たちもことごとく蜂の巣になった（ターリバーンや盗賊などの襲撃に備えて自衛のために武装している者である）。しかも、いずれもＮＡＴＯ軍の指揮下から外れた秘密作戦であるため、どれだけ犠牲者が生じているのか外部にはでてこない。

発表される場合は、アル＝カーイダやターリバーンの幹部などの殺害に成功したときだけで、一般市民を殺害した場合はウソをつくか、もしくは巧妙に隠ぺいされた。

まるで反ナチスのメンバーを摘発していたＳＳ（親衛隊）か秘密警察（ゲシュタポ）の手口だ。アフガニスタンの人々がＮＡＴＯ軍を「占領軍」と捉えだし、抵抗運動をさらに強めたのはそのためなのである。

成人男性なら無人機攻撃の対象

村のテントにはその日も、１日の仕事を終えた人たちが集まって来て談笑していた。野菜売りや材木商、鉱山労働者など職業はさまざまだが、誰もが妻や子ども、両親などの家族持ちだった。アフガニスタンと国境を接するパキスタンの北ワジリスタン地域。武装勢力の拠点が集中する地でもある。この日は無人機４機が夜空を旋回していた。

突然、無人機の発射したミサイルがテントを直撃した。この攻撃で８人が死亡。数分後、被害者を助けようと村の人たちが近付いたところを無人機が再び攻撃し、犠牲者は18人に増えた。中には14歳の少年も含まれていた。

負傷者は８歳の少女も含めて22人に上った。

「バラバラになった遺体があちこちに散乱していた。頭のない遺体や手足のない遺体もあった」。当時近くで祈りをささげていた地元住民は振り返る。(4)

これは無人機による一般市民に対する攻撃のほんの一例に過ぎない。

国連人権理事会「カウンター・テロリズムと人権に関する特別報告者」であるベン・エマーソン氏のレポートによれば、パキスタンでは二〇〇四年以降、少なくとも三三〇回に及ぶ無人機攻撃を確認しており、二二〇〇人に上る人々が殺害され、このうち一般市民は四〇〇人、さらに二〇〇人が戦闘員でなかった可能性が高いという。

アフガニスタンでは、米軍が二〇一二年十一月までに四四七回の無人機攻撃を行ない、英軍も二〇一三年七月までに四〇五回の攻撃を行なっている。

イエメンでは、米軍が二〇一一年末までに二九回の無人機攻撃を実施、イラクでも二〇〇八～一一年の間に四八回の攻撃を行なったことを確認しているという。

リビアでは、NATO軍が一四五回の無人機攻撃を行なったことが報告されている。

その一方で、米英は無人機攻撃で一般市民の死者が出たことは報告しているものの、詳細な犠牲者数や原因などの調査結果は報告していない。(5)

はっきりいえば、お世辞にも「最小限」などとは呼べない「巻き添え被害」(collateral damage)が生じているからだ。その裏には、集団の行動パターンが少しでも武装勢力のようにみえたら標的にするという「識別特性爆撃」(signature strikes)の存在が挙げられる。「識別特性爆撃」とは、もはや犯罪の証拠や武装の有無にかかわらず、テロリストに特徴的な行動パターン（この時点ですでに意味不明だが）を示している者であれば攻撃してもよいという驚くべき基準を指している。

「米国務省では、こんなジョークがはやっているらしい。男が3人並んで軍事訓練のような挙手跳躍運動をすれば、すぐにCIAに殺される」。しかし、米政府の公式見解としては、あくまで「民間人の犠牲は『非常にまれ』だ。だがCIAは無人機作戦の犠牲者が成人男性だった場合、『戦闘員』として数えている」のである。「昨年8月にイエメン人のアルカイダ要員3人が無人機で殺害されたとき、ちょうど彼らのテロ活動をやめさせようと説得に来ていた穏健派の聖職者とその親族の男性が巻き添えになった。この2人も作戦遂行直後は、民間人ではなく戦闘員として処理されたはずだ」という。[6]

在パキスタン米大使が、二〇～四〇代の男性であればその「基準」に該当すると発言したとの情報もある。[7]つまり、成人男性が何人か集まって話し合っているだけで標的にされる危険性が十分あり、戦闘年齢に達した成人男性には総じて「安全な場所はない」ことを意味する。これは今までどの時代のどの地域にも存在し得なかったであろう信じがたい悪夢である。

このような理由から無人機による作戦はほとんど公表されない。

つまり、これらの国々に住む人々は、たまたま米軍が標的とした者（当然誤情報に基づくものや誤認が含まれるだけでなく、状況から巻き添えもやむなしという判断もあり得る）の近くに居合わせただけで、突然五〇〇ポンド爆弾やヘルファイアミサイルによって木っ端みじんに吹き飛ばされる、というまるでハイテク兵器のロシアンルーレットのような脅威にさらされているのだ。

しかも、完全に泣き寝入りである。裁判など司法への訴えは望むべくもない。

「今のところ、標的殺害は一般受けするようなやり方ではないことをＣＩＡは知っている」わたしの情報提供者は二〇〇九年にそう語った。「コントラクターや、とくに極秘任務についている統合特殊作戦コマンドの兵士たちは議会の監視を受けないから、好き勝手にできる。標的が潜んでいる建物のなかに三十四人の民間人がいたとしたら、三十五人もろとも殺してしまえばいい。彼らはそう考えているんだ」。（『アメリカの卑劣な戦争』〈上〉）

これは、無人機攻撃がＣＩＡのみならず、議会の監視下にないＪＳＯＣも実施していることに関し、スケイヒルが得た生々しい証言だ。さて、すでに標的の人数を上回るかもしれない市民の犠牲が織り込み済み――先の国連レポートでは、パキスタンでは死者のうち約四人に一人が市民だ――となっている無人機攻撃と、イスラーム過激派による「自爆テロ」戦術との間にどのような線引きができるというのだろうか。いったいどこがどう違うというのだろうか。

「対テロ戦争」の名を借りた新しいテロリズムの形態がここにある。

裁判なしで米国民の暗殺を承認

無人機攻撃には、実はもっと本質的で重大な問題がある。

国連や人権団体などが批判するように、「超法規的な暗殺」に当たるということだ。

特に米国民であるアンワル・アウラキ師らをめぐる一連の事件は、今後の「対テロ戦争」の未来が暗たんたるものとなることを示唆している。

スケイヒルは、オバマ政権になってから大統領とJSOCとの距離は一挙に縮まり、国家安全保障会議（NSC）やCIAなどが作成した「殺害リスト」から候補者を検討し、それまで軍司令官などに任せがちだったブッシュ大統領と打って変わって、オバマ大統領はそのほとんどの攻撃を自ら承認したとしている。要するに、大統領が「殺せ」といえば、議会などお構いなしに、検事や判事、陪審員などの司法プロセスをすっ飛ばして、JSOCの配下にいる無人機のオペレーター＝死刑執行人がその者の命を絶つのである。

あるオバマ政権幹部は先に、「一般的に言って、米国民を殺す計画を立てている敵の高位の指導者を米国が標的にすることは、その人物の国籍にかかわりなく、まったく合法的だろう」と述べていた。匿名を条件に語ったこの政権幹部は、議会の権限と「われわれの自衛権を認めている確立された国際法」を根拠に、そのような人物を標的にすることを正当化した(8)。

しかし、これは全然正しくない。

スケイヒルによれば、アウラキ師は、もともとアル＝カーイダのメンバーではなかった。米英で名の知れた説教師であり、ムスリムの若者に人気があった。が、故郷の親戚を頼ってイエメンに渡り、ブログなどでテロ行為を称賛する声明などを発表するようになると、米政府は露骨に嫌悪感を示すようになった。アウラキ師のカリスマ性ゆえに英語圏全体に及ぶ訴求力に危機感を持ち、最終的には国際テロリストに指定したのである。けれども、実際はといえば、日夜無人機攻撃の脅威にさらされるなかで、言動がより過激な方向にシフトし、アル＝カーイダのメディア部門へ接近していったという。要するに当局が追い込んだわけだ。

つまるところ、米政府は、彼がテロを計画しているなどの具体的な証拠が一切ないまま、「即決裁判による死刑」を望んでいたのである。

これを〝暗殺テロ〟と呼ばずして何というのだろうか。

なお、米団体・憲法権利センター（CRC）は、アウラキ師に関する入手可能な情報を調べ上げたうえで、メッセージ自体が米国人にとっていかに不愉快でも「合衆国憲法修正第一条によって保護された活動であることはまちがいない」と結論付けている。

だが、悪夢はそれだけでは終わらなかった。

　オバマ政権はアウラキ師とは別の3人を無人機攻撃で殺害したことは承知していると指摘。この3人は、AQAP〔アラビア半島のアル＝カーイダ〕の英語機関誌「インスパイア」を作成したとされるサミール・カーン容疑者、アウラキ師の16歳だったとされる息子にジュード・ケナン・モハメド容疑者。(9)（〔　〕内引用者）

つまり、米国市民であるまだ一〇代のアウラキ師の息子を無人機からのミサイル攻撃で爆死させたのだった。

「海外に滞在する米市民が米国人攻撃を企てているが、その人物を拘束できない場合、米国政府はその人物を致死力のある無人機で攻撃できる[10]」というのが米政府の主張だが、息子は父親に一目会うために家族に黙って家出をしてイエメンまで捜しにきただけだった。しかし、「全員が跡形もなく吹き飛ばされた。彼の唯一残された肉片は、髪の毛の残った後頭部だった」。(『アメリカの卑劣な戦争』〈上〉)

このようなスタイルの暗殺は、イスラエルがハマスの幹部に行なっているものと同じだ。二〇〇四年以来、創始者のアフマド・ヤシンを含め九人の幹部の殺害を実行してきたが、その結果ハマスはついに指導者の名前を公表しなくなった。二〇一四年八月のガザ侵攻の最中にもイスラエルはハマスの幹部を殺害したが、「停戦からわずか5か月間で、ハマスの軍事訓練キャンプには生き残ったパレスチナの若者たち数千人からの参加申し込みが殺到している[11]」。

米国もイスラエルも、その狙いは、同国と敵対する組織のメンバーになれば「いつでも好きなときに暗殺のボタンを押すぞ」という脅迫に実効性を持たせることにある。だが、実際は、過激思想を持つ若者にとっては、例えば「アラビア半島のアル＝カーイダ」が「米国などの強国と張り合えるポテンシャルがある（少なくとも脅威を与えることが可能な）組織」に映り、ますます資金や戦闘員などの幅広い支援を呼び込む結果になってしまっている。

つまり、「米国が必死になってわれわれの指導者やメンバーを殺害しようとしているのだから、この組織には彼らを本気にさせる（怒らせる）だけの大義があり、彼らに恐怖を与えるだけの力があるはずだ」と感じるわけである。さらには「彼らが卑劣な手を使うならば、われわれも卑劣な手を使うことをためらわない」といった、非人道的な行為を正当化する際の材料にしかならない。

これは相手と同じ手口を使うカウンター・テロがはまりやすい陥穽である。

地球を不安定化する「恐怖の戦略」

テロに対する報復が戦争という巨大な暴力を招来することは今に始まったことではない。

しかしながら、ここ三十年は、国際テロネットワークによる都市型テロなどを犯罪行為として取り締まることをせず、軍事行動によって応じてきたことがすべて裏目にでてしまっている。

アル＝カーイダによる一九八三年の在ケニア・在タンザニア米大使館爆破事件に対するスーダンの化学工場へのトマホーク・ミサイル攻撃（一握りの土壌サンプルを採取・分析しただけで主権国家に戦争を仕掛けた初めてのケースで、のちに薬品とミルク製品の工場だったことが判明した）や、リビアの関与が疑われた八六年のドイツ・西ベルリンのディスコ爆破事件（米国人ら三人が死亡）に対するリビア指導者のムアンマル・アル＝カッザーフィーの居宅、空軍基地などを標的にしたトリポリなどへの爆撃（軍関係者の被害は不明だが、一般市民一五人が死亡）はその走りだった。

だが、9・11事件以降、米国が主導した「テロとの戦い」は、さらに異常な事態を招いた。

われわれのテロとの戦いは、アルカイダに始まるが、アルカイダが終わりではない。世界各地に広がるテロ・グループを1つ残らず見つけ出し、阻止し、打ち破るまで、その戦いは続く。(12)

われわれはテロに対する戦いに勝利を収めつつある。米軍の兵士たちは、米国に敵対するすべての敵に明確なメッセージを伝えた。たとえ7000マイル離れようとも、海や大陸を隔てようとも、山頂や洞窟に潜んでいようとも、わが国の正義の手から逃れることはできない、というメッセージである。(13)

この米国の頑なな意志は、世界中のありとあらゆる地域を戦場と捉えることによって、世界中のどこにでも瞬時に軍隊を送り込めるだけでなく、自国軍の軍事拠点を築く口実にもなっている。これはかつてなかった驚くべき「恐怖の戦略」である。

仔細にみれば、軍事行動という過剰な暴力のバックファイヤーが数多の一般市民を無慈悲にも虐殺し、そのために新たに生じた〝テロリスト予備軍〟で肥え太る過激派への対処方法を検討するといった、完全なマッチポンプの構造になっていることは誰の目にも明らだ。しかし、現実問題として、その副産物のせいで地球的規模の不安定化が推し進められ、テロに対する懸念が世界中に拡散されることで、世界最強国としての米国のプレゼンスがますます高まる、という状況をもたらしてしまっている。

例えば、イラクとソマリアに関していえば、両国とも以前はアル＝カーイダとは何の接点もなかった。むしろ米国の軍事介入がきっかけとなって、アル＝カーイダの侵入と組織拡大を招いてしまっている。イラクの場合は、フセイン政権崩壊後にＣＰＡ（連合国暫定当局）が旧フセイン政権を一掃しようと、バース党のメンバーや関係者をすべて公職追放し、二〇万人を超えるイラク軍を解散して武装した兵士を失職させるなど、いたずらに治安の悪化を招くような占領政策を取ったことがまずかった。各地で頻発する、イラク軍の残党、シーア派・スンニ派の民兵組織や武装勢力などによる米軍への攻撃や抗議活動を抑えることができず、さらに米軍の撤退後は、米国が後ろ盾となったシーア派のヌーリー・マーリキー政権がスンニ派を差別し、政府中枢から排除する政策などを取り続けたことが不満を生んだ。イラク占領後の混乱は、アル＝カーイダなどの過激派組織にとっては、やすやすとイラク国内に潜伏し、活動できる環境が転がり込んできたようなものだった。これが幾多の組織改編・合併、名称変更などを経て「イラクとレバントのイスラーム国」（ＩＳＩＬ）、「イラクとシリアのイスラーム国」（ＩＳＩＳ）などと称する過激派組織となり、現在米国が最も頭を悩ませる問題の一つである「イスラーム国」（ＩＳ）に成長したことは皮肉としかいいようがない。

アメリカ占領当局の政策は、イラク人の大半を失望させた。宗派の分断はより進行し、国政選挙は、宗派主義に凝り固まった、無能な腐敗した政権を生んだ。このような宗派主義的な中央政府の政策の結果、特にスンナ派の人々の間で極端な宗派主義が芽生えることになる。これこそイスラーム国が待ち望んでいた事態であり、彼らの二〇一四年の成功の下地となったのである。（アブドルバーリ・アトワーン『イスラーム国』春日雄宇訳、中田考監修、集英社インターナショナル）

ソマリアの場合は、少々事情が異なる。

当時ごく少数が潜伏していたアル＝カーイダのメンバーを一掃するために、ＣＩＡなどを通じて地元の「軍閥連合」を支援し、容疑者の捕縛や暗殺を奨励したが、彼らはイスラーム教の聖職者など無関係の者までを殺害。その結果、多くのイスラーム法学者からなる「イスラーム法廷連合（現：イスラーム法廷会議）」（ＩＣＵ）が発足し、軍閥連合に対する対抗組織となった。そのＩＣＵから若手の過激派組織「アル・シャバブ」が台頭し、この時点で初めてアル＝カーイダとのつながりができ、米英カナダに向けて犯行予告を行なったり、ケニアの大学を襲撃して約一五〇人を殺害するなど、国際テロ組織的な動きをみせているのである。

なお、イラク戦争に関しては、二〇〇四年十月、米政府調査団が「開戦時にはイラク国内に大量破壊兵器は存在せず、開発計画もなかった」とする最終報告書を米議会に提出。二〇〇六年九月には、米上院情報特別委員会が「開戦時、旧フセイン政権とアル＝カーイダの接触を裏付ける証拠はなかった」との報告書を公表し、何の正当性も大義もない一方的な国土の破壊であったことが白日の下にさらされた。

開戦以来の10年で、イラク人は13万4000人以上、米国および多国籍軍の兵士は4800人以上が犠牲になった。同国の犠牲者数を集計している英団体イラク・ボディカウントは、「始まりは明らかだったが、終わりは見えない」「国内の主要地域で、武力テロが容赦なく人命を奪い

続けている」と指摘している。(14)

タラル・アサドは、「近代戦争の恐怖を、過激派によって実行されるテロの恐怖と区別しようという議論」について、「両者の根本的な差異は量的な問題だけであり、この基準によれば、国家によって主導された一般市民の殺害とその日常生活の破壊は、テロリストがなしうるいかなる被害よりも甚大である」（『自爆テロ』）との見方を示したが、これほどシンプルで本質をいい得た批評はないだろう。

「国家の名誉」と「国家の安全」の区別

では、われわれはどうすべきであったか。

チャールズ・タウンゼンドは、米国の死活的な利益が本当に国際テロによって脅かされているかという視点から、八〇年代後半に米ランド研究所のジェフリー・D・サイモンが提起した非常に秀逸な分析を取り上げている。

問題は、一つ一つのテロ攻撃が「国家のプライドと名誉への攻撃」に転化されたことである。国家の名誉と国家の安全の区別は曖昧にされた。テロリズムに対して軍事的対応をするとさらなる暴力のサイクルを招くという繰り返される事実は無視された。「テロリストは、うまく仕掛けたたった一発の爆弾で、いかなる反テロ措置の〝勝利〟も逆転することができる」というのが事実であるのだが。サイモンは、アメリカがテロへの対応をトーンダウンすべきだと主張した。そしてテロリストとの終わりなき紛争に貴重な資源を投入するよりも、日常の一つの現実として受け入れた方がよいと述べた。(『1冊でわかる　テロリズム』宮坂直史訳、岩波書店)

「国家のプライドと名誉」と実際の「国家の安全」には大きな隔たりがある。

一国の首相が国民から卵を投げ付けられ、マスコミの笑いダネにされたことをもって、その場にいた観衆を片っ端から牢屋にぶち込み、拷問にかけることは過剰な反応であることは誰にでも理解できる。「卵を投げた男を指名手配し、軽犯罪法違反容疑で逮捕すれば済む」話だろう。

では、卵を投げた男を匿っている者はどうか。

しかも、犯人が潜伏しているとみられるマンションに警察官たちが押し掛けると、無愛想な管理人は「卵を投げつけた証拠を見せろ」といって聞かない(これは9・11事件後の米国とアフガニスタンのターリバーン政権のやり取りそのものである)。

何時間もの押し問答の末、埒があかないといって、SWAT隊を突入させ、重機やダイナマイトでマンションを破壊することは果たして許されることだろうか……。

後者が最悪のケースであることは論をまたない。

なぜなら、マンションの住民を協力者に仕立てる懐柔策を取ったほうが、長い目でみれば互いに恨みっこなしの良好な関係を築けるからである。辛抱強く情理をつくし、信頼を勝ち取るわけだ。そこで重要になるのは、法に基づく適正な手続き(due process)だ。自らは絶対に違法な手段に訴えたり、卑怯といわれることを誰かにけしかけたりしない。

そもそも、治安対策に巨額の予算を組んだところで、「卵を投げ付けられる機会」をゼロにすることなど不可能だ。ここでの最重要ポイントは、「卵」を投げ付けられるリスクの正確な算定である。そして、首相の生命に危険を及ぼすレベルのものではないという冷静な評価が必要となる。

「テロリストは、うまく仕掛けたたった一発の爆弾で、いかなる反テロ措置の〝勝利〟も逆転することができる」

これは認めざるを得ない一面の真理だ。

考えてみてほしい。どれだけ警察官を増員して監視カメラを備え付けても、通り魔やシリアルキラーによる犯罪被害をゼロにできないのとまったく同じことである。にもかかわらず、今全世界で起こっている見えない敵とのバトルは、まったく逆の様相を呈しているのである。

もし、米国の真意が、意図的かどうかは別にして「地球規模の不安定化」によるプレゼンスの維持・拡大にあるとすれば、やはり文字どおり「終わりのない戦い」となるだろう。テロリストは犯罪者と同様、いつの時代も程度の差こそあれ存在しているものだからだ。となると、メイド・イン・USAによる「テロとの戦い」というマシーンは、いわば無限に戦争を続けられる永久機関（perpetual motion machine）のようなものである。

第五章

誰がテロを支援しているのか

『テロとの戦い』を取り巻く文飾を切り裂くには、冷戦の教訓を肝に銘じ続けなければならない。冷戦の最中、合衆国はマルクシズムを奉じる地域勢力はこれすべてその地域における代理勢力だと決めつけたのとそっくりに、今日、合衆国はイスラームを奉じる地域勢力はこれすべてアル＝カーイダが世界中に政治的かつ組織的に存在することの証拠と決めつける。

マフムード・マムダーニ

（『アメリカン・ジハード　連鎖するテロのルーツ』越智道雄訳、岩波書店）

どの母親も、息子や娘が〝暗殺部隊〟に連れ去られた生々しい体験を抱えていた。〝行方不明になった〟子どもたちは、歩道やバス、学校、家などから連れ去られた後、二度と姿を見せなかったのである。そのほかは死体で身体を見るも無残に変形され、残虐に拷問され、民衆へのみせしめとしてゴミ捨て場や街角に捨てられていたところを発見された。

彼らは私の十八歳になる息子を連れ去って銃殺し、皮を剝いでばらばらに切り裂きました。それから彼を木に据え付けた十字架につるして睾丸を切り取り、彼の口の中に押し込みました。

ジャック・ネルソン＝ポールミヤー

（『アメリカの暗殺者学校』安倍陽子訳、戸田清監訳、緑風出版）

シリアではスポンサーは選び放題

テロ組織は、雑草のように自然に生えてこない。

テロリストも霞《かすみ》を食って生きているわけではない。

自分で稼ぐか誰かからお金や武器をもらわなければならない。要するにスポンサーだ。

ロレッタ・ナポリオーニは、「イスラーム国」に関する著書で、「シリアでは、どんなジハード集団にとっても、資金援助をしてくれる主体を見つけるのはそうむずかしくない。ある意味で、スポンサーは選び放題だ。冷戦期には、代理戦争を行なう組織にとって選択肢は二つしかなかった。つまりアメリカかソ連である。しかし世界が多極化すると、スポンサーがあちこちに現れると同時に、代理戦争自体も変質し、何か博打のようになっていった。二〇一〇年にアル・バグダディがスポンサー探しを始めると、クウェート、カタール、サウジアラビアが関心を示し、それとともに欧米の武器が手に入るようになる。これはアラファトが望んでも得られなかった贅沢だった」(『イスラム国　テロリストが国家をつくる時』村井章子訳、文藝春秋)と述べ、数多の武装組織が群雄割拠する代理戦争の舞台で「イスラーム国」が急伸したその背景を詳《つまび》らかにした。

二〇一四年十一月の国連の報告書によると、「イスラーム国」は、実効支配する地域の石油の密売で一日当たり最大約二億円の収入があり、主として遺跡盗掘品の密売、異教徒からの税金の徴収、身代金、富裕層の支援者からの寄付などでほぼ賄うことができている。しかし、これは例外的なケースだろう。

基本的に武装組織にスポンサーは欠かせない。

その昔、ＩＲＡ（アイルランド共和軍）が、米国在住のアイルランド系移民からの資金援助で成り立っていたことは有名な話だが、冷戦期にはソ連やリビアから軍事的な支援を受けていたこともある。ＰＬＯ（パレスチナ解放機構）は、エジプトをはじめとするアラブ連盟やソ連の支援で創設されたが、海外在住のパレスチナ人たちからの財政的な援助もかなりあったといわれている。

先の「イスラーム国」に金銭的に余裕のある個人が資金提供していることに驚く人がいるかもしれない。しかし、過激思想に共鳴する人々同士であっても、必ずしも動機や思惑が一致しているわけではない。単に米国憎しの感情であるかもしれないし、現地のスンニ派住民へのカンパのつもりかもしれないし、シャリーア（イスラーム法）を厳格に施行するカリフ制国家もしくは最高指導者であるアブー・バクル・アル＝バグダーディー本人への忠誠の証かもしれないし、ひょっとすると対イランや対シリアという地政学的な面から「イスラーム国」をプッシュしたいだけなのかもしれない。

これとまったく同様に、武装組織のスポンサーを買ってでる国々の動機も思惑も千差万別である。

「シリアでは、イランが主にレバノンのシーア派系イスラム原理主義ヒズボラを介して、バッシャール・アル・アサド体制を支援している。一方、サウジアラビア、クウェート、カタールは、中東におけるイランの影響力を弱める目的で、スンニ派反政府勢力に資金を提供している。ここには『イラク・レバントのイスラム国』も含まれていた。ところでヒズボラは、パレスチナ紛争で長年ハマスに武器と資金を提供しているが、このハマスはスンニ派系であり、歴史的にはサウジアラビアから支援されてきたのだ」（前掲書）。

こうしてみると、シリアをめぐる情勢が欧米諸国の利害にのみに左右されているわけではないことが分かる。こんな複雑な駆け引きが繰り広げられる場所はほかにないだろう。

だが、相も変わらず冷戦後と似た構図も展開されている。

「事態を一段とややこしくしているのは、ロシアがシリアのアサド政権に武器弾薬を提供する一方で、アメリカが反アサドを標榜するシリアの武装組織に武器弾薬を提供していることだ」（同前）。

アサド政権は、反体制派（非暴力の民主活動家を含む）や過激派組織をまとめて「テロリスト」という表現を使い、米国など反体制派に対し支援を行なう国々を猛烈に非難している。そして、反体制派への攻撃を「テロリスト掃討作戦」と称し、空爆や毒ガス攻撃、最近では、のちに述べる通称「たる爆弾」なるものを用いて、反体制派ばかりか自国民をも無差別に殺戮している。

アサド政権にとって、欧米諸国などがバックにいる「自由シリア軍[1]」などの反体制派は、国家転覆を狙う「テロリスト」、反体制派にとってアサド政権は、民主化デモを徹底的に弾圧して民衆を大量に虐殺する「テロリスト（国家）」となろう。

二〇一三年七月、米議会上下両院の情報特別委員会がオバマ政権の表明した反体制派に対する武器供与を承認したことについて、ワシントン・ポストなど複数のメディアが一斉に報じたが、小銃などの軽火器と弾薬に限定するとはいえ、一昔前であればＣＩＡが秘密作戦として行なっていたような「代理戦争」の構図である。

つまり、米国はこのとき、複雑極まりない「シリア情勢」を「アサド政権vs.反体制派」という単純なモデルでみていたのだ。

アサド政権と「イスラーム国」という二つの恐怖政治《テロル》

だが、結局のところ、米国は反体制派への後方支援にとどまり、空爆をはじめとした軍事介入を行なわなかった。

オバマ政権にとっては、米国の世論がイラク戦争の泥沼化というトラウマを引きずっており、自国の若者たちを犠牲にするだけの価値を「シリア情勢」にみいだせなかったことが大きく影響した。シリアの化学兵器を国際的な管理のもとで廃棄させる米ロ合意は、軍事介入を避ける理由を探していたオバマ政権にとって悪い話ではなかったはずである。

その結果何が起こったのかは、今となっては明らかだ。

シリアで反政府運動が燃え上がり、アサド政権が虐殺を続けていたとき、「早く、米国、入ってきてよ」という待望論がありました。私自身、「米国が介入すべきだ」と言ってきました。介入したとすれば、米国は、地上部隊を送りたくないので、空からアサド軍を攻撃して、反政府勢力の地上部隊を支援するかたちになったでしょう。

もし、早めに反政府派がシリアを解放できたとしたら、イスラム国のような存在が出てくるにしても、あれだけ力を持つ時間的余裕は与えなかったでしょうね。

オバマ大統領がそのタイミングを逃したわけです。アサド政権崩壊後、イスラム急進派の勢力が相当強くなったでしょうが、それでも、それはイスラム国ではない。イスラム国でないだけでも、米国にとっては今よりもましなはずです。

少なくとも、イスラム国によるヤジディ教徒などの住民虐殺は止められたと思います。そうなると、米国が空爆する必要もなかったでしょう。

いまとなっては、すでにタイミングが遅すぎますし、米国の勘違いが続いています。（常岡浩介、聞き手・高世仁『イスラム国とは何か』旬報社、傍点引用者）

出来したのは、冒頭に引用した「代理戦争」の激化である。

ナポリオーニはいう。

二〇一〇年から一四年にかけて、国際社会はシリアに介入してこないだろうと踏んだアル・バグダディは、強固な本拠地をシリアに築くことに成功する。アラブのスポンサー国の資金を大いに活用して、競合関係にある武装集団を次々に撃破したのだ。しかもシリアでの戦いは長引くと見越して、同国内の武器市場を掌握する賢明さも持ち合わせていた。（『イスラム国　テロリストが国家をつくる時』）

つまり、米軍の不介入の明確化と、それに並行する「代理戦争」の本格化が、「イスラーム国」がシリア北部の「権力の空白地帯」で急成長する機会を作ったのだ。要は、中途半端な「おせっかい」に終始したことで、アサド政権と「イスラーム国」の双方を利することとなり、反体制派の弱体化につながったわけである。

シリア北部の無政府状態を引き起こしたのは、無数のスポンサーから資金援助を受けた代理戦争にほかならない。だが欧米は、無知から、あるいは自分たちの都合から、この事実に目をつぶっている。（同前）

「イスラーム国」は、日本人人質事件の影響もあり、圧倒的にメディアの話題に上りやすい。これは、欧米諸国でも同様で、こちらの場合は、隣国トルコからＥＵ諸国まで地続きで、ムスリムの移民が大量にいることが「テロ」の脅威に拍車を掛けているからだ。

だが、現在「イスラーム国」よりも遙かに凄まじい「テロ」を実践しているのは、いわずもがなシリアのアサド政権なのである。特に、ドラム缶にＴＮＴ火薬などを詰め込んだ「たる爆弾」による「反体制派」の支配地域である街全体の焦土化は半端ではない。

「新たな衛星画像と目撃証言から、アレッポ各地での残虐行為が明らかになった」と、ヒューマン・ライツ・ウォッチのサラ・リー・ウィットソン中東局長は述べた。「民間人居住区でのたる爆弾の使用による被害は予測された通りだ。民間人数百人が死亡し、数千人が住む家を失っている。こうした無誘導型兵器の無差別使用が軍事目標に当たったとしても、単なる偶然に過ぎない。」

ヒューマン・ライツ・ウォッチは衛星画像を解析し、アレッポ市街地の反政府勢力支配地域のうち、２０１３年11月から２０１４年２月（最新の衛星画像の解析時点）までに被害を受けた地点を少なくとも３４０カ所特定した。特定された地点の多くで、たる爆弾の爆発との一致度が高い損傷の痕跡があった。これは強力な爆発力を持つ無誘導型の爆弾で、現地で安価に製造されている。大型のドラム缶やガス・シリンダー、水槽に、破裂を促すための爆薬や鉄くずを詰め込んで作られており、ヘリコプターから投下される。

被害地点は反政府組織の支配地域ほぼ全体に広がっている。半数以上が前線から遠く離れ、建物が密集した民間人居住区に落下している。ヒューマン・ライツ・ウォッチが目撃証言を聞いた事例のほとんどで、目撃者は近くに軍事目標がないと述べていた。このことは一連の攻撃の無差別的性格を示すものだ(2)。

常岡浩介は、二〇一五年六月十三日に行なった講演会で、今のようにシリア内戦の悲惨な実態が報道されていなかったことから「今ニュースは『イスラム国』の話題ばかりで、シリア内戦そのものの話題はほとんどでなくなってしまっている」と指摘し、「シリアの内戦では〔アサド政権の虐殺に比べて〕それほど深刻ではない『イスラム国』が報道される状況は問題だ」と話した（〔　〕内引用者）。それは、欧米を中心とした国際社会が非常に洗練されたプロパガンダに操作されて「イスラーム国」の残虐行為ばかりに目を向けがちである一方で、それの何十倍もの犠牲者をだしているシリアのアサド政権の残虐行為に関しては、逆に、政府が関与そのものを否定しており、画《え》になる情報も少ないためコンテンツになりにくい事情が影響しているという。常岡は、「わざと残酷なことをやってみせて世界に発信するのが『イスラム国』」で「残酷なことを徹底的に隠そうとするのがアサド政権」と上手く対比させている(3)。

両者に共通するのは、世界でも類をみない徹底した「恐怖政治《テロル》」である。

この二つの「恐怖政治《テロル》」が「代理戦争」というカンフル剤で延命、あるいは盛り返してしまったのだ。

「アラブの春」の帰結という面

「イスラーム国」が急伸した理由はそれだけではない。

先に述べた「権力の空白地帯」の出現に加えて、米軍の不介入がいよいよ鮮明になったことで、あくまで合理的な理由から「反体制派」の戦闘員の多くが、装備面も含めて軍事的に秀でており、士気も高いアル＝カーイダ系の「ヌスラ戦線」(のちに一部が「イスラーム国」に合流)を中心とする過激派組織に流れたことがある。

オバマ政権は五億USドル(約六一五億円)を、「穏健なシリア反体制派」への武器供与、軍事訓練のために供出することにした。対イスラーム国戦に投入するためである。

しかし、「穏健な反体制派」と思われていた反体制勢力がイスラーム国に合流するという事態が起きた。彼らはイスラーム国傘下《さんか》に加わった方が、彼ら自身の目標達成に効果的と考えたためであった。イスラーム国に加わらなかった諸勢力は、三年間の戦闘に疲弊してしまっている。「自由シリア軍」は、穏健な反体制諸勢力の最大の連合体であるが、常に内部抗争と汚職に関するスキャンダルが絶えず、力を発揮できない状況にある。（アブドルバーリ・アトワーン『イスラーム国』春日雄宇訳、中田考監修、集英社インターナショナル）

常岡は、「事態の時間的な流れからいうと、イスラム国の出現は『アラブの春』の末路というか、帰結という面がある」という。これは、ナポリオーニの「『アラブの春』と『イスラム国』は、現代におけるヤヌス（前向きとうしろ向きの二つの顔を持つローマ神話の双面神）なのだ。つまり、中東の腐敗した指導者という同じ問題に対する二つの答である」（前掲書）と呼応する。

「非暴力ではどうにもならなくなり、暴力に訴えるようになる。方向性としては民主主義を志向するのではなく、イスラム主義になる。そのイスラム主義組織も結局は、アルカーイダ系になる……。こうして、かつてビン・ラディンが勢いを持っていた状態に逆戻りになってしまった。さらに、そこをも通り越して、アルカーイダもあきれるほど極端な体質を持つイスラム国が最強になってしまった。これが今の状態だと私は理解しています」（『イスラム国とは何か』）

アブドルバーリ・アトワーンは、「アラブの春」の挫折について「若者の理想」を切り口にこう分析する。

ムスリムの若者がイスラーム国に参加している理由は複数存在する。腐敗した独裁政権、宗派対立の激化、経済危機と失業率の増加などがその理由として挙げられるが、主要な理由は、リベラルな世俗国家が若者の理想を実現できなかったことである。

これらの世俗国家は、西洋、特にアメリカの中東地域における支配を阻むことができなかった。そしていわゆる「アラブの春」と呼ばれた運動も、若者の理想を実現する結果とはならなかったのである。（『イスラーム国』）

現在、シリア難民への対応が欧州で大問題になっているが、もはや祖国に欧米と伍せる「まともな国家」としての機能を望めないことが明白な以上、難民申請に希望をみいだすことができない「急進的な人々」にとって、過激派への参加は理想主義というニーズに応えてくれる現実的な選択肢の一つとなり得るのだ。

ここをきちんと理解していないと、「イスラーム国」をはじめとする過激主義が流行する背景がうやむやになってしまう。

常岡によれば、「ヌスラ戦線」は、地元のシリア人からの信頼が厚く、反体制派の急先鋒におどりでるほどだったが、米国はイスラーム主義組織そのものを快く思っておらず、特にアル＝カーイダ系といわれるものを総じて敵とみなした。いわばイスラーム主義組織全体に対するアレルギー反応だ。

そして、彼らが「シリアでどのように受け止められているか」などについて大して吟味もせずに空爆したのだった。

本章冒頭に掲げたパラグラフの、マフムード・マムダーニの言葉が象徴的である。

「冷戦の最中、合衆国はマルクシズムを奉じる地域勢力はこれすべてその地域における代理勢力だと決めつけたのとそっくりに、今日、合衆国はイスラームを奉じる地域勢力はこれすべてアル＝カーイダが世界中に政治的かつ組織的に存在することの証拠と決めつける」（『アメリカン・ジハード　連鎖するテロのルーツ』）。

つまり、分かりやすくいうなら（どれだけ腐敗していても）民主主義者なら善だが、（どれだけ潔癖であっても）イスラーム主義者イコール悪となるので、支援の対象とは考えられず反アサド政権の対抗勢力とはみなせないわけだ。

常岡の「アサド政権崩壊後、イスラム急進派の勢力が相当強くなったでしょうが、それでも、それはイスラム国ではない。イスラム国でないだけでも、米国にとっては今よりもましなはず」（『イスラム国とは何か』）という言葉は、「シリア情勢」に関しては、この米国のアレルギー体質に基づく外交姿勢が仇《あだ》となってしまい、むしろ「イスラーム国」という最大の難敵を招来したことを指している。

つまり、イスラーム主義組織全体に対するアレルギーが、さらに強固で凶暴なイスラーム主義組織という怪物をもたらしたのだ。

民意などお構いなしのスポンサーたち

アサド政権は人権を踏みにじる独裁政権で、国民の支持がないためにデモや蜂起が生じ、それを武力で鎮圧したからというのが、公式的には「内戦」のきっかけとされている。しかし、その後の経過は、双方のスポンサーが大量の武器と資金を注入したことによって、かつてない規模の代理戦争を招いてしまった。

ウォール・ストリート・ジャーナルは二〇一三年三月、「西側諸国の諜報機関は武器の使用、市街戦、政権側スパイへの対策などの分野での訓練を通じて反政府勢力を支援しており、ＣＩＡの役割拡大はこの動きを支えている」と伝えた(4)。

しかし、ナポリオーニが指摘するように、反体制派には、すでに騒乱初期からさまざまなスポンサーが武器や資金を提供していた。「火のないところに煙は立たない」というわけだ。

アサド政権は、秘密警察（悪名高い情報機関ムハバラート）により常時監視の目を光らせ、デモや集会の禁止だけでなく、民主活動家の逮捕・勾留など民主化運動の弾圧を継続してきた(5)。また、先代のハーフィズ・アル＝アサド政権時代に、国内で要人暗殺や軍事施設などへの攻撃を繰り返していた「ムスリム同胞団」の拠点を制圧するため、軍隊を動員して多数の一般市民を巻き添えにした「ハマー虐殺」（一九八二年）を引き起こした過去もある（人権団体によると犠牲者は少なくとも一万人〜二・五万人と推計）。

だが、一つ補足しておきたいのは、民主化運動の弾圧を行なう国家が「悪」とするなら、湾岸諸国をはじめとする中東諸国の多くのがこれに当てはまることだ。

サウジアラビア、アラブ首長国連邦（UAE）、クウェート、オマーン、カタール、バーレーンの六カ国で構成する「湾岸協力会議（CCG）」は、自国に飛び火した「アラブの春」のデモや集会を禁止し、民主化運動を弾圧するだけでなく、バーレーンの民主化運動を弾圧するために装甲車に分乗した合同軍まで派遣した。(6) バーレーンでは、戦車とヘリコプターを動員し、強制排除を行ないデモ参加者三人が死亡、二〇〇人以上が散弾銃で負傷。(7) 捜査当局は、人権活動家や野党議員などを次々と逮捕し、その多くは拷問され、なかには殺害された者もいる。(8) ただ、欧米諸国は、CCG諸国の民主化の抑え込みについては、利害関係からかほぼ黙認している。

話を元に戻そう。

シリア国民の本音を探った調査がある。二〇一二年に行なわれたものだ。

今年1月、昨年末にシリア国民など1000人を対象に実施された世論調査の結果が公表された。この調査の実施主体の背後には、シリアに対して厳しい態度を取るカタール政府がいた。だが、その結果は意外なものだった。シリア国民の55％はアサドを支持していることが分かったのだ。

しかもアラブ諸国のほとんどはアサドが退陣すべきだと考えているのに対して、シリア国民の多くはアサドに対して退陣を求めていなかった。理由は、アサド政権が崩壊して国内が内戦状態に陥ることを危惧しているからだという。

一方で、アサドが権力の座に残ることを望む人たちは、彼に公正な選挙を実施することも求めていた。

サンプル数が少ないとの批判もあるが、この調査結果はシリア国内でくすぶる懸念を反映している。シリアは、イスラム教シーア派の一派とされ国民の12％ほどを占めるアラウィ派のアサドが統治する国だ。他方で、反政府デモを引っ張るスンニ派が国民の70％を占める。

そんなシリア国内で、例えば国民の10％を占め、過去40年以上アサド家に守られてきたキリスト教徒たちは、アサド政権が崩壊してスンニ派からの迫害が始まることを恐れている。アラウィ派の大半ももちろん同じ思いだ(9)。

これをみれば、いかに「シリア情勢」が解きほぐしがたいものかが分かるだろう。

「アサド政権vs.反体制派」という図式自体が大間違いなのだ。正確には、アラウィ派を主体とする支配層とスンニ派を中心とする被支配層との、ほとんど「部族対立」の様相に近い「宗派対立」というものである。これは、どちらかといえばルワンダ虐殺におけるツチ族とフツ族の関係と似たような問題だ。アサド政権による虐殺自体が、反体制派によるデマなどという陰謀論が流布するのは、当初の改革派というイメージ戦略が浸透していたことと、こんにちの人権感覚からあまりに乖離《かいり》しているからだろう。しかし、部族（宗派）対立とみれば、アサド政権はアラウィ派なので、他の宗派を同胞＝同じ国民とは思えない。だから、平気で毒ガスや「たる爆弾」による攻撃ができてしまう。通常の国民国家として捉えるから理解し難くなるのだ。

「（退陣を求めない）理由は、アサド政権が崩壊して国内が内戦状態に陥ることを危惧しているから」「アサドが権力の座に残ることを望む人たちは、彼に公正な選挙を実施することも求めていた」とあるように、シリアの国民は「殺し合い」をせずに「自由と民主化」の実現を望んでいるのである。当たり前だが「内戦」を望む国民などいない。血を流すことなく「公正な選挙」が行なわれる社会に移行したいのである。

シリアの国民にとっては、アサド政権の無差別攻撃はたまったものではないが、アサド政権の崩壊も「何がどうなるか分かったものではない」ということなのだろう。つまり、（当時の）アサド政権を支持する理由は、現実的にはそれしか選択肢がないからだ。

だが、代理戦争のスポンサーたちはそんな民意などお構いなしに、資金と武器をアサド政権と反体制派にどんどん与え、やおら高見の見物を決め込んでるようにしかみえない。

米国務省が発表した二〇一四年版のテロ報告書に、その代償が如実に表れている。

報告書はまた、シリア内戦の存在が世界規模での昨年のテロ発生件数の大部分につながる重要な誘因になっていると指摘。シリアに渡航した外国人戦闘員は1万6000人以上とし、このうちの大半がＩＳＩＳに加わったと述べた。(10)

シリアに限らず反体制運動や内戦には、必ず火事場泥棒的な行動に走る国々が暗躍し、特定の組織への多額の資金援助や、情報操作、工作員の潜入などがみられるのが常だ。そして、特筆すべきはナポリオーニが「シリアでは、どんなジハード集団にとっても、資金援助をしてくれる主体を見つけるのはそうむずかしくない」といったことが、現在の世界情勢において決してシリアだけにとどまるものではなくなっている、ということである。つまり、どのような反体制勢力や武装組織、過激派などと呼ばれる集団であっても、その地域に地政学的なメリットがあればスポンサーとなる国々がみつかるのだ。「だが欧米は、無知から、あるいは自分たちの都合から、この事実に目をつぶっている」という指摘は、結局は誰もその代償について責任を取ろうとはしない代理戦争そのものの性格を焙りだしてもいる。

しかし、その犠牲となる者の多くは無辜の市民である。

国連統計によれば、シリア内戦による犠牲者は一九万人を超えている（二〇一一年三月〜二〇一四年四月）。

シリアの状況とはまったく事情が異なるが、こういった外部からの介入や「代理戦争」により手ひどい目にあった覚えのある、例えばラテンアメリカ諸国の人々などにはどう映っているのだろうか。

このような想像力を働かせることは「テロ支援国家」というキーワードを検討するうえで非常に有益だ。

拷問と殺戮のエキスパートを養う〝暗殺学校〟

米国は、自国に敵対するテロ組織に資金や場所などを提供している国々を「テロ支援国家」と呼び、現在イラン、シリア、スーダンの三カ国を指定している（国務省の年次報告書で指定し、毎年見直しが行なわれる。二〇一五年五月二十九日にキューバを解除）が、これは実態を反映したものではない。なぜなら、アル＝カーイダや「イスラーム国」にとどまらず、過去米国に敵対するテロ組織を支援した国々は、中東地域だけでもかなりの数に上るが、リストアップされることはまずない。あくまで米国の政策上の都合から判断されたものに過ぎないからだ。

その一方で、不都合な真実もある。

ノーム・チョムスキーやウィリアム・ブルムなどが指摘するように、客観的な資料を精査すればするほど、世界最大のテロ支援国家は、今も昔も米国自身であるという〝公然の秘密〟である。「イスラーム国」がＣＩＡからの支援を受けて設立され、その後も継続的に武器の供与や工作員からの支援を受けているというデマがまことしやかに出回っているが、これは世界中の国々に違法な介入をし続けている「教科書には載らない米国の歴史」から当然導きだされる憶測であり、さまざまな前科があるからこそ関与を疑われているに過ぎない。

９・11事件を題材に一一カ国の監督が競作した仏英合作のオムニバス映画『11'09"01／セプテンバー11』で、ヴェネツィア国際映画祭最優秀短編賞に輝いたケン・ローチ監督は、一九七三年九月十一日に起こったチリのクーデターを取り上げた。

それは、同じ9・11でも、こちらの9・11は米国が被害者の側ではなく、加害者の側にいたからだ。冷戦時代。米国の裏庭とされたラテンアメリカでは、米国に「赤の脅威」（共産主義者）と映るものはことごとく排除された。

米国は、チリ国民が民主的な選挙を経て選任したサルバドール・アジェンデ大統領を、社会主義的な反米政権とみなし、CIAの総力を結集してその転覆を画策していた。

> CIAはニクソンの承認した一千万ドルの予算の大部分を注ぎ込んで、チリに政治と経済の混乱の種子をまいた。（略）CIA本部に戻って新たにラテンアメリカ部門の責任者になったテッド・シャクリーが上司に報告した。部下たちが「主要な軍司令部に影響力を行使して、彼らがクーデター勢力の側に立って決定的な役割を果たすように仕向ける」というのである。（ティム・ワイナー『CIA秘録　その誕生から今日まで』〈下〉、藤田博司・山田侑平・佐藤信行訳、文藝春秋）

当時のリチャード・ニクソン大統領とヘンリー・キッシンジャー安全保障補佐官は、アジェンデ政権を転覆させたくて仕方がなかった。経済封鎖や主要な交通産業にストライキをけしかけるだけでは足りない。米国の関与がさとられないように「アジェンデを打倒せよ」とCIAに厳命したのである。CIAは軍部との接触を進め、一部の軍人や反乱分子を取り込み、クーデター後の全面的なバックアップを約束した。

クーデターは一九七三年九月一一日に起きた。それはあっという間のことで、ひどいものだった。大統領官邸で捕えられそうになったアジェンデは、カストロから贈られた自動小銃で自殺した。その日の午後、アウグスト・ピノチェト将軍の軍事独裁政権が発足、CIAはすぐに軍事評議会との連絡を確保した。ピノチェトは残酷な統治を行い、死のキャラバンと呼ばれた弾圧で、三千二百人以上を殺害し、何万人もの人々を投獄し、拷問にかけた。(同前)

映画は、その渦中で「テロリストと呼ばれ、裁判もなしに投獄」され、五年後に出獄してイギリスに渡った男が、9・11事件の遺族に手紙を書くところから始まる。「九月一一日、私たちの国は〝自由の敵〟に襲われました」と。「自由の敵」とは、9・11事件の九日後にジョージ・W・ブッシュ大統領が演説の中で、実行犯とその組織をいい表した文言を、そっくりそのまま米国に当てはめた皮肉である。

男は、自分を含めた仲間たちが耐え難い拷問にさらされ、むごい殺され方をした様子をありありと語る。

私はヒザを撃たれ、地面に頭を叩きつけられ、何度も何度も殴られ、時々意識を失いました。拷問収容所を運営するのはアメリカで教育を受けた軍人たちでした。彼らは家族の目の前で収容者をヘリから落とし、腹を切り裂いたりしました。それだけではありません。生殖器に電流を流したり、女性の膣にネズミを入れたり、犬に女性を強姦させました。(『11'09"01/セプテンバー11』)

拷問を受けた者は少なくとも三万五千人、亡命者は八〇万人に達した。

米国大使がキッシンジャーに拷問の実状を訴えると〝説教はやめろ〟との返事。クーデターの指導者ピノチェトはキッシンジャーから政変成功を祝福され、チリに米ドルが流れ込みました。

（同前）。

映画の中で言及される「アメリカで教育を受けた軍人」とは、「暗殺学校」と呼ばれる米陸軍米州学校（略称SOA／現・西半球安全保障協力研究所＝略称WHINSEC）出身の軍人たちを指している。「死の部隊」（death squads）といわれることもある。

SOA／WHINSECは、簡単にいえば、米国資本の権益とラテンアメリカの特権階級の利益、この二つを守るために開設されたもので、この学校を長年にわたり監視してきたジャック・ネルソン＝ポールミヤーは、卒業生たちの多くがラテンアメリカのいたるところで人権蹂躙に関わってきた事実を指摘している。

卒業生たちの中から、独裁者、諜報局長、暗殺部隊のリーダー、軍高官が続々と誕生した。彼らは、司祭、修道女、司教を含む幾万人もの無実の人々の虐殺と失踪に対する責任を負っている。

（『アメリカの暗殺者学校』）

ネルソン＝ポールミヤーは、「日本語版への序文」でこのように説明し、「ＳＯＡの任務の中心だったテロ行為と拷問の戦術について、日本の読者のみなさんはある程度ご存知だと思う」と書く。しかし、恐らく大半の日本人は、米国がスポンサーとなっているこの身の毛もよだつ学校の存在も実態も知らないのではないかと思う。

ＳＯＡは、ラテンアメリカの「共産化」を抑止するため、一九四六年にパナマを拠点（現在はジョージア州フォート・ベニング）にその活動が開始された。左派勢力、左派ゲリラに対抗させることを目的に、親米ゲリラや親米政権の軍隊にそれらの組織を壊滅に追い込む暴動鎮圧技術、拷問テクニック、尋問法などの心理戦などに関する教育を施し、独裁色の強い親米政権を維持・強化するとともに、反米的な左派政権の樹立の妨害もしくは転覆工作を支援した。「例を挙げれば、エルサルバドル、グアテマラ、コロンビアをはじめとするラテンアメリカ全域で、神父や修道女、司教、一般の伝教師など、進歩的なキリスト教会従事者たちが殺されたが、どれも誤解や数名の血迷った兵士たちの嘆かわしい行動によるものではない。米国の外交政策立案者たちとその同盟者らは、殺された人々と、彼女ら・彼らを導いた解放の神学を、経済的および戦略的利益を確保するために打ち倒さなければならない敵とみなしたのである」（同前）。

これは今もそうで、企業主導の経済のグローバル化と連動した米国の外交政策の手段の一つであり、米国の国益にそぐわない勢力が拡大している国々には当然のように非公式の介入を続けている。

再びウィリアム・ブルムにご登場願って、過去の介入の足跡を追ってみよう。

ボリビア――一九六四～七五年

武装民衆蜂起がボリビア軍を破ったが、米軍の指導と支援で軍は再生を遂げ、「一九六四年、ボリビア軍は、CIAとペンタゴンの決定的援助により、ビクトル・パス大統領の政府を転覆」。その後も長期にわたり、ボリビアのトップが誰になるかについて米国が指令し続けた。

ホンジュラス――一九八〇年代

米国はホンジュラス軍と警察を訓練し、武器と装備を提供し、必要な資金を与えて、反対派を効果的に弾圧した。エルサルバドルとグアテマラで対ゲリラ戦を支援し、ニカラグアの反革命軍コントラの兵站基地として利用するためだった。

ニカラグア――一九七八～九〇年

左派勢力のサンディニスタ民族解放戦線が独裁政権を追放したことに危機を覚え、ワシントンの代理軍隊である反革命軍コントラを組織してニカラグアの人々を攻撃した。学校や診療所を焼き払い、強姦や拷問を加え、港に機雷を設置し、爆撃と機銃掃射を加えた。ロナルド・レーガンはこの軍隊を「自由の戦士」と呼んで称えた。さらに米国は、一九九〇年の選挙にも大規模に介入し、サンディニスタを敗北させた。

パナマ――一九八九年

独裁者ノリエガ将軍を逮捕するためと称して、ハイテク兵器を駆使した大規模な侵略作戦を実行。爆撃によって数千人の市民が死亡した。パナマ運河の権益確保にとどまらず、ニカラグアの人々に対する脅迫と、軍事力の維持を米議会に示す目的があった。

エルサルバドル――一九八〇～九二年

米国の支援を得た政府が不正選挙を繰り返し、抗議行動やストの参加者を何百人も殺害した。内戦が勃発すると、ワシントンが軍とＣＩＡに指示し、「死の部隊」の顧問的な役割に従事し、九二年の内戦終了時には七万五〇〇〇人の一般市民が殺害されたことが分かった。（以上、『アメリカの国家犯罪全書』益岡賢訳、作品社、一部を省略・改変した）

これは氷山の一角である。

国名だけでもグレナダ、ハイチ、ペルー、コロンビア、メキシコ、アルゼンチン、ボリビア等々ほぼすべてのラテンアメリカ諸国がこんにちまで米国の介入を受けてきている。いくつかの例外を除いて米国は直接手を下さない。手を下すのはＳＯＡを修了した軍人たちと彼らに率いられた軍隊などだ。

しかも、米国はご丁寧にも心理作戦のマニュアルまで提供した。

反革命軍コントラ向けのものにはこう書いてある。

「政府の職員たちを全員誘拐し、『公共の場所』に連れ出す」。

「人々がいる前で、抑圧政府の『人的シンボル』を侮辱し、馬鹿にし、はずかしめ、人々の中にまぎれ込んだゲリラにスローガンや野次を叫ばせ、人々を扇動する」。

「誰かに対してゲリラが発砲するときには、発砲の対象が人民の敵であることを街の人にわからせるようにし」、そして「相手が逃げた場合には、彼らは街や市の近くにいる仲間に通報し、強姦や強奪、破壊、逮捕といった報復を行なってくると人々に思い込ませる。〔……〕情報提供者を殺害したのは、〔……〕抑圧的体制の側だと人々に思わせ、また、発砲に使われた武器は、サンディニスタ政権との戦闘で入手したものだと人々に示唆する」。

「裁判官や仲介調停者、警察、国家治安部隊員、サンディニスタ防衛委員会（ＣＤＳ）の指導者など、注意深く選んだ標的を無害化〔殺害〕することもできる」。

「できれば、特定の『仕事』をやらせるために、職業的犯罪者を雇うのがよい」。

「別の者に特定の仕事をやらせることもできる。大義の『殉教者』を造り出すために、デモ隊と当局との対立を引き起こし、暴動と発砲とを引き起こす。これにより死者が発生するだろうから、それを殉教者とする。反政府の気運を高めるのに、ただちに利用できる状況となる。これは、さらに対立を激化させることになる」。

国際司法裁判所は、このマニュアルを作成し配布したことで、米国は、一九四九年の「ジュネーブ条約」をはじめとする「人道法の一般原則に反する行為を〔……〕犯した」との判決を下した。

（以上、『アメリカの国家犯罪全書』、一部を省略した）

「国家」抜きのテロリズムは存在するか

こういったクーデターをはじめとした主権国家への介入行為を一般的に「テロリズム」と呼ぶ。少なくとも被害を被る当事国の側からすれば、違法な主権侵害であり、相手国の側は、国内の反乱分子や犯罪集団を援助する「テロ支援国家」となるだろう。

このようなほぼ無限に列挙が可能と思われる世界最大の「テロ国家」「テロ支援国家」の犯罪行為を閲《けみ》していくと、米国を「マフィアの大ボス」に例えれば、一過激派組織などはさしずめ街の「チンピラ」である。

そもそもの破壊と殺戮のスケールがケタ違いなのだ。

これはシリアのアサド政権と「イスラーム国」との比較にも当てはまる。

空軍力を持つアサド政権の大規模な無差別「テロ」と、空軍力を持たない「イスラーム国」の犠牲者数を水増ししてまで公表する「テロ」とでは、まったく比較にならない。

先の映画での証言——「彼らは家族の目の前で収容者をヘリから落とし、腹を切り裂いたりしました。生殖器に電流を流したり、女性の膣にネズミを入れたり、犬に女性を強姦させました」——も十分残虐だが、ネルソン＝ポールミヤーが悲憤とともに書き付けたエルサルバドルの惨劇も引けを取らない。「どの母親も、息子や娘が〝暗殺部隊〟に連れ去られた生々しい体験を抱えていた。〝行方不明になった〟子どもたちは、歩道やバス、学校、家などから連れ去られた後、二度と姿を見せなかったのである。そのほかは死体で身体を見るも無残に変形され、残虐に拷問され、民衆へのみせしめとしてゴミ捨て場や街角に捨てられていたところを発見された」「彼らは私の十八歳になる息子を連れ去って銃殺し、皮を剝いでばらばらに切り裂きました。それから彼を木に据え付けた十字架につるして睾丸を切り取り、彼の口の中に押し込みました」（『アメリカの暗殺者学校』）――これが「エルサルバドル死守」を外交命題に掲げ、六〇億ドルもの予算を投じた米国によって引き起こされた悪夢の一端である。

このような話はラテンアメリカではありふれている。

だから、ラテンアメリカの人々は、米国が「人道」や「民主主義」の名の下に世界中で行なう、さまざまなレベルの介入の裏側に、自国が味わった卑劣極まりない「テロ」の悪臭を嗅ぎとっているはずである。

ニカラグアのダニエル・オルテガ大統領は、かつて米国に「テロ国家」と名指しされた際、「ニカラグアはテロを実行したことも支援したこともない。独立国に干渉したり、政府転覆を図るゲリラ（コントラ）を支援することこそテロではないか。ニカラグアの港湾に機雷を敷設したのはだれか。石油タンクを爆破したのは、空港を爆撃したのは、ゲリラ戦教本を作ったのはだれか。いったい、だれがテロリストなのか」といい、「米国こそ国家テロ」と声を大にした（滝本道生『中米ゲリラ戦争』毎日新聞社）。

現在、このオルテガ大統領の言葉に込められた思いは、ラテンアメリカ一二カ国の首脳が加盟し、南米統合や貧困撲滅などを促進する「南米諸国連合」（ＵＮＡＳＵＲ）として具現化した（二〇〇八年五月に発足）。

二〇一〇年には、エクアドルで発生したクーデター未遂事件の反省から、クーデターなどで正統性のない政権が樹立された場合、他の加盟国が国境封鎖も含む厳しい制裁措置を科すことなどを定めた「民主主義議定書」を採択した。外国勢力などの侵入により政権転覆が起こった場合の予防線を張ったのである。二〇一五年三月に米国のベネズエラ制裁に反発し、「国家主権や不介入の原則に対する脅威だ」として大統領令撤廃を要求したのも、そういった動きの一つとしてみることができるだろう(11)。

チョムスキーはいう。

中米は1980年代に国家主導の国際テロリズムによって廃墟となりました。1990年代にはハイチがそうなりました。私はコロンビアから戻ってきたばかりですが、そこでは、過去10年西半球最悪のテロリストによる残虐行為が行われてきたのです。そして状況はさらに悪くなっています。米国国務省すら、大多数の残虐行為が軍と準軍組織によるものだと認めています。両者は極めて緊密な関係にあるため、それについて詳細な研究を行ったヒューマンライツ・ウォッチが、準軍組織のことをコロンビア軍の「第6部門」と呼んでいるのです。軍の5部門の次という意味です。政治的殺害は恐らく1日20件にものぼるでしょう。そして（多くの場合テロのため）故郷を離れ難民化する人々が毎年30万人以上います。コロンビアは労働組合員とジャーナリスト殺害の世界記録を保持しています。むろん、大多数の犠牲者はいつもながら農民ですが。その前に、私はトルコを訪れました。トルコではクルド人が居住する南東部で1990年代に最悪の国家テロリスト残虐行為が続けられてきたのです。人々は実質的に牢獄に入れられている状態です。

これらすべては、ずっと米国の大規模な支援に依存していた国際テロリズムです。米国は軍事支援だけでなくイデオロギーの支援も提供していました。沈黙と弁明です。実行者が米国側なので、テロリズム年鑑にはリストされません。こうした例を続けることは簡単です。[12]

だが、悲しいかな。「テロリズムの著書ではこの国家テロが捨象される傾向がある」（チャールズ・タウンゼンド『1冊でわかるテロリズム』宮坂直史訳、岩波書店）のである。たしかに、政府関係者や政府系シンクタンクの研究者などが執筆する論文や著作には、「国家テロ」という概念自体がでてこないか、でてきてもテロリズムの定義から除外されていたり、例外的に扱われる場合が多い。非国家アクターから国家に対する政治的な動機に根ざした攻撃こそが、彼らのお眼鏡に適うテロリズムの定義だからであろう。事実、米国務省は「『テロリズム』とは、国家より小さな団体または非合法の工作員が、非戦闘員を対象に行う、政治的動機に基づく計画的な暴力行為であり、通常、一般大衆に影響を与えることを意図している」[13]と定義している。

テロリズムに関する公式の定義に従うとすれば、それを単に貧者の武器として定義するのは、重大な誤りだと言える。テロリズムとは、他の武器と同様、強者の手によって用いられた場合にこそ、はるかに大きな効果をもたらすことができるものだからである。そしてその場合には、それはもはやテロとは見なされないのだ。それはむしろ逆に、「反テロ」、「低強度の戦争行為」、「自己防衛」だとされる。そしてそれが成功した場合には、それは「合理的」であるとされ、「効果的」であるとされる。そして「みな一丸となって歓喜」すべき出来事だとされるのである。（ノーム・チョムスキー『新世代は一線を画す　コソボ・東ティモール・西欧的スタンダード』角田史幸・田中人訳、こぶし書房）

つまり、「その定義では、テロリズムという言葉は、〈われわれ〉に対して向けられた行為について使われているだけであって、決して、われわれ自身が〈彼ら〉に対して実行した行為には使われていないからである」（同前）。

通常われわれが目にするのは、「どこそこでクーデターが起こった」「どこそこで自爆テロが起こった」という非常に限られたファーストニュースだけだ。それからしばらくして「軍部」だとか「過激派」が首謀者であるなどとして後日談が付け足される。

だが、本当に重要なのは、チョムスキーが提唱する国家アクターにも例外なしに適用する「テロリズム」「国際テロリズム」という考え方だろう。もし、「テロ」という言葉を使用するのであれば、国家アクターの側にも適用しなければならない。「テロ」という言葉が非国家アクターにのみ適用される限り、国家アクターの「テロ」は「なかった」ことになるからだ。つまり、国家アクターについても犯罪行為の主体として訴追し、裁判にかけ、処罰する仕組みが必要となるわけである（先の国務省の定義を国家にも当てはめると、国際司法裁判所は一瞬にしてパンクするかもしれないが）。これは、シリアのアサド政権の「たる爆弾」による無差別攻撃も、米国の無人機による国際法違反の爆撃も同様に非難するスタンスのことである。それしか「テロとの戦い」をフェアに進めていく手立てはない。でなければ「テロ」という言葉は永久に廃絶すべきであろう。

「シリア情勢」における「代理戦争」に至るプロセスは、「内戦」という舞台でさまざまな力学が働いていることを知る絶好の教材となった。

（スポンサーとしての）「国家」抜きのテロリズムはそもそも成立するのか。

われわれが熟考しなければならないのは、そういった身も蓋もない、あけすけな問いかけではないのか。

第六章

テロリズムから日本を読み解く

「自分等は現状破壊を任務とするので建設のことは考へてゐない」

血盟団事件の首謀者、井上日召の供述

一九七四年八月三〇日三菱爆破＝ダイヤモンド作戦を決行したのは、東アジア反日武装戦線〝狼〟である。三菱は、旧植民地主義時代から現在に至るまで、一貫して日帝中枢として機能し、商売の仮面の陰で死肉をくらう日帝の大黒柱である。今回のダイヤモンド作戦は、三菱をボスとする日帝の侵略企業・植民者に対する攻撃である。〝狼〟の爆弾に依り、爆死し、あるいは負傷した人間は、『同じ労働者』でも『無関係の一般市民』でもない。彼らは、日帝中枢に寄生し、植民地主義に参画し、植民地人民の血で肥え太る植民者である。〝狼〟は、日帝中枢地区を間断なき戦場と化す。戦死を恐れぬ日帝の寄生虫以外は速やかに同地区より撤退せよ。

東アジア反日武装戦線〝狼〟の犯行声明

「義挙」として顕彰する文化

日本においてテロ＝暗殺の見方が根強いのはなぜだろうか。それは近代日本において、はじめて問題になったテロが尊王攘夷運動に端を発する右翼テロであり、そのテロ行為が大老井伊直弼の殺害のように要人暗殺であったことに関係する。もちろんテロに訴えたのは右翼だけではなく、大正末期になると皇太子（昭和天皇）をステッキ銃で狙撃した難波大助のような「共産主義者」もいた。しかし左翼の暗殺（未遂）は、右翼に比べれば圧倒的に少ない。

宮坂直史は、テロリズムに関する著書（『日本はテロを防げるか』ちくま新書）で、このような興味深い指摘をしている。

日本人は、古くから忠臣蔵に象徴される「仇討ち」＝暗殺に寛容である。なぜだか分からないが、忠臣蔵は、日本人に最も愛されるストーリーの一つとされ、三百年以上にわたって繰り返し上演・リメイクされている。赤穂浪士を祀った大石神社やゆかりのある泉岳寺は、修学旅行などの観光コースに入っており訪れる人も多い。

しかし、話の元になった元禄赤穂事件といえば、江戸城中で播州赤穂藩主の浅野内匠頭長矩が、高家旗本の吉良上野介義央にいきなり刀で斬り付け（短気、精神錯乱を起こしたなど諸説あり）、「殿中抜刀の咎」で切腹処分、赤穂藩がお取り潰しとなったことに納得できず、一七〇三年（元禄十五年）一月、浅野の家臣・大石内蔵助良雄以下赤穂浪士四七人（四十七士）が吉良邸に討入りを決行し、吉良上野介を斬殺したという血なまぐさいものである。彼らは、吉良の首を亡き主君に捧げたのち、幕命を受けて全員切腹している。

これを近代以降の考え方に照らしてみると、日本人の特異な感受性が浮き彫りになる。

現代の視点から歴史における過去の現象の是非を問うことは決して許されない。しかし、敢えて現代的な視点から見れば、江戸市中において堂々と武装した集団が、それがたとえ仇討ちだったとしても、一人の政府高官を暗殺する行為は客観的に判断するとテロリズム以外の何物でもない。実際、江戸時代において改易やとりつぶしにあった藩は多かったが、このような事件を起こした藩は他にはない。（福田充『メディアとテロリズム』新潮新書）

福田はこのように語り、「テロリズムとそれにまつわる社会背景の物語は、江戸時代からすでに庶民の中で消費されるメディア・コンテンツだった」として、「日本には、赤穂浪士の行動は義挙であり、テロリズムとはみなされない歴史的文化がある。この文化が日本におけるテロリズム対策を難しくしているという側面もある」とかなり核心に踏み込んだ指摘を行なっている。

このいわゆる「義挙」と呼ばれる行動には、忠臣蔵のような忠君的な要素にとどまらず、お上に自らの窮状を訴え出て、必要とあれば暴力を振りかざしてこれを排除し、解決への道のりを切りひらくという「世直し」的な要素もあることに注意しなければならない。

歴史を遡れば、室町時代中期、畿内を中心に頻発した農民・地侍の武装蜂起である土一揆や、戦国時代に浄土真宗本願寺教団の僧侶、武士、農民などの信徒たちが起こした一向一揆はその典型と思われる。

簡単にいえば、広い意味において一揆は、理不尽な要求（大凶作なのにむしろ年貢を増税する等）を強引に押し付け、「民草」を痛め付ける「お上」の横暴に対し、民草が数の論理で圧倒することでその誤った判断を正す機能を持っていたわけだ。

一七四九～五〇年（寛延二～三年）に現在の福島県で起こった「寛延三義民」の挿話はそれをよく表している。「天狗《てんぐ》廻《かい》状《じょう》騒動」として知られる農民一揆のことで、当時の大干ばつによる大凶作であったにもかかわらず、代官に年貢の減免を願い出ても、逆に増税を命ぜられる事態に及び、およそ一万六八〇〇人の農民が三手に分かれて結集し、代官所を取り囲んで強訴したとされる。要求は受け入れられたものの、一揆後に多くの農民が捕まり、拷問された。この強訴の責任を取り、長倉村組頭の齋藤彦内が自首し、猪狩源七、蓬田半左衛門の二人とともに斬首され、さらし首の刑に処せられた（『義民 齋藤彦内案内のしおり』伊達町教育委員会）。

「次々と捕らえられる農民の身代わりに代官所に出頭した彦内はじめ猪狩源七、蓬田半左衛門の三義民の偉業は、明治時代に『天狗廻状』という名で新聞小説になった。映画化もされ、日本全国の人々の血を沸かせたという」（大内義貴、福島民友新聞社ホームページ）。

そして、現在、旧伊達町の福源寺に「義民【正義のために身を捨ててはたらく人】」として顕彰されているのだ（『うつくしま電子辞典』福島県教育委員会）。

つまり、「お上」があまりにも世間の常識とかけ離れた、人倫にもとる「政《まつりごと》」を行なった場合には、このような強訴（非暴力による訴えでも心理的なプレッシャーは大きい）は許容されるべき行為との認識が、多かれ少なかれ日本人全体で共有されているのだろう。

これは、いうなれば虐げられた弱者による最後の手段であるので、徹頭徹尾「（正）義」は「民草」＝一般市民の側にあることは動かしようがない、という考え方だ。

「義挙」という言葉の根底には、このような「弱者によるやむにやまれぬ行動」という属性があることは特に明記しておかねばならない。

この「世直し」としての「義挙」が、純粋な暴力として噴出したのが、かの有名な大塩平八郎の乱である。

日本各地を天保の飢饉が襲い、関東や関西で一揆や打ち壊し（米価急騰により米を買えない都市民が米商人らの家屋などを破壊すること）が多発していた天保八年（一八三七年）、大坂東町奉行の元与力であった大塩平八郎は、自らの屋敷に火を放ち、刀や槍で武装した私塾の師弟らの一団を率いて大砲で奉行所を攻撃したのだった。米の買い占めに走って庶民の窮状を顧みない豪商や、それを看過する大坂の役人や幕府の対応にいら立った末での挙兵であり、それまでの経緯を振り返ると、自らの蔵書五万点を売り払って得た約六百両を一万人の貧民に施したほか、奉行に宛てて独自の救済策案を繰り返し上申するなど手はつくしていた。それに、当時の飢饉は、大坂で一日に百人や二百人単位の餓死者がでるほどで、一刻を争う事態となっていた。

ただし、闇雲に暴力を行使したわけではない。

奉行所や豪商をピンポイントで襲撃（当初は奉行二人を爆殺する計画も立てていた）し、さらに檄文で多くの庶民に決起への参加を呼び掛けることで幕府の関心を引き付けることが目的だった。そのため、大塩は、決起前日に江戸の老中宛てに、「大塩後素建議書《こうそけんぎしょ》」なる密書を複数送っており、それには奉行所や幕府の不正や汚職に関する内部告発の中身だけでなく、証拠となる帳簿類が大量に添付されていたという。

しかしながら、この挙兵による被害は甚大だった。

「一人の与力少々の党を結びて、乱妨をなせるすらか丶る有様にて、二万軒に近き程家を焼失はせ、死人・怪我人二百七十余人に及び、天下の諸侯をして騒動せしむる事かくの如き大変に至る」（矢野太郎編『国史叢書 浮世の有様3』国史研究会）というから、そのスケールたるや大規模な連続爆弾テロか、ちょっとした低強度紛争のレベルである。

だが、以上の惨状にもかかわらず、事件直後から大塩らを英雄視する庶民は多かった。

そして、それは時代の変化とともに別の形で引き継がれた。

小島毅は、明治以降の大塩の評価についてこう書いている。

明治の御代ともなると、革命を起こした今の政府を正当化するためにも、前の時代を悪く言う風潮が盛んになり、反政府運動に倒れた人たちを英雄視する流れが生じる。かくして大塩は正義の味方、庶民の味方として偶像になっていく。大塩を高く評価するのは、そう評価する側が彼に自己投影しているからにほかならない。明治政府を擁護する（＝反徳川）にせよ、批判する（＝反権力）にせよ、大塩は先人として崇めたてまつられた。（『近代日本の陽明学』講談社選書メチエ）

これは、日本人が依然として、幕府側からすれば「反乱」に位置付けられるこの事件をテロリズムとはみなさず、貧民救済、つまり「世直し」のためのやむにやまれぬ「義挙」であり、「蜂起」と捉えていることが分かる代表例といえる。また、小島の言葉を借りれば、明治政府も「革命を起こした今の政府を正当化するため」に、腐敗した江戸幕府に反旗を翻した偉人として大いに利用したであろうことは想像に難しくない。

例えば、大塩の決起の二六年後、明治維新の五年前に連続して起こった尊王攘夷派の挙兵「天誅《てんちゅう》組《ぐみ》の変」（文久三年〈一八六三年〉）、「生野の変」（同）は、幕府軍にことごとく鎮圧された反乱軍とされていたものの、御一新に伴い「反乱」から正式に顕彰されるべき「義挙」へと様変わりしていった。

現在でも、「天誅組の変」の舞台となった奈良県五條市では、「明治維新発祥の地」を示す石碑を設置し、「維新歴史公園」を設け、「維新の魁」として顕彰している。二〇一三年には、同市が「天誅組大和義挙一五〇年記念事業」として多くのイベントを開催。広報誌には、「私欲を捨て、時代のさきがけとして決起した志士たち。その志を今一度顕彰し、多くの皆さんに知っていただく(1)」との趣旨が記載されている。

「生野の変」の舞台である兵庫県朝来《あさご》市も同時期に同じような事業を計画し、「今回150年をひとつの契機として、朝来市で起った新しい時代の魁となった歴史的史実を再顕彰し、市民の認識を深めながら、後世にその事蹟をつないでいく」と説明し、提案書では「生野義挙については、残念ながら若年層を中心に認識度は決して高いとはいえないのが現状」として小冊子やＤＶＤ製作などを行なうとした(2)。

だが、天誅組に関しては、五條代官所に乗り込んで、五條新政府（朝廷）の管轄に入るなどといい、代官所引き渡しの求めに応じなかった代官ら役人四人ならびに役人と誤認されたあん摩一人を逆賊として殺害し、さらし首にしている。殺害された者は、代官を含め別に極悪人でもなんでもないごく普通の人々である。

しかし、天誅組の掲げる「世直し」に協力的でない者には、文字どおり問答無用に「天誅」が下された。

では、逆に明治維新後に各地で勃発した「反乱」についてはどうだろうか。

明治四年（一八七一年）の廃藩置県から明治十年（一八七七年）の「西南戦争」に至る、あの断続的な内戦の数々である。

不平士族の大規模な武装蜂起の嚆矢となった「佐賀の乱」（明治七年〈一八七四年〉）、「神風連の乱」「秋月の乱」「萩の乱」（以上、明治九年〈一八七六年〉）が立て続けに起き、いずれも政府軍に鎮圧されている。これらの石碑や史跡などは現地に数多くあるが、やはりこれをおおっぴらに顕彰している自治体は少ない(3)。

「ぼく自身がぼくにやれって命令しているんです」

こうしてみると、宮坂の日本における「テロ＝要人暗殺」説は、「世直し」という補助線を引くことによって非常に明快となる。

一九六九年公開の邦画『日本暗殺秘録』は、幕末から昭和に至るおよそ百年間に起こった主な暗殺事件をオムニバス形式で映像化したものだが、「テロリストの陶酔を描きたかった(4)」という作り手（脚本家）の意図に忠実に作り込まれており、わずか二時間足らずで日本的テロリズムの原像が分かる稀有な作品になっている。安保闘争の最中ということもあり「アナーキズムやテロリズムを礼讃している」などと物議を醸したといわれている。

大正十二年に摂政宮（のちの昭和天皇）暗殺を画策し、軍資金を得るため誤って第十五銀行員を刺殺して死刑となった無政府主義結社「ギロチン社」の古田大次郎（高橋長英）のエピソードでは、多少の脚色はあるにしても本編中で最も日本的テロリズムの論理とその問題点を凝縮している。

古田が河川敷で日向ぼっこしながら、同志に語りかけるくだりがそれだ。

「それで一体誰を殺《や》ろうというの」

古田「日本で一番偉い人ですよ」

「一番偉い人……。そんなことが本当にやれると思っているのかい」

古田「ええ、やれます。ぼくが自分で爆弾を抱いて自動車の下に飛び込むつもりなんです。民衆の誠意を踏みにじっている圧制者を民衆全体に代わってぼくたちが処刑する。それだけのことです」

「民衆がそうしろって君たちに命令したのかい」

古田「いや、ぼく自身がぼくにやれって命令しているんです」

「それじゃあ、衝動だけのテロリズムじゃないか」

古田「そうかな。でも、それでもいいじゃありませんか。支配階級は、彼らを守るための法律を持ち、軍隊も警察も持っている。大震災のドサクサにまぎれ、大杉栄さんや野枝さん、それに朝鮮人まで大量虐殺をやって誰も正当な罪に服していない。民衆には、自分たちを守る法律も軍隊も警察もないんです。テロリズムは、民衆の支配階級に対して当然行なわれるべき処断なんです」

「だけど、テロリズムでは、君たちの考えている革命は絶対こないと思うな。革命っていうのは、客観的情勢と大衆の結集した組織があって初めてできるものだよ。そんな個人的なテロリズムでは絶対できない。君たちは、結局は、自分の人生の上に自分の血で美しい詩を書いてみたいだけなんだ」

古田「ぼくはいつでも絞首台に上がる覚悟でいるんです。命を捨ててかかってるんですよ。自己満足だけじゃあそんなことはできませんよ」

ここで重要なのは、まず彼が「日本で一番偉い人」と呼ぶ人物を標的に挙げた点だ。

一揆の場合、直接その地域の責任者がいる代官屋敷に強訴すれば、直接窮状を伝えることができ、多少の犠牲を伴うにしても、あくまで農民全体の意向を受けており、理路は明確であってその効果もはっきりしている。

だが、日本が歴史上初めて「国民」という概念を採用し、急ぎ足で近代化を目指して突き進んだ時代。「日本で一番偉い人」を排除すれば良いとする発想はあまりにも安易で素朴過ぎた。物事を何でもかんでも単純な因果律で捉えようとする「思考の怠慢」というべきものであった。それが江戸時代で、どこかの農村の年貢の話に限定されており、責任者＝代官がターゲットであるならば齟齬はなかった。しかし、もはや近代以降の複雑な社会構造は、議会制民主主義と官僚制を基本としているのため、残念ながら特定の個人の存否で解決できる問題は皆無に近い（そもそも、天皇が国家の一機関に過ぎないとする「天皇機関説」が登場するのも近代化の帰結といえる）。日本人自体も農村と都市で大きな隔たりが生まれ、一枚岩にはなっておらず、むしろ近代化はライフスタイルの多様化を推し進めた（大正デモクラシー下における窮乏化する農村と享楽的な都市文化の発達が典型だ）。となると、暗殺テロは、実際的な効力はないに等しく「象徴的な意味」しかもたらさない。それは、「恐怖」と「ガス抜き」だ。「ガス抜き」とは、福田のいう「庶民の中で消費されるメディア・コンテンツ」と同義である。

「民衆がそうしろって君たちに命令したのかい」

「いや、ぼく自身がぼくにやれって命令しているんです」

このやりとりに紛れもなく本質的な欠陥が示されている。
つまり「民衆」に頼まれたわけでもないのに「ぼく自身がぼくに」命じたと淀みなく答えるのだから。これは、自らを（十九世紀ヨーロッパから発せられた近代個人主義に基づく）「自由と平等を重んじる理想的な社会」を実現するために喜んで捨て石となる「ロマン主義者」と公言しているに等しい。しかも、そこには、既成秩序の破壊や権力者の排除が完遂すれば、自ずと「自由と平等を重んじる理想的な社会」が現れるという、根拠のないオプティミズム（楽観主義）がある。

「君たちは、結局は、自分の人生の上に自分の血で美しい詩を書いてみたいだけなんだ」

この台詞はまさに「ぼく」のロマン主義的態度への痛烈な批判である。
カール・シュミットは、「すべての政治的ロマン主義の核心は次のようなことなのだ。つまり、国家は芸術作品であり、歴史的＝政治的現実における国家はロマン的主体の芸術作品を生産する創造的作業のための occasio〔ラテン語で「機会」を意味する〕、詩および小説を生むための、あるいはまた単なるロマン的気分を生むための機因だということである。ノヴァーリスが国家は巨大人間《マクロアントロポス》であると言ったところで、これは数千年前から表明されて来た思想である。この国家＝人間が『美しい』個人と呼ばれ、愛やそれに似たいろいろの感情の対象となるところにロマン主義というものはある」（『政治的ロマン主義』野口雅弘・大久保和郎訳、みすず書房）といったが、要するに、それは「頭の中で理想化された国家＝人間のイメージ」（ユートピアとしての過去）を取り戻そうとする復古的なイデオロギーなのである。そこには、一つひとつ顔のある大多数の国民が実際に何を考えて、何を大切に生きているのか——本当に求めているのは安定した生活だったりするのだが——という最もヴォリュームのある「実社会」は排除され、テロリズムの美学＝テロリストの自己陶酔だけがみいだされる。その一方で、現実に既成秩序を破壊し、権力者を打倒した後の政治体制に関する明確なプランなどは一切ない。これは、サヴィンコフの『テロリスト群像』〈上・下〉（川崎浹訳、岩波現代文庫）にでてくる反体制組織が体制側の要人の暗殺のみを志向し、体制崩壊後の具体的な政治運営には言及されていないことと似通っている。

このようなロマン主義的な観点からのアプローチは、日本を問わずテロリズムの動機付けの解明に少なからず役立つだろう。

「現状破壊を任務とするので建設のことは考へてゐない」

保阪　昭和初期には、動機が純粋であれば何をやってもいいという不思議な空気があったんですね。

半藤　幕末の天誅《てんちゅう》騒ぎと同じですよ。元々、江戸時代には基本的に暗殺なんかなかった。すごく温和な落ち着いた時代が続いたんです。それが突然、幕末になって尊王攘夷運動が起こって、テロが流行《はや》り出した。でも、明治になるとそれが全部、義挙だったということにされてしまう。あれによって国家が変わった。薩長《さっちょう》が新しい国家を作って、自分たちに都合の良い薩長史観で正当化した。だから、実態としてはテロによって国家が作られたのに、

「あれはテロではない、義挙だ」としてしまったんですね。

（略）

半藤　長州の高杉晋作だって木戸孝允だって暗殺者ですよ。つまりテロリスト。明治国家になると、かつての暗殺者がみんな高官になっているんだから、テロリストのままじゃ大義名分がない。だから、テロではなく義挙にする必要があったんでしょうね。つまり、新しい国家を作るための大義名分として、「あれはただの暗殺ではなかった。テロではなかった。やむにやまざる義挙だったんだ」と民衆に説明したんです。しかし、それと同じ論法が、昭和初期のテロリストたちに使われてしまった。

（半藤一利、保阪正康『そして、メディアは日本を戦争に導いた』東洋経済新報社）

半藤のいう「昭和初期のテロリストたち」に対する当時の政府やマスコミ、国民の反応は、今改めて振り返ると相当に不可思議なものだったといわざるを得ない。

なぜなら、少なくとも多くの人々から同情を得ていたからだ。

この来るべき暗黒時代の幕開けとなった「血盟団事件」（昭和七年〈一九三二年〉）は、二度も大蔵大臣を務めた国会議員と、三井財閥の総師（トップ）が相次いでピストルで射殺された大事件であったにもかかわらず、全国の国民から約三〇万人分の「減刑嘆願書」が東京地裁の法廷に提出されたのである。

これらの暗殺を指示したのは、立正護国堂（茨城県大洗町）を拠点に政治運動を行なっていた日蓮宗僧侶・井上日召《いのうえにっしょう》（一八八六―一九六七）らのグループだった。

彼等は「我國現下の状況を目して政治經濟その他の機構いづれも多くの缺陥を有し政黨財閥並びに特權階級は相結託して私利私慾のみに沒頭し、國政をみだり國家存立の大義を誤り居るものとなして之が革正を計り、眞に君民共治の實現を期するために非常手段により政黨財閥並に特權階級等舊勢力を打倒せんと企圖しひたすらその機會の到來するのを待ちつゝあつた」（豫審終結決定書による）ものであつて、卽ち國家改造の捨石とならんがために、井上日召を主盟、古内榮司を副司令として血盟團を結成し、政黨、政界、財閥の有力者をピストルを以て倒さんとしたものである。（木下半治『日本国家主義運動史』慶応書房）

つまり、日本の国家の中枢および支配層は、いずれも腐敗・堕落の極みにあり、「一君万民共存共栄の国」はまったくの嘘っぱちであり、これを一気呵成に変革するには、自分たちがその「起爆剤」「捨て石」となるしかないという並々ならぬ「義憤」が直接の動機だった。

そして、のちの裁判で「支配階級の代表者二十人位を目標にして一人で二人三人を暗殺するのは困難だから一人一殺《いちにんいっさつ》主義とした」と述べ、「特權階級」「政黨」「財閥」の大物を片っ端から抹殺する計画だったとしている。(5)

しかし、サヴィンコフと同じく井上も政治的ロマン主義の罠にはまった。

以下のやり取りにすべてが表れている。

次で裁判長は、本件を犯したことについて感想を訊すと、

井　何とも思つてゐない、たゞ確信を以てやつたことで生命のある限り飽まで革正を期する。

と答へ、然らばどういふ社會國家を望むのかと訊かれて、

井　自分等は現状破壊を任務とするので建設のことは考へてゐない、これは社會の識者に任せる、殊に現下の社會組織の上にある政黨や財閥は憲法を無視している、殊にロンドン條約の大權干犯の責は重い、自分等の改造運動は同志の擴大とか啓蒙と離れて實行あるのみだ、それはいづれを見ても頼むべきものがないので自分等だけで立つほかないと差迫つた氣持になつた、それにには大官顯臣の暗殺以外とるべき途なく尠くとも五人位を倒ふせば社會的大衝動を起し反省するであらう、改造の根本方針としては日本獨自の立場と理論の下に諸組織をたて　陛下の御裁斷あるのみで一君萬民その間一部の人々の壟斷を許さない。

といふ意味を詳述し、裁判長は暗殺が國法に触れることを知つてゐたであらう、國法に従ひと云ふ勅語の御聖旨をどう拝してゐたかと追及され、

井　それはよく存じてゐます、併しこの行詰りに對しては已むを得なかつたので國家卽ち自分といふ考へから一身を顧みなど致しません。

と嚴肅な態度で述べる、（警察思潮社編『五・一五事件の真相：附・血盟団の全貌』警察思潮社）

「自分等は現状破壊を任務とするので建設のことは考へてゐない」と「國家卽ち自分といふ考へから一身を顧みなど致しません」の二センテンスほど、右翼・左翼に関係なく日本のテロリズムの神髄

をいいつくした言葉はないだろう。

そして、「昭和五年（一九三〇年）頃より日本社會に瀰漫し來たり、種々の小事件にその鋭鋒を示しつゝあつた革新的・國民主義的風波は、昭和七年（一九三二年）五月十五日に起こつた事件によつて、その最頂上に達した」（『日本国家主義運動史』）のだった。

いわゆる「五・一五事件」である。

大日本帝国海軍の青年将校たちが総理大臣官邸に侵入し、当時の内閣総理大臣犬養毅をピストルで射殺したものだが、ここでも「我々はまづ破壊を考へた。我々は建設の役をしようとは思はなかつた」（社会評論編輯部編『五・一五から二・二六まで』ナウカ社）という例の神髄が復唱され、同様に助命嘆願運動が澎湃《ほうはい》と沸き起こり、一〇〇万人を超える「減刑嘆願書」を集めたとされる。たしかに、世界恐慌による日本経済へのダメージは、農村の疲弊と中間層の没落を招き、汚職や不正が横行する政党政治への絶望や、財閥に対する不満、特権階級への反感を醸成した。保阪のいう「昭和初期には、動機が純粋であれば何をやってもいいという不思議な空気」は、この時代背景に支えられていたのだった。そこで、青年将校らの決起は、大いに同情の対象とされ、「現代の私たちの目からは刑罰が軽すぎて驚くような判決」（以上、『そして、メディアは日本を戦争に導いた』）も下ったのである。つまり、本来ならば政治家に従うはずの軍部が暴走し、内閣総理大臣を殺害したにもかかわらず、それが正義のための「義挙」とされ、国民やマスコミもおおむねこの流れに乗ったのである。

五・一五事件以降のこの熱狂の渦は、司法機関ですら免れなかった。

司法省の命を受けて東京刑事地方裁判所の検事が昭和十一年（一九三六年）に著した、とある研究報告書のはしがきにはこう記されている。

俗に右翼事件と呼ばれる此等諸事件は、現下の歴史的轉換期に直面する日本の推進力をなす日本精神の流露であつた。本研究中、今次の聖戰に従ひ　滅私奉公　祖國の爲めに勇戰奮闘せられる同胞各位の犠牲勞苦を思ひ、且蓋世の英雄豊太閤も企て得なかつた漢口、廣東の攻略の實現せられたる喜びを味ひ感慨無量なるものがあつた。

事變は今や、東亞新秩序の建設への新時代の出發點に達した。我らが眞に楯とし、武器となすべきは日本精神以外に何物もなきことを痛感するのである。（斎藤三郎『右翼思想犯罪事件の綜合的研究　血盟団事件より二・二六事件まで』司法省刑事局）

これが、曲がりなりにも民主主義国家の法秩序を司る立場の、一行政官が書いたテキストであるとは、にわかには信じがたい。この論法を一言でまとめるなら、「テロを生み出した日本精神こそ我々の守るべきものだ」となってしまうだろう。

そうして、この「我らが眞に楯とし、武器となすべき」「日本精神」は、結局のところ五・一五事件に端を発し、二・二六事件へと至る必然ともいえる動きの中で、民主主義の基本原則であるシビリアン・コントロール（文民統制＝民主主義体制を守るため、政治と軍事を分離し、軍事に対する政治の優越性を確保すること）を内側からものの見事に粉砕してしまった。

事実上の「一国一党」体制をもたらした昭和十五年（一九四〇年）の大政翼賛会の発足とは、「一人一殺」から始まったテロの連鎖が遂には民主主義の息の根を止めた瞬間でもあったのだった。五・一五事件の裁判の陳述で、実行犯は「我々の運動は左傾にあらず、右傾にあらず共産黨を排する事はもちろんながらファッシズムを以て日本を救ふ途なりとする如きは最大の誤謬である」(『五・一五から二・二六まで』)と語ったが、この独善的な所業によって「最大の誤謬」への道が敷かれたわけである。

これは、果たして彼らが夢想したとおりの「あるべき日本の姿」だったのだろうか。


さらに付け加えておくべきことがある。

第二章でも少し述べたが、血盟団事件から二・二六事件へと続く道には、必ず「君側の奸」というテーマが存在していた。

久野収は、鶴見俊輔との共著『現代日本の思想』(岩波新書)で、天皇の権威に対する解釈として、天皇を絶対君主とみる「顕教」と、制限君主とみる「密教」の二つがあるとした。「顕教」は、一般国民が初等教育と軍隊で徹底的に叩き込まれる「天皇を無限の権威と権力を持つ絶対君主とみる解釈のシステム」で、「密教」は、高等教育を経た一部のエリートに限って施される「天皇の権威と権力を憲法その他によって限界づけられた制限君主とみる解釈のシステム」のことである。

つまり、血盟団はもとより、二・二六事件で決起した青年将校たちも天皇を絶対君主と捉えており、一般国民の多くもそれを疑うことがなかったため、日本を覆いつくす腐敗と不正の元凶は、天皇の権威を私利私欲のために利用している「君側の奸」、つまり現在の支配体制の中枢にいて政治を担っている者たち、となる寸法なのだ。

繰り返しになるので詳述しないが、第二章で取り上げた蹶起趣意書のロンドン海軍軍縮条約における統帥権干犯問題も、絶対君主であるとの前提ゆえに彼らの逆鱗に触れるわけで、徹頭徹尾この「顕教」「密教」のダブルスタンダードが災いを呼んでいるのである。

彼らにとって、要人暗殺＝テロは、「君側の奸」を速やかに排除し、絶対君主が日本の津々浦々にまでその大御心を「政《まつりごと》」として具現化する、「天皇親政」(6)をまっとうするための必要不可欠な手段だったのである。それゆえ、結果として、彼らは「天皇親政」を掲げて決起したにもかかわらず、天皇の怒りを買って反乱軍として処罰される悲運に見舞われた。(7)

御一新以来、明治天皇から昭和天皇まで続くこの体制は、テロリズムを胚胎する構造をすでに内包していたといえる。

自分たちが生きている間にこの世界を救済する

さて、これらの要人暗殺＝テロは、「腐敗せる軍部と悪化せる思想と、塗炭に苦しむ農民労働者階級と、而して群処する口舌の徒と……日本は今や斯の如き錯綜せる堕落の淵に死なんとしている」（五・一五事件の檄文）事態をわずかでも好転させることができただろうか。

二・二六事件の首謀者とされる青年将校たちは、非公開、弁護人なしで全員死刑となった。その一方で、軍の上層部ですらブレーキを掛けられない血気盛んな「青年たち（機能的にはまるで極道でいうところの若い衆である）」による襲撃が政治家などに与えた恐怖は計り知れなかった。そうして、軍部の影響力はかつてないほど絶大なものとなった。天皇機関説＝立憲君主的解釈を排撃する「国体明徴運動」が推し進められ、「明治の末年以来、国家公認の申し合わせ事項であった」ものが、「天皇自身の意志に反してさえ、一たまりのなく敗北させられたのである」（以上、『現代日本の思想』）。その挙げ句、陸海軍の大臣は現役の武官に限るという軍部大臣現役武官制が復活（一九三六年〈昭和十一年〉）、シビリアン・コントロールに最初の一撃を加えた。テロの恐怖にさらされていたのは文民だけではなく、「慎重派」とされた軍人たちも同様だった。連合艦隊司令長官として名をはせた山本五十六（当時海軍次官）ですらかつては命を狙われたのである。

しかも、忘れてはならないのは、これらの暴走の背景には、一般国民の凄まじいまでのナショナリズムがあったことだ。テロに次ぐテロはむしろ世論を「覚醒」させるどころか思慮分別などお構いなしに過激化させたのである。この熱狂的な下からのナショナリズムを体制側は上手く利用し、国民が国家の大義のために殉ずる臣民に鋳造されていくこととなる。

小島毅は、大塩平八郎から昭和維新まで連綿と続く「理想の政治」をひたむきに追求するありようを「匹夫《ひっぷ》匹婦《ひっぷ》の良知を信じた性善説、陽明学的心性の陥穽《かんせい》」、「性善説に基づいて、悪い支配者を排除して良い指導者が政権を握りさえすれば太平の世が実現するという、あの夢想」と呼んだ。「だが、それは民衆の怖さを知らない、選民の思い上がりにすぎなかった」と（以上、『近代日本の陽明学』）。

つまるところ、彼らは動機という点では純粋だったかもしれないが、要人暗殺＝テロそのものについての合理性や変革の実現可能性に対する認識は乏しく、そのあまりの無計画さ、無鉄砲さゆえに、結果として、軍部や財閥など既得権を持つ者らをさらに肥え太らせる貧乏くじを引いてしまったのである。

これは、一連のテロの先駆けとなったといわれる神州義団団長、朝日平吾による安田善次郎暗殺事件からまさにそうだった。この「大正維新」を高らかに宣言する白昼の凶行とその後の顚末に、すでに「昭和維新」の挫折が刻印されていたといって良いだろう。

この事件が、世間を震撼し《ママ》、政財界や右翼に与えた影響は、はかりしれないものがあった。財界は、この後右翼ややくざの寄付金強要にも恐れて、金を出す習慣ができ上り、現在に及んでいるといわれる。

右翼は、大っぴらに財閥を資金源とするようになったのである。

が、このテロが、連鎖反応のように次々とテロを生み出す。朝日のテロに影響を受けた右翼のテロリストの数は多い。原敬暗殺事件の少年中岡良一から五・一五、二・二六事件の青年将校たちにまで及んでいる。やがて時代は、朝日の叫んだようにただ一人葬れという、一人一殺の血の嵐に包みこまれるのである。（森川哲郎『暗殺百年史《テロリズム》』図書出版社）

朝日は、「死の叫び声」と題する遺書で「大正維新を実行すべき天命を有せり而して之を為すには先ず第一に奸富を葬る事。第二に既成党を粉砕する事。第三に顕官貴族を葬る事。第四に普通選挙を実現する事。第五に世襲華族世襲財産制を撤廃する事。第六に土地を国有となし小作農を救済する事。第七に十万円以上の富を有する者は一切没収する事。第八に大会社を国営となす事。（略）等より染手すべし。最も最急の方法は奸富征伐にしてそは決死を以て暗殺する外に途なし」とその理想社会を披瀝したが、それがまったく逆の結果をもたらしたのは先に述べたとおりだ。すなわち「社会事業に対して金を出す事を好まない財閥に対する反感も手伝って、右翼からは同情され、強く賛美され、テロリストの虚像が創られたのである」（『暗殺《テロリズム》百年史』）。

これには当時のジャーナリズムや大衆がこぞって朝日を「持ち上げた」ことが暗い影を落としている。

事件直後に出版された米山隆夫『黄金王の死』（時事出版社）にその異様な状況の一端が記されている。

米山は、安田善次郎暗殺事件について、最近私が最も驚いた事件だと語り、「第一には、大戦後急激に思想的に目覺めたと云はれてゐる大正の新文化時代に、封建時代の遺物と云つても可い暗擊の蠻擧を見た事に驚いた」とし、「そして其次には、後から後からと新聞紙上に續出した安田翁關係の新聞が、大抵翁の吝嗇を漫罵したものばかりで埋められてゐるのを見て、更に更に驚いた」と困惑する。それだけではない。加えて「天下の一般富豪に對し、所謂戒告を與へて、お前達も社會公共の爲に出金しないと危險だぞと言はんばかりの刺戟的な文字を滿たして居たのを見て暗然として面を蔽ふの外は無かつた」と嘆息した。

然るにさも安田はケチな爲に殺された、だからお前達も氣を付けろと云ふやうな筆鋒で、物を言ふことは、此際言論文章の輩の力めて愼まねば成らぬ所であつて、若しそんな事から、更に第二第三の安田事件に似たやうなものが起つたらば、其責任は實に不謹愼な其の文筆の徒にあるの

である。（同前）

この文章が書かれたのは、自序をみる限り大正十年十月十八日とある。その翌月には原敬暗殺事件が起こっているので、米山の不安はすぐに的中してしまった。日本のテロリズムは、徹頭徹尾これらの負の遺産を受け継いでおり、戦後から現在に至るまで朝日平吾から始まり「二・二六」でいったん閉じる、このひたすらに暴走する「日本精神」の影響を免れていない。それは、あたかも日本人の日常意識としてある「なるようになる」（楽観主義）と「なるようにしかならない」（宿命論）が、暴力主義という形で先鋭化してしまった悪しきお手本のようにも思える。そこには、残念ながら地道に社会を変えていこうとするたぐいの努力や忍耐は存在しない。「そんな時間はない」「現状破壊こそが必要だ」と息巻くだけで、その暴力が社会変革につながるかどうかに関しての精緻な計算に欠き、カール・シュミットのいう政治的ロマン主義――「自らの美学の投影に過ぎない理想の国家を取り戻そうとする復古主義」――に浸りきっている。つまり、まるで堅牢な監獄にハッパをかけて爆破を試みる脱獄囚のように、一切合切が大破壊によって解決されると信じているのだ。少なくとも自らを犠牲にすることで、皆が皆「腐敗した社会」という監獄から解放されて幸せになれることを毫も疑っていない。

こんにち「天皇親政」の夢は、圧倒的なマイノリティとなった。

しかし、オウム真理教事件に象徴されるような別の何かを担ぎ上げた、テロリズムによる救済計画の可能性がでてきた。一九七〇年代まではそれはコミュニズム（世界共産主義革命）だった――赤軍派（共産主義者同盟赤軍派）や東アジア反日武装戦線〝狼〟などの武闘派左翼によるテロ事件にも、近代の呪縛（帝国主義と資本主義）を打倒して地上の楽園を志向する、（反植民地主義的ともいえる）先の「日本精神」がにおう――が、これは、いうなれば、「天皇親政」を掲げていないだけで、やはり別の何かによる救済計画に過ぎない。二十一世紀に至って、もはや日本では、どのような者たちが救済計画を企てても、「天皇」の機能を代替したとしても、おかしくはない時代に突入した。これらに吸い寄せられてきた若者たちの本音はこうだ。「自分たちが生きている間にこの世界が救済されなくてはならない」。だから「時間がない」のだ。だから一瞬で片が付く（かに見える）「暴力主義」という形態を取るのだ。だが、これは（民主的な手続きを経たわけでもないのに）自分たちこそが「世界を作り変える」救済の担い手であるぞ、という根拠のない虚妄に過ぎない。

われわれの社会がさまざまな場面において曖昧な態度に終始する限り、日本的テロリズムは潜在的な脅威として確実に受け継がれていくことになるだろう。

思い返せば、関東大震災（一九二三年〈大正十二年〉）の戒厳令下に起こった酸鼻極まりない数々の〝テロ〟事件――憲兵隊や警察による社会主義者らの虐殺事件（甘粕事件、亀戸事件）および自警団などによる朝鮮人・障害者・被差別部落民らの虐殺事件――が、いずれも「愛国心」ゆえの〝行き過ぎ〟であったとして「軽い罪」として処理されたことが最初の「決壊」であったのだろう。つまり、「動機が〝世の中や国を憂う〟純粋なものであれば多少の暴力も許される……、動機さえ間違っていなければ情状酌量の余地があるとされる……」と。

大ざっぱにいえば、リベラルデモクラシーの社会とは、本来、話し合いに話し合いを重ねて最悪の選択を避けようとする遅々として進まない「えらく時間のかかる」システムだ。よって、それらをすっ飛ばしてしまう「短絡が起きかねない」暴力主義やファシズムへの警戒を怠ってはならず、また、それらによる動揺からわれわれの社会を護持していかなければならない。

それゆえ、これらのテロは、普通に考えればリベラルデモクラシー国家や公器であるマスコミが最も忌むべきもののはずだ。

しかし、宮坂がいうように「戦前の暴力が、戦後の学校教育でテロとして断罪されることも、また歴史的に明確に意味付けされることもなかった。学校教育には未曾有のテロの時代から何らかの教訓を引き出し、若い世代に伝えようとする意志が欠けているように思えてならない。軍国日本の破滅は、もちろんさまざまな要因や出来事が絡み合っているが、統治体制の内外から発生したテロ行為を国をあげて断罪できない体質も、破滅に至る一つの要因であった」(『日本はテロを防げるか』)のである。

われわれの足元に眠る幾千万もの名もなき証人の声を拾い集めること——そういった猛省から始まる認識こそが日本のテロリズムについての正しい読みを可能にするだろう。

第七章

自爆攻撃とカミカゼの狭間で

自爆犯に関する噂がある。もちろん、あくまで噂に過ぎない。私が耳にしたものの一つに、シリア国境を越えてやって来る自爆志願者が多すぎて、任務の数が足りないというものがある。前が詰まって先に進まない、いわばボトルネック状態になっているというのだ。組織のリーダーは彼らに番号をつけてから、いったん帰国させ――アンマンやダマスカスへ――そこで電話が来るまで待てと指示を出す。そして、たとえばこんな電話がかかってくる。「二十七番、お前の番が来たぞ。行け」この噂は本当のような気がする。というのも、実際に自爆犯の数が多すぎて、足跡を追うのが困難だからだ。イラク侵攻後の最初の五年間で、九百人以上が自爆している。

デクスター・フィルキンス

（『そして戦争は終わらない　「テロとの戦い」の現場から』

有沢善樹訳、ＮＨＫ出版）

日本はまさに危機である。しかもこの危機を救いうるものは、重臣でも大臣でも軍令部総長でもない。むろん自分のような長官でもない。それは諸氏の如き純真にして気力に満ちた若い人々のみである。従って自分は一億国民に代わって皆にお願いする。皆の成功を祈る。皆は既に神であるから、世俗的な欲望は無いだろうが、もし有るとすれば、それは自分の体当りが成功したかどうかであろう。皆は永い眠りにつくのであるから、それを知ることは出来ないであろう。我々もその結果を皆に知らせることは出来ない。自分は皆の努力を最後まで見届けて、上聞に達するようにしよう。この点については皆安心してくれ。しっかり頼む。

大西瀧治郎中将（特攻隊・敷島隊員への挨拶、昭和十九年十月二十日）

戦時国際法を知らなかった日本兵たち

「あの、悪いけど、自爆テロと特攻は違うよ」

「同じだろ。要するに、洗脳されてたわけだろ」

「いや、違うよ。特攻の標的は航空母艦だ。空母は殺戮兵器なんだよ。無差別に民間人を襲う自爆テロとはまるで違う」

「そういう枝葉のことじゃなくてさ、信念のために命を捨てるって思想の根本部分の話。いいか、外国人から見たら、特攻と自爆テロは一緒だろ。狂信的愛国者にすぎないって」

「いや、だからさ……」

「俺、特攻隊の遺書とか読んだことあるんだけどさ、国のために命を捨てることを誇りに思ってんだよ。まあ一種のヒロイズムだな、あれは」

「いやいやいや。申し訳ないけど、それは全然分かってないよ」

「お前さ、司法試験落ち続けて、自分が何者か分かんなくなっちゃってさ。自分のアイデンティティ探して逃避してんだろ」

「だから違うって、言ってんだろ！」


映画『永遠の0』（「永遠の0」製作委員会）

二〇一三年十二月に全国公開され、観客動員数七〇〇万人を記録し、二〇一四年邦画興行収入のトップ（文化通信社調べ）を飾ったこの映画の会話には、実は「自爆攻撃」と「カミカゼ」をめぐる重要な問いがほぼでつくしている。

９・11事件のとき、米国のマスメディアは口々にkamikaze attackという代名詞を用いて、ツインタワーへの旅客機の突入とその後の崩落のスペクタクルについて論じた。それら一連の任務自体をkamikaze missionsと呼ぶケースも多く、なかには実行者たちをkamikaze pilotsと表現する場合もあった。日本では、特にまだ戦争の記憶が残っている世代を中心に、こういった代名詞の使い方を「言葉の濫用」とみなして、「神風特別攻撃隊と自爆テロを一緒くたにしている」「戦争とテロを同列に語るとは何事か」とする意見が一部で噴出した。ただし、注意しなければならないのはkamikaze attackは、すでに英語圏では普通名詞と化していて、中東地域（アラビア語、ヘブライ語など）でも「自爆攻撃」をkamikaze attackもしくはkamikazeと一言で表現していることだ。

その意味するところは、「無謀な、殺人的な」（『プログレッシブ英和中辞典　第４版』小学館）、「向こう見ずな、自殺的な、無謀な」（『新英和中辞典　第６版』研究社）という行為の形容である。つまり、このkamikazeという語句からは、その行為者に対するネガティヴな評価があらかじめ含意されているというわけだ。米国人からみた「野蛮」のイメージに、９・11事件という「卑劣な犯行」と真珠湾に対する奇襲攻撃から神風特別攻撃隊に連なる「卑劣な日本人＝dirty jap」との戦いを重ね合わせているのではないか……、と。

これは、たしかに一面の真実であろう。

『永遠の0』は、フリーライターの女性と〝司法浪人〟のその弟が、特攻隊員として沖縄・南西諸島沖で亡くなった祖父・宮部がどんな人物であったかを、彼の生前を知る元特攻隊員たちを訪ね歩くなかで少しずつ浮き彫りにしていくというストーリーだ。

作り手の立ち位置は明確だ。「なぜ先の大戦はこんなにも人命を軽んじたのか」――これである。宮部は、ある者からは臆病者、卑怯者と罵られ、ある者からは命の恩人、真の英雄と称賛される。要するに、毀誉褒貶《きよほうへん》が激しいのだ。それは、この人物が今の言葉に直すと「搭乗員の人命第一主義」を愚直に貫くヒューマニストであったからである。ここで、すでにクエスチョンマークが付く人がいるだろう（あの時代にそんな発想が？　と）。宮部は、もともと優秀な戦闘機の搭乗員として知られていたが、戦況の悪化とともに無茶な作戦が続くなかで、（やれることなどほとんどないと思われるが）できる限りの抵抗を試みようとする。指導教官となった際に、若い学徒兵の搭乗員の特攻出撃になかなか「可」を与えず、逆に恨まれてしまうエピソードがまさにその一つだ。宮部は、事故死した学徒兵を「軍人の風上にもおけない不忠者だ」と吐き捨てる上官に対し、「それは違います。彼は立派な男でした」と返したがためにボコボコに殴られる。

戦争末期になると、宮部は、旅立ってゆく教え子の搭乗員たちのことが無念なことと、自分が彼らを送り出す側になったことへの後ろめたさからノイローゼに陥る。「（教え子たちは）みんな、こんなことで死ぬべき人間ではなかった。戦争が終わった後の日本のために生き残るべき人間だった」と。これは、実際にあった出来事かどうかは別にして、宮部という当時の時代においてかなり特異なキャラクターを造形することによって、「人命軽視の戦い」を強いられた搭乗員の苦悩とそれを指揮した軍部の思考停止ぶりを焙りだし、先の大戦を（現代人である孫をとおして）「ヒューマニズムの視点から徹底的に批判する意図」で作られていることは間違いない。(1)

つまり、特攻隊は「人命軽視の戦い」の最たるものであり、完全な誤りであったという至極現代的ともいえる評価の仕方である。

なので、巷間語られているような「特攻隊を美化している」云々との批判は当たらない。恐らくは鑑賞せずに誹謗中傷のごとくなされたものと思われる。

ただ、これが計算どおりに観客に伝わったかどうかはともかくとして、後半の展開をみる限りは、主人公らの悲劇性を高める触媒のようになってしまっている。つまり、「当時はかくかくしかじかでどうしようもなかった」というところから、「人為」（国家による非人道的な意思決定）による取り返しのつかない過ちが、素早く「運命論」的なカタルシス（国家の一大事にわれわれは何ができるか）に置き換わるのである。このスピードが早いので反省の契機はすぐに「感動」に取って代わられ、せっかくの批判精神がややもすると「顕彰」のみに回収されかねない。

しかし、これは観客のポテンシャリティを穿《うが》ちすぎた杞憂だろうか。

「人為」による取り返しのつかない過ちとは、次のような国家の上層部の退廃にあった。

あの戦争はある時期から軍事の次元を越えて美学の領域に入った。あるいはカタルシスの世界へ入った。政治・軍事指導者はひたすら日本国民を幽閉状態にしておき、思考も感性も、そしてその発想も「一億玉砕」とか「一億一心」「本土決戦」という語に収斂《しゅうれん》しようとした。美学に入ったという意味をわかりやすくいうならば、すべて自分の考えで決まるのであり、客観的な事実などは存在しないという次元に落ち込んでしまったということだ。近代日本にあって、昭和十年代ほど指導部に列した政治家や軍人のレベルが下がったことはない。なにしろ哲学や思想がまったくなかったといっていいからだ。特攻世代はまさに近代日本の指導者たちの犠牲者だ。（保阪正康『「特攻」と日本人』講談社新書）

「軍事の次元を越えて美学の領域に入った」「客観的な事実などは存在しないという次元に落ち込んでしまった」――は、全体を俯瞰するうえで非常に重要な見立てであり、第六章でみた自己犠牲的な破壊によって「国体」に帰依するロマン主義そのものだ。日本全体が止め処なくロマン主義に染め上げられたということでもある。

ここで、冒頭に挙げた台詞の一つ「特攻の標的は航空母艦だ。空母は殺戮兵器なんだよ。無差別に民間人を襲う自爆テロとはまるで違う」に戻ろう。

これはよくなされる反論だと思われる。

冷泉《れいぜい》彰彦は、作中の「特攻は自爆テロではない」という主張自体は、「戦時国際法に基づく戦闘行為と、個人による政治的な殺人行為とは質的に異なるのは事実」であり、間違ってはいないとはしつつ、次の問題点を指摘する。

ですが、いかに戦闘行為の一環であったとしても、20世紀という時代に公式の軍事作戦として、国軍の正規の作戦命令として「自爆攻撃」を強いたというのは、第二次大戦末期の大日本帝国だけであった、これは大変に重たい事実です。そして、そのような作戦を採用したという事実は、公的にも私的にも強く否定されなくてはなりません。また戦後の日本と日本人は実際に強く否定をしてきたのです。そのことが日本の国際的な信用につながっています。

この種の「特攻隊への畏敬」思想があるレベルを超えて社会現象になってゆくことは、そうした日本と日本人への信用を損なう可能性があります。もっと言えば、日本の孤立を招き安全を揺るがせるような形で戦没者の「名誉回復」が志向されるようでは、戦没者の魂に対して著しく非礼であるようにも思うのです。

特攻隊にしても戦没者一般にしても、その個々の犠牲に対する畏敬は失ってはならないと思います。ですが、個々の犠牲への畏敬の念を考える余りに、「犠牲に対する尊敬のためには作戦や戦争の全体も肯定しないといけないのではないか?」と考えるのは誤りなのです。

改めて申しますが、そこにはジレンマがあるのです。「戦争や作戦は否定しなくてはならないが、個々の犠牲には畏敬の念を抱く」というのはジレンマです。ですが、戦後という時間に生きる我々は、そのジレンマを背負わなくてはならないのです。どうしてかというと、先の戦争で日本は負けたからです。敗戦国が、負けた戦争の正当化をするということは、名誉回復へ向けた闘争を宣言することになるからです。(2)

冷泉のいう「戦争や作戦は否定しなくてはならないが、個々の犠牲には畏敬の念を抱く」というジレンマは、いかなる戦争にも付きもののトラウマでもある。米国のベトナム戦争からイラク戦争へと至る「非対称戦争」の歴史は、それらのジレンマとトラウマのいわば見本市だ。これが一個人に心的外傷後ストレス障害（ＰＴＳＤ）という災厄をもたらすことはよく知られている。つまり、「戦場」では許された行為（称賛すらされたかもしれない）が、のちに下される「戦争全体」への評価で、（国際法や人権などの視点から）恥ずべき残虐行為へとランクし直されるからである。

しかし、東電福島第一原発の事故による放射能汚染を「国の原子力政策」「東電の経営体質」に対する批判と、「現場の作業員や技術者」への労《ねぎら》いに分別できるように、直接の当事者ではない「大多数の者」にとってはそんなに困難な作業でもない。もちろん、戦争には戦時国際法があるので個々のケースごとに検証しなければならないが、それでも「戦争」や「作戦」自体の失敗と、政治家や軍人の階層ごとの責任の度合いを、「畏敬の念」を失わずに仔細にみていくことは可能である。ノモンハン事件・太平洋戦争を組織分析の視点から検証した『失敗の本質　日本軍の組織論的研究』（中公文庫）[3]は、その成功例の一つだ。

特攻作戦に反対したことで知られる美濃部正少佐が、「特攻作戦をエモーショナルに語ってはいけない。人間統帥、命令権威、人間集団の組織のこと、理性的につめて考えなければならない。あの愚かな作戦と、しかしあの作戦によって死んだパイロットとはまったく次元が違うことも理解しなければならない」（『「特攻」と日本人』）と語ったことはまさにこのスタンスを表している。

だが、ここでいったん蒸し返さなければならないことがある。

それは（恐らく紙幅の関係上）冷泉が詳しくは触れなかった、日本軍が「戦時国際法に無頓着だった事実」である。

冷泉は「戦時国際法に基づく戦闘行為と、個人による政治的な殺人行為とは質的に異なるのは事実」と書いたが、欧米人、なかんずく米国人を動揺させたのは、特攻作戦が開始される以前から目撃していた「玉砕」という、常軌を逸した、もはや作戦の体をなしていない「集団自殺」の奨励であった。自国軍の劣勢が確実で、降伏以外に選択肢がないにもかかわらず、ただ殺されるためだけに「バンザイ」と雄叫びを上げて銃剣突撃する——近代戦において、こんな無茶苦茶な不文律を強いた国家は前例がない。しかも、大本営は「玉砕」＝「玉となりつつ砕けよや」という語を、「全滅」の悲惨を婉曲《えんきょく》的に言い換えるために用いたのだ。いわば兵站なき消耗戦の末路を「皇軍の模範」として美文調に歌い上げるための〝ニュースピーク〟(4)なのであった。この異様極まりないドメスティックな論理は、「日本軍とは、戦時国際法を順守するわれわれの世界からは何光年も隔たったところにいる理解しがたい者たち」との印象を強めるだけだった。

日本の兵士たちは、〝戦時ルール〟というものを全く知らなかった。一兵卒はもちろんのこと、士官養成学校でも教えられることはなかった。

（略）

真珠湾攻撃の際、「特殊潜航艇部隊」として参戦した酒巻和男という海軍軍人がいる。酒巻は、特殊潜航艇に乗ってアメリカ軍基地に侵入を試みたが、攻撃を受けて人事不省となり、アメリカ軍に捕まってしまい、「捕虜第一号」となってしまった。

そこで、彼は初めてアメリカ軍から国際条約に基づく捕虜の扱いの説明を聞き、「そんなものがあるのか」と、驚いてしまったという。（保阪正康『あの戦争は何だったのか　大人のための歴史教科書』新潮新書）

保阪は、「日本兵にとっては、『生きて虜囚の辱を受けず』だけである。だから、アメリカ人を捕虜にしたら、拷問を加え、なぶり殺しにしてしまうことすらあった。同じ発想から玉砕も行われてしまうのだ」（同前）と述べ、この端から「戦時国際法」を無視した「玉砕」体質が、すでに「特攻隊」を準備する下地だったことを浮き彫りにした。

この日本兵による「自爆」が初めて顕在化したのは、最初の特攻隊編成から遡ること二年前のガダルカナル島の戦いだった。

〔第一海兵師団長の〕ヴァンデグリフト少将は（略）、海兵隊司令官ホルコム中将に宛《あ》てた手紙で、その驚きをこう記している。

「将軍、私はこんな戦闘の仕方を見たことも聞いたこともありません。日本兵は降伏することを拒むのです。進んで自爆しようとしたり、手榴弾《てりゅうだん》で粉微塵《こなみじん》になろうとするのです」

（NHK取材班編『太平洋戦争　日本の敗因〈2〉ガダルカナル 学ばざる軍隊』角川文庫）

米軍が作成したガダルカナルの「捕虜尋問調書」には、今からは想像がつかない身の毛がよだつような真実が記されている。

「捕虜は自分たちが『戦死』と見なされており、日本での市民権はもうないと信じている。日本では軍規定により、捕虜となった日本人を認めないという。このため戦後捕虜交換が行われ日本に帰国できても、家族や友人から『不名誉』として追放されるためもう日本には住めないだろうという。ともかく軍法会議にかけられることは間違いなく、死刑になるか、捕虜の受け入れを許す国に追放されるか、どちらかであり、いずれにしても家族との繋《つな》がりは断ち切られるだろう、という」(同前)

普通に考えれば、捕虜になることは許されないという不文律があったところで、栄養失調やマラリアなどで動けなくなった場合、自爆する体力のない者たちは当然捕虜になる。しかし、捕虜になった場合の規定など何もないので、一宿一飯の義理ではないが、「捕虜たちは、自軍の装備や武器のことなど何でもペラペラ話して」(同前)しまうことになる。これにも米軍はショックを受けたという。

ここで追記しておきたいのは、第六章で取り上げた久野収の顕教・密教のダブルスタンダードがここでも顔を覗かせていることだ。戦時国際法を国家の上層部が知らないはずはない。けれども、現場の兵士の士気を鼓舞するために現実離れした「戦陣訓」=「生きて虜囚の辱を受けず」に頼った。この場合「戦陣訓」は顕教であり、戦時国際法は密教である。科学的な合理性からまったく不可能な「負け戦」に臨んでもらうためには、「戦線を離脱できるかもしれない余地を与える」ルールは極秘事項=密教とならざるを得ない。寝た子を起こすな、というわけだ。

この人を馬鹿にしたような二面性は、本土決戦の前段階でも「一億玉砕」と「国体護持」というマジックワードで登場することになる。

「きわめて民度の低い、非近代的国家」

「特攻の標的は航空母艦だ。空母は殺戮兵器なんだよ。無差別に民間人を襲う自爆テロとはまるで違う」――これは本当にそうだろうか。

特攻作戦に関する議論では、往々にして「戦争行為」と「テロ」は違うことが前面にでてくるが、かつて特攻作戦の標的にされた米軍、ひいては米国人の関心は全然そこにはない。彼らの関心はただ一つ、「なぜ彼らは人の命を兵器化することにためらわず、むしろ自ら進んでその狂気に殉じようとするのか」――だ。細かくみていくと、ここには二つの戦慄がある。一つは、人の命を兵器化すること（現代風にいえば、生身の身体を爆弾やミサイルにビルトインする、いわゆる人間のハイテク誘導装置化）の不可解と、もう一つは、それが国家や組織が命じる正式な作戦として採用されたことの不可解である。冷泉のいう「20世紀という時代に公式の軍事作戦として、国軍の正規の作戦命令として『自爆攻撃』を強いたというのは、第二次大戦末期の大日本帝国だけであった」という痛ましい現実である。

これが米国人をして「自爆テロ」と「カミカゼ」が同義になる次元なのである。

日本人は、この「作戦としてどれだけ異常であったか」ということに鈍感になりがちだ。

だが、これにはちゃんとした理由がある。われわれが戦後社会の空間で摂取してきた情報は、おおむね次のような、正当な検証にさらされていない決まり文句に覆われているからだ。「特攻隊のおかげで今の日本がある＝国のために一身を犠牲にした偉人」「特攻隊は窮地に追い込まれた日本の最後の手段だった＝物量において劣る日本軍が取った〝やむにやまれぬ〟戦法」等々、そこでは批判的な分析やそのプロセス全体に関する本質的な議論は、表立っては聞こえてこない。さらに始末に負えないのは「英雄」か「狂信者」か、という二者択一を迫る論調だ（この種の見方が変なのは、例えば、世の中の人々を善人と悪人で綺麗に色分けできるという異常さに気付かない点だ）。また、教育の現場でも、太平洋戦争のワンシーンとして説明されるので、すでに「やむにやまれぬ」というレベルにおいて肯定的なのだ。つまり、ここでも、人為による戦争が自然災害とみなされる例の操作が働いている。

特攻作戦のそもそもの経緯をみてみよう。

第一航空艦隊司令長官大西瀧治郎中将によって発動されたこの航空特攻作戦は、当初、栗田艦隊のレイテ湾突入の支援作戦として、一週間くらい敵空母の甲板を使えなくすることを狙いとする時限的な作戦に他ならなかった。しかし、この特攻作戦の戦果が、通常の攻撃と比較して予想を遥かに越えた大きなものであったことから、これに気をよくした指揮官たちの「受容性」を巡る判断を背景として、以後、「統率の外道」（大西瀧治郎中将）と目されながらも、その一方では、この時代の日本人の持つ皇国教育によって植え付けられた死生観を巡っての特殊日本的パラダイムに支えられて、次第にエスカレートする宿命の作戦へと変質して行ったのだ。（森本忠夫『特攻外道の統率と人間の条件』光人社ＮＦ文庫）

当初は、連合艦隊の起死回生を狙った決戦場で、その時期にだけ敢行される文字どおりの「特別攻撃」であったものが、米軍に予想外の甚大な被害をもたらしたため、「通常攻撃」として運用し始めたというわけである。つまり、「米軍のレイテ湾上陸阻止という限定された作戦目的から、全軍特攻へのさらなる非情の選択へと踏み出したのである」（森史朗『特攻とは何か』文春新書）。「この時点から、（略）『帝国勝敗の岐路に立ち』という具体的な戦術目標がなくなり、『悠久の大義』といった抽象化された観念が指標となった」（同前）のである。しかも、第一陣の特攻隊の編成からすでに「志願」とは名ばかりで、「むしろ志願であるとして軍上層部は責任のがれを図るが、現実には『命令』という状態であった」（『「特攻」と日本人』）という。ここで付記しておかなければならないのは、仮に全員が自由意思に基づく「志願」であったとしても、それが近代国家の軍隊の「通常攻撃」として正式に承認され、実際に約一〇カ月にもわたって行なわれた、という動かしようのない事実だ。レイテ戦以前から各種特攻兵器（新兵器と呼ばれていた）の開発・製造は、すでに大本営が国家プロジェクトとして着々と準備を進めており、本土決戦では、陸・海・空で数百万人規模の特攻作戦を大真面目に検討していたのである（決号作戦）。

つまり、われわれが直視しなければならないのは、本来であれば自らの命に代えてでも守らなければならない同じ国家の兵士（同胞・戦友）を、「十死零生」の鉄砲玉としていとも簡単に敵艦に送り込んでしまえるその「精神構造」が、彼ら（米軍）にとっては相当に理解不能なもの、異様なものと受け止められていたということである。

「自分の体を、相手にたいして死をもたらすと同時に自己の命をも断つような弾丸として使用することを主唱する、狂信的で死に物狂いの戦闘について、私は語ることができない。あのパイロットの顔は今日まで私の脳裏を去らない。（もし、われわれが戦わなければならない場合には）人びと自身を、相手に死をもたらす人間ミサイルに仕立てあげ、その結果、人びとをそれ以上、各自の祖国にとって役立たなくさせるよりは、戦って生きのび、さらにもう一日戦う方がどれほど立派なことだろうか」（デニス・ウォーナー、ペギー・ウォーナー、妹尾作太男『ドキュメント神風〈中〉』妹尾作太男訳、徳間文庫）

これがリベラルデモクラシーを標榜する米国軍人の率直な感想ではなかったか。

それゆえ、実態としては「疑似志願」（森本忠夫）であったにもかかわらず、当時の米軍上層部は自由意思に基づく志願だと推測することとなり、兵士のなかには『永遠の0』の若者のように「狂信的愛国者」、つまり「狂気」にカテゴライズして理解する者もいた。米海軍中佐が「彼らの命は安く、彼らは命を捨てることなど問題にしていない」（『ドキュメント神風〈上〉』）などという報告を行なったのはそういった認識があったからだ。

彼らの日本人像は、「一九四三年、一九四四年（昭和十八、九年）になると、きわめて民度の低い、中世的な文化に没入している非近代的国家という見方で統一されている。それにしても体当たり攻撃を想定していなかったために、のちになおのことその認識を深めるとともに戦術の建て直しも進めるに至っている」（『「特攻」と日本人』）。

繰り返しになるが、われわれの祖国が、かつて近代軍にあるまじき、もはや作戦と呼ぶに値しない「死の強制」（自ら進んで志願する自由はあっても、志願しなくて良い、つまり特攻機への搭乗を拒否できる自由がなければ、それは実質的な強制をしか意味しない）を前提にした、「統率の外道」（大西瀧治郎）という側面に目をつぶり、「自己犠牲の物語」として安易に感情移入の対象としてしまうことは、「失敗の本質」と向き合わずに素通りすることであり、再び同じ轍《てつ》を踏むことにしかならないだろう。

ヘーゲルの有名な一節。「歴史は繰り返される。一度目は悲劇として、二度目は茶番（farce）として」にならえば、次は間違いなく茶番としてやってくる。

自己犠牲によって西洋の凡庸さから救われる

「自爆テロ」と日本人を結び付ける糸は、実はもう一つある。

それは、「自爆テロ」のルーツに日本人が影を落としているからだ。

連合赤軍によるあさま山荘事件の三カ月後の一九七二年五月に発生した「アラブ赤軍」（のちの日本赤軍）によるテルアビブ・ロッド国際空港での無差別乱射事件である（その三カ月後にはミュンヘンオリンピック事件が起きた）。

この日、岡本公三、奥平剛士、安田安之の日本赤軍の三人が、空港到着ロビーでプエルトリコの聖地巡礼団に小銃を乱射し二八人が死亡、八二人が負傷するテロ事件が起こった。奥平、安田の二人は手榴弾で自爆（一説にはイスラエル兵により射殺）し、岡本だけが逮捕された。

この事件は、二つの意味で、テロ史上画期的な意味を持つことになった。第一に、同事件が初めての自殺テロであったこと。第二に、国際テロの連帯を世界に知らしめたことである。（加藤朗『テロ　現代暴力論』中公新書）

加藤朗は、「今でこそ、自殺テロは当たり前のように考えられているが、近代テロの歴史を振り返ると、死ぬことを前提にしてテロが行なわれたのは日本赤軍のテルアヴィヴ空港襲撃事件がはじめてである。（略）八〇年代以降中東をはじめスリランカやインドでも自殺テロが起こるようになったが、いずれもその起源はテルアヴィヴ空港襲撃事件にあると思われる」（同前）と、この事件が世界中の抵抗運動やその活動家たちにもたらした衝撃の大きさを強調している。たしかに、この日本人によるパレスチナ人への「連帯」を示した無差別攻撃は、ただ一人生き残った岡本を一躍アラブ世界の英雄に祭り上げ、中東全域のさまざまな世代に波及するほどのインパクトを持っていた[5]。

加藤は、立花隆が9・11事件直後に発表した論文[6]で、自爆攻撃のルーツを日本赤軍に求めていることについても触れ、「立花は、日本赤軍リーダーの重信房子の『殺すということは、自分の死を代償とする以外にはありえないのである』との言葉を根拠に、『そこ（テルアヴィヴ空港襲撃事件）には、自分の生命と引きかえなら相手を殺してもよいという日本的テロリストの美学が働いていた』（略）

と解釈している」とし、その根拠に「実際、重信自身がテルアヴィヴ闘争で自爆の必要性を主張し、『自爆の必要はない、奪還闘争を待て』（略）とするＰＦＬＰとの間で戦術上の相違があった」（同前）ことを挙げている（つまり、ＰＦＬＰは重信らに協力的だったが、組織としては自爆攻撃を採用しなかった）。

そして、立花の「日本的テロリストの美学」という捉え方ついて、「重信の父親が影響を受けていたといわれる血盟団の井上日召（略）ら日本の右翼の一殺多生を彷彿とさせる。実際、思想こそマルクス主義と国家主義の違いはあるものの日本赤軍の行動や心情は、五・一五事件や二・二六事件に関係した右翼や、革命を支援するために中国に渡った大陸浪人と変わらない」（同前）と同意を示した。[7]

だが、イスラーム過激派にはもともと「自爆」の伝統はない。

ハイジャックや爆弾テロなどの戦術は、あくまで生還することが前提であり、非常に合理的に考え抜かれて実行されていた。

それに、イスラームの教えは「自殺」を固く禁じている[8]（ムスリムの身体は各個人の所有物ではなく、アッラーからの信託とされており、自らを殺めることは、アッラーからの信託に対する裏切りを意味する）。

このハードルを超えることはたやすいことではない。

加藤は、八〇年代以降、イスラーム過激派による自爆攻撃が「解禁」となり、その手法が広く採り入れられるようになった背景として、先のテルアビブの事件が「第一」の理由としながらも、少なくともさらに二つの理由があったとしている。

「第二は、八〇年代前半のイラン・イラク戦争におけるイラン軍のカミカゼ攻撃。兵器で劣勢に立たされたイラン軍が、少年兵士に人間地雷探知機として地雷原を啓開《けいかい》させたといわれる。このシーア派の戦術が自爆テロに影響を与えたと考えられる」（同前）。

そして、第三は、それが「合理的な手段」として了解されたことだ。

これには説明がいる。

日本赤軍の有志による自爆攻撃からおよそ一〇年後、一九八三年四月にイスラエルの南レバノン侵攻時に起こったベイルート・米大使館爆破事件が、イスラーム過激派による自爆攻撃の嚆矢《こうし》となった。米大使館に一台のワゴン車（約二〇〇キロの爆薬を積載）が玄関を突き破って侵入し、運転手とともに大爆発。ＣＩＡの中東局長など米国人一七人を含む大使館職員六三人が死亡し、一二〇人が負傷した（イスラーム聖戦機構が犯行声明。ヒズボラの関与が疑われている）。

その後も同様の手口の自爆攻撃が続き、米国人は合わせて二五〇人以上が犠牲となったため、翌年には国際平和維持部隊として展開していた米軍などが撤退を余儀なくされた。

このことは、各地のイスラーム過激派の諸勢力にとって、相当なエポックであったことは想像に難くない。

ジル・ケペルはいう。

できるだけたくさんの敵を殺すためにすすんで自分の命を犠牲にするジハード戦士という政治的人物像はまずイランの革命的シーア派世界のなかでつくりあげられ、それがヒズブッラーによってレバノンに移植された。ついで一転してハマースによってスンナ派にもたらされ、最後にアル＝カーイダにたどりついて、二〇〇一年九月一一日にその極点に達する。（『テロと殉教　「文明の衝突」をこえて』丸岡高弘訳、産業図書）

しかし、ここで改めて参照しなければならないのは、太平洋戦争における特攻隊の存在がすでに中東では知られていたことだ。

イラン・イラク戦争の取材をしたとき、イラン革命防衛隊の兵士たちが赤い鉢巻をしているのを見ました。「アッラーフ・アクバル」（神は偉大なり）という文字が書き入れてある。日本の鉢巻に似ているなと思って、「日本でもこういうのはあるんだよ」と話しかけたら、「何を言ってるんだ。これは日本の真似だ」という（笑）。

彼らに鉢巻の習慣、伝統はないんです。「カミカゼ」という言葉も知っていて、それから思いついたのでしょうね。（日下公人・高山正之『日本はどれほどいい国か　何度でも言う、「世界はみんな腹黒い」』ＰＨＰ研究所）

つまり、真実は、とうの昔に浸透していた特攻隊の精神を、日本赤軍がパレスチナ人のために「死ぬのを承知で突撃する」型破りな自爆攻撃によって、改めて現代に甦らせることに一役買った、というあたりに落ち着くのではないだろうか。中東地域では、第二次世界大戦中の日本の特攻隊を讃える風潮が非常に強い。なぜならそこに、小国でありながら欧米列強に果敢に立ち向かったという（反植民地闘争のような）「レジスタンスの模範」をみいだしているからだ（当たり前だが、彼らの中で理想化された「特攻隊」および「大日本帝国」であり、先に述べた「死の強制」というべき「疑似志願」などの実態は知らない）。

立花隆はいう。

パレスチナ人が独自にやった特攻作戦のはじめは、七四年のキルヤトシェモナの事件（略）であるが、ちょうどこのころ私はベイルートに取材に行っており、町中いたるところに特攻攻撃者をたたえる写真入りのビラが貼りめぐらされているのを見て驚いたことを記憶している。（『イラク戦争・日本の運命・小泉の運命』講談社）

やがて自爆攻撃は、「殉教作戦」と呼ばれるようになり、このような作戦を「イスラーム信者共同体（ウンマ）が外部勢力（米国やイスラエルなど）の攻撃に対して行なう自衛行為である」として、容認する宗教的見解をだすシャイフ（宗教指導者）も現れるようになると、実効性の高い戦術としてイスラーム過激派などで定着していくこととなる。

自爆攻撃といえば、一般的に宗教的な動機、あるいは非合理という視点でのみ捉えられがちだ。しかし、これらの作戦のほとんどは、実は政治的な動機が濃厚であり、極めて合理的な判断から生じている。このことにもっと注意を払うべきだろう。

加藤は、「カミカゼ・テロ」の語源となった特攻作戦を日本の専売特許ではないとしたうえで、こう述べている。

第二次世界大戦中の一九四三年末には、ドイツにも日本の特別攻撃隊と同様に自殺部隊の構想があった。特攻機として有人のV1号「ライヒェンベルク」が開発され、四四年には部隊の編成も始まり、七〇人がパイロットとして待機していた。しかし、ドイツの敗北が決定的となり、ドイツ軍がカミカゼ攻撃を実戦で用いることはなかった。合理主義者であるドイツ人も構想したカミカゼ攻撃は、命中率を上げるための軍事合理性にかなった戦術である。同様に自殺テロも、確実に目標を破壊する最も合理的な手段である。死を正当化する思想や宗教が他人の目には非合理に映るだけで、カミカゼ・テロそのものは決して非合理的手段ではない。

同時多発テロでも自殺テロをイスラムに結びつけて不可解、非合理と見る向きが多い。たしかに思想から見る限り、不可解、不合理かもしれない。しかし、軍事合理性から見れば、全く理にかなった攻撃である。現在の最先端の技術をもってしても、犯人が操縦することなく自動操縦で旅客機を確実に世界貿易センタービルに衝突させるのは至難のわざである。衝突直前までは自動操縦できたとしても、最後の瞬間には人間が判断し操縦しなければ、ビルの真ん中に衝突させることはきわめて困難である。(『テロ　現代暴力論』)

よく「殉教作戦」や、かつての特攻隊を戦術的に「無駄」で「効果がなかった」などのいい方で全否定をする人々がいるが、多くの公的な資料はこれとは逆の結果を示してしまっているので、批判の材料としては力不足というか的外れになるのである。

これはいかなる時代においても、圧倒的な非対称性に風穴をあける「軍事合理性」に基づく「貧者の原子爆弾」（ジル・ケペル）なのだ。これは端的な事実である。

また、厄介なことに、称賛する文脈においても、非難する文脈においても「近代合理性を超えた戦い方」などと評されることが多いが、残念ながら先のとおり「自爆」も含めて「近代合理性」の枠内の現象である。たしかに、近代軍の枠組みからは明らかに逸脱しているといえるが、近代の外側にはみだしているわけではない。むしろ近代の申し子である「反近代思想」の産物なのである。

終章でも取り上げるイアン・ブルマ、アヴィシャイ・マルガリートの画期的な論文 "*Occidentalism: the West in the eyes of its enemies*"（＝邦訳『反西洋思想』堀田江理訳、新潮新書）で、それが見事なまでに解き明かされている。

彼らはその起源を「ドイツナショナリズム」に求める。

> 1920〜30年代のドイツのナショナリストには、西洋を古めかしくて軟弱、利己的で浅はかな守銭奴とする見方が明らかである。彼らは、旧世界の誘惑が、本来ならばより壮麗な未来のために戦うべきドイツの若者を堕落させ、軟弱にする危険を感じていた。若者は鋼鉄の嵐のなかで、自己を犠牲にすることによってのみ、西洋の凡庸さから救われるとされた。

簡潔にいえば、日本の近代化は、このドイツから移植された復古主義的なロマン主義＝ナショナリズムと、こちらも欧州（プロイセン王国など）のキリスト教の教皇＋国教にならって創作した天皇＋国家神道のハイブリッドを土台に成し遂げられたものであり、日本古来の伝統である神仏習合の文化、民衆の中のアニミズムである民俗信仰とはまったく似て非なるものなのである。乱暴な表現が許されるなら、「カミカゼ」とは、いわば危険思想を秘めた外来種と、その危険思想に無頓着な在来種が交雑したところの「遺伝子の攪乱《かくらん》」がもたらした現象といえるかもれない。

第八章

メディアとテロが手を結ぶとき

世論になんらかの影響力をもつような爆弾攻撃は、いまや復讐だのテロリズムだのといった意図を越えなければならない。ひたすら純粋に破壊的でなければならない。他に何か目的があるのではなどと露にも疑われることなく、ただひたすら純粋に破壊的でなければならない。

ジョセフ・コンラッド（『密偵』土岐恒二訳、岩波文庫）

テロリズムとメディアは、もともと切っても切れない共生関係にあり、自分の目的のためにたがいを太らせ、利用している。だが、ほんとうの問題は、関係そのものではなく、メディアの評論家が主張するように、世論と政府の意思決定を、テロリストに有利な方向に、もしくは、テロリストを援助する方向に動かしていることにある。この問題は、これまでわたしたちが考えてきた以上に難解で、とうていすぐには答えの出せないものだ。

ブルース・ホフマン

（『テロリズム　正義という名の邪悪な殺戮』上野元美訳、原書房）

「裏取りの余裕」を与えなかった人質事件

過激派組織「イスラーム国」は二〇一四年八月以降、米国人ジャーナリスト、ジェームズ・フォーリー氏を皮切りに、欧米人五人の人質の殺害シーン（予告を含む）を、ハイクオリティの動画コンテンツとしてインターネット配信し、その組織の名称を世界中の人々に知らしめることに成功した。それは、各国の大手マスメディアのチャンネルを実質的にジャックしたのであり、自分たちの主張をさまざまな言語で伝達することができたのである。

二〇一五年一月～二月、会社経営者の湯川遥菜さんとフリージャーナリストの後藤健二さんの人質事件では、その影響が、今まで「対岸の火事」で済ませてきた日本のマスコミにまで及ぶこととなった。

当初、「イスラーム国」は、安倍首相が中東訪問の際に、「イスラーム国」対策として周辺国に二億ドル規模の支援を行なうと発言したのを逆手にとって、拘束していた日本人二人の身代金を二億ドルに設定し、七二時間以内の支払いを要求した動画を公開。その後、二転三転あったものの、二人とも斬首される結果に終わった。

しかし、この一連の騒動で安倍首相をはじめ日本の政治・マスコミが機能不全に陥ったことを考えると、実は、人質事件の目的とは、八五〇〇キロも離れた東洋の島国に「混乱」を引き起こすことだけだったのではないかと思えてくる。(1)

事実、二億ドルの要求がだされた直後に周辺国に対する支援を中止すべきとした国会議員が現われるかと思えば、インターネットを中心にその意見に乗っかる世論が一部でわき立ち、また、中東訪問自体を疑問視するなど安倍政権批判に結び付ける論調、さらには「国家の非常時に政権批判をするとは何事か」といった安倍政権を擁護する論調も盛り上がった。公平性の観点から「イスラーム国」の支配地域にも支援物資を送るべきとの言説や、はてはサイクス＝ピコ協定から続く西側の中東政策のあり方に原因を求め、カリフ制国家の樹立に同情的な専門家などの発言等々……、議論百出となった。

要するに彼らのメッセージが「日本人よ、われわれに構うな」であったとするなら、それは日本のマスコミの過熱報道のおかげで恐ろしいくらいに伝播したといえる。しかも、情報の出し方や、そのタイミングは日本のマスコミに「裏取りをする余裕」をまったく与えなかった(2)。

結果として〝公器〟であるはずの報道機関が一武装組織に見事に乗っ取られたのである。つまり、彼らの目的はこの時点ですでに達せられたわけだ。

だが、ここで追記しておかなければならないのは、第一章で述べたように、動画が投稿されるまでの間のあまりにお粗末な日本政府の水面下での対応である。

森達也は、政府の報告書（「邦人殺害テロ事件の対応に関する検証委員会検証報告書」）を踏まえてこう批判している。

いずれにせよ政府は、湯川さんと後藤さん救出のために何もしなかった。これは断言して良いと思う。最初は一〇億円の身代金だったが、これを黙殺して総費用約六三一億円を使いながら大義がないと言われた衆院の解散・総選挙を行い（二〇一四年一二月一四日投開票）、これに圧勝してからは中東でＩＳを挑発して身代金を二〇倍以上に上昇させ、最後にはヨルダンも巻き込む形で営利誘拐事件をテロにしてしまった。
後藤さんの妻から政府に連絡があった段階でＩＳと交渉しなかった理由を、検証報告書は「犯行主体等について〔ＩＳと〕断定するには至らなかった」と説明しているが（ただし「テロに屈することになるから」「後藤さん妻の意向を尊重した」などの理由も併存している）、そもそもＩＳは、フランスやドイツなど他の国々との人質解放における交渉においても、自らＩＳと名乗ることはめったにない。身代金を支払った国が後から非難されないようにするための配慮だといわれている。つまりこの段階で目的は身代金の奪取であり、テロ的な要素はきわめて薄い。ところが日本政府は、安倍首相の中東訪問で、身代金誘拐事件をテロにヴァージョンアップさせた。さらにＩＳが動画を投稿してからも交渉をしなかった理由は、「際立った独善性・暴力性を有するテロ集団で理性的な対応や交渉が通用するような相手ではない」と検証する。舌が五枚くらいあるのだろうかと言いたくなる。（『「テロに屈するな！」に屈するな』岩波ブックレット）
また、報告書には常套句のように「テロに屈して裏取引や超法規的措置を行なったと国際的にみなされる」などとあるが、この場合の「国際的」という言葉はほとんど詐術に近い。なぜならテロリストとの没交渉を政府方針に掲げているのは米英のみだからだ（しかも、その後米国は、被害者家族からの批判を受けて、身代金の支払いを容認する方針に転換した）。

話を元に戻す。

日本政府の無能ぶりを図らずも暴いてしまった以上に、彼ら（「イスラーム国」）の戦術が秀でているのは、人質の命が日本政府の手の届かないところにあって、事実上彼らにしか「救出」することができなかったにもかかわらず、まるで「救出」できなかったのは総じて日本政府に原因があったかのような印象を与えられたことだ（＝テロに対する無力感・恐怖心の醸成）。

福田充はいう。

> メディアが、そのテロリズムに注目し、世界にそのメッセージを広く伝える役割を果たしてしまう状況には、単に「テロ事件はドラマティックなスキャンダルであり、発行部数や視聴率につながる」という商売根性だけでなく、テロリズムが発生する「社会的背景を分析して問題を解決するための情報を提供する」という正義に基づいたジャーナリズムの使命がある。そのテロリストとメディアの思惑が結束するとき、テロリズムの効果は最大点に達する。（『メディアとテロリズム』新潮新書）

しかし、もっとたちが悪かったのは、「イスラーム国」などではなく、この人質事件を国家政策に利用しようとする動きがあったことだ。

安倍首相は、二〇一五年一月二十五日放送のＮＨＫの「日曜討論」で「この（テロ殺害事件）ように海外で邦人が危害に遭ったとき、自衛隊が救出できるための法整備をしっかりする」[3]と発言した。

だが、これは意味不明だ。

なぜなら、同様の事件が再び起こっても、救出できる高度な情報収集能力と実戦部隊を持っているのは、世界中で米国のみだからである。しかも、ビン＝ラーディン殺害を実行した米軍の特殊部隊をもってしても、「救出作戦は数十回に1回成功すればいい方で、失敗した場合、人質のみならず、救出に乗り出した特殊部隊の隊員にまで犠牲が出る場合も少なくない」。また「実際は人質が殺される最も大きな要因が救出作戦であることは、テロ専門家の間では常識となっている(4)」のだ。つまり、安倍首相は二重に間違えている。まず、法整備で自衛隊を派遣できるようにしても、そもそもの実力においても手も足もでない、ということ。さらにそのハードルを越えたとしても（まず不可能だろうが）ハイリスクな選択肢だということの二点である。

要するに、そこには、人質事件を集団的自衛権や憲法改正の議論に最大限活用しようとする政治的意図しかみえてこない。

このような振る舞いは「ショック・ドクトリン」を彷彿《ほうふつ》とさせる。

ショック・ドクトリンとは、同名のベストセラー（『ショック・ドクトリン　惨事便乗型資本主義の正体を暴く〈上・下〉』幾島幸子・村上由見子訳、岩波書店）を世に送りだしたナオミ・クラインの言葉だ。「大惨事に付け込んで実施される過激な市場原理主義改革（The Rise of Disaster Capitalism）」のことをいい、戦争・自然災害・テロ・政変などの発生により国民が茫然自失の状態、ショック状態にあるのを幸いとばかりに、政府やグローバル企業などが自らの利益を追求する経済政策を推し進めることを指している。「惨事便乗型資本主義」「火事場泥棒的資本主義」と呼ばれることが多い。これが最近、政治全般における似たような政策転換でも用いられるようになってきている。

特にテロに関しては、今回の人質事件を含めて国民の動揺に付け込んだ政策転換がなされる可能性が高く、こちらのほうがテロそのものに対する脅威よりもはるかに危険で、最も警戒しなければならない事柄なのである。

米国にとっては9・11事件後のイラク戦争が典型だが、国民のショック状態を利用して国民にとって不利な政策決定が行なわれることにこそ、テロのもたらす真の負の連鎖があるといっても過言ではない。

実際以上に誇張される残虐性、暴力性

欧米メディアは、カリフ制国家が近年のどんな武装組織よりも暴力的で残酷だと報道しているが、必ずしもそうとは言えない。一九九〇年代のコソボでは、似たような残虐行為が横行していた。子供たちの首を切り落としてボールにし、親たちの眼前でサッカーをしたという。ただ「イスラム国」が他の武装組織と異なるのは、ソーシャルメディアなどを使ってそうした残虐行為をプロパガンダに活用し、世界的なニュースになるよう工夫している点である。たとえば「イスラム国」は二〇一四年のワールドカップ前夜に、メンバーが敵の首でサッカーに興じる様子をツイッターに投稿した。（ロレッタ・ナポリオーニ『イスラム国　テロリストが国家をつくる時』村井章子訳、文藝春秋）

日本人の人質事件の動画に続いて公開された、ヨルダン人パイロット、モアズ・カサスベ中尉が檻に閉じ込められて焼き殺される動画は、その残虐性と映画のような編集手法からセンセーションを呼んだ。また、その後も、間を置かずしてエジプト人コプト教徒二一人を一斉に斬首した動画を公開し、二〇一五年四月にはエチオピア人キリスト教徒三〇人あまりを斬首した動画を公開している。

二〇一四年八月〜十一月にかけて欧米人の斬首動画が相次いで公開されて以降もそうだが、国内外を問わず「かつてないほど残虐なテロ組織」という取り上げ方をするメディアが大半となっている。この傾向はますます強まるばかりだ。

しかし、これは正しくない。

ロレッタ・ナポリオーニの言葉を借りれば、彼らは、その残虐行為がベタ記事に埋没しないように「世界的なニュースになるよう工夫している」だけであり、その「工夫」に多かれ少なかれ世界中のマスメディアが翻弄されている状況がある、というのが偏見を排したまっとうな見方だ。とにかくニュースからこぼれ落ちることだけは避けたいのである。

その「工夫」の主だったものが、広報部門「アル＝ハヤート・メディア・センター」による独自の広報戦略だ。そもそも、これだけハイクオリティの動画コンテンツを定期的に制作・公開し、かつSNSなどの最新メディアを使いこなして支援者や戦闘員の確保を図るような武装組織は存在しなかった。なかでも動画コンテンツは、プロ並みの編集技術やエフェクトを駆使したもので、一本でも動画を視聴すれば分かるが、話題になりやすい残虐行為はフックの一つに過ぎず、全体的には極めてメッセージ性が高い内容となっている。これは非常に現代的な情報戦のやり方だ。

「人質殺害の予告と斬首」がまるで「イスラーム国」のお家芸のような扱いになっているが、この組み合わせは、イラク戦争時の二〇〇四年五月～十月の半年間に欧米人ら九人（日本人、韓国人などを含む）を次々と殺害し、ネット上に動画を公開したアブ・ムサブ・アル・ザルカウィ率いる「タウヒードとジハード集団」（「イスラーム国」の前身といわれる）の手口を踏襲したものである。

アブドルバーリ・アトワーンは、「イスラーム国」の行動を知るうえで最も重要な本として、イラク戦争とほぼ同時期にアブー・バクル・ナージー（コードネーム）によって書かれた『野蛮さのマネージメント　共同体が経験することになる最も危険な時代』を挙げる。

過剰なまでの「野蛮さ」は、ナージーの理論に裏打ちされた計画の一つなのである。

ナージーはレポートの中で、「ジハード主義者が凶暴である必要性」を強調、（七〇〇年以上前のカリフ帝国）アッバース朝の成立についてこのように言及した。「他勢力が失敗する中アッバース朝が唯一成功した理由は、他勢力が弱小だったことに加え、アッバース朝が使用した暴力にある。他勢力は、自らの犠牲を少なくすることだけに精一杯だった」

彼らは人々を焼殺するという、誰もが嫌悪するような行動をとったが、こうした激しい暴力を行なう必要性を彼ら自身感じていた。彼らは、人々を殺す事に快楽を覚えたためにこうした行動をとったのではなかった。そして彼らは凶暴ではなく、純朴な人柄で知られていた。

預言者の友であるアブー・バクル・シッディークは後に、戦闘における無慈悲さで知られることになった。彼は「背教の戦い」において、兵士らに「憐れみをかけず、ただちに敵の首を切り落とせ」と命じた。アブー・バクル・ナージー（ならびに今日のイスラーム国のメンバー）は、現在の状況は、預言者の死後「背教の戦い」が起きた、ジハードの初期の時代によく似ていると考えた。

ジハード主義者がその野蛮さをエスカレートさせるたび、彼らの名声と地位は上がる。彼らは攻撃を行ない、敵に終わることのない恐怖を植え付ける。そしてメディアは彼らの残虐行為を大きく報じる。これにより敵は恐怖し、自らの数が一〇〇〇倍多くとも、反撃しようと考えなくなる。ナージーはこのように語る。

「戦争とは、暴力でしかない。敵を恐懼させ、殺し続けることだ。……優しさを見せることは、ジハードを失敗させる主因となる」

また、誘拐の身代金が支払われなかった場合、最も恐るべき方法で人質を殺害し、敵とその支持者を恐怖に陥れるのが良いとした。（アブドルバーリ・アトワーン『イスラーム国』春日雄宇訳、中田考監修、集英社インターナショナル、一部を省略した）

さらに付け加えると、ザルカウィの頃の動画と「イスラーム国」の動画が明らかに異なっているのは、映像の中で表現される残虐性が前面に押し出されていないことである。

「イスラーム国」の処刑関連の画像や動画を一瞥したことがある人なら、何かのいい間違いではないかと思うかもしれない。

だが、ここが重要なところなのだが、ザルカウィの頃は、映像の力点が人質の斬首行為をほとんどノーカットで見せ付け、その凄惨な光景を脳裏に焼き付けることにあったのに比べて、現在の「イスラーム国」の動画は、本編のメインはどちらかといえば自分たちの主張の正当性や動機の背景説明であり、処刑シーンはそれを盛り上げるためのフックとなっているのだ。そこには、「野蛮さをエスカレートさせ」、「敵を恐懼させ」ることはもちろんだが、決して無差別に殺戮しているわけではないというメッセージがある[5]。

例えば、シリア空軍兵士一八人の斬首動画では、本編およそ一六分三〇秒のうち実際に刃物を手に首を切り落としているシーンは一分三〇秒くらいしかない。前述したエチオピア人キリスト教徒の斬首動画では、本編二九分一〇秒中問題のシーンは三〇秒あまりとさらに少ない。同じくカサスベ中尉の焼殺動画でも、本編二二分三〇秒中問題のシーンは多く見積もっても一分三五秒である。この動画では、米国と手を結ぶヨルダンに対する批判に加え、ヨルダン軍の空爆により「イスラーム国」の子どもを含む一般市民が犠牲になったことなどを、(実際に現地で撮影されたものかは不明だが)瓦礫の下敷きなどになった死体写真を示しながら説明した後に、焼殺の場面に続く編集構成になっている。

これは注目すべき変化ではないだろうか。

逆説的ではあるが、ビデオカメラのないところで数百人を銃殺するよりも、ビデオカメラの前で一人を残虐な方法で殺して世界中に配信したほうが「野蛮さ」の度合いが大きくなるという事実は、究極的には「アッバース朝」時代のような大量虐殺を実際に実行しなくても、ナージーのいう「恐怖」が「敵」に対して同様の効果を発揮できるというふうに解釈することもできる。

百数十人の殺害を一八〇〇人と水増し[6]発表することの理由は、まさにこの情報戦略の根幹に関わる

「野蛮さ」の演出にあるといえる。ならば、それに見合う精緻な分析とカウンタープロパガンダを熟考していかなければならない。

しかし、世界中のマスメディアは、彼らの行動原理や動機云々というよりも「残虐行為」にのみ目を奪われ、ほとんどそれ（殺害の事実とその方法、被害者の属性、人数）しか取り上げていない。これはひどくアンバランスだ。となると、多くの人々には、殺戮のための殺戮＝真性の狂気にしかみえないだろう。「野蛮さ」の演出の片棒をかつぐことによって、どういうことが起こるのかは明らかだ。彼らの残虐性、暴力性が実際以上に誇張されるのである[7]。

福田充は、英国を代表するテロリズム研究者の一人であるポール・ウィルキンソンの「テロリズムは本質的に、より広い社会へ脅威が伝達されることに依存した心理的武器」との考え方を紹介した。ウィルキンソンは「テロリズムが作り出す社会的インパクトは、社会心理学的な視点から見れば、恐怖を与えることによって自らの思うとおりに相手を説得し動かそうとする、『恐怖説得コミュニケーション』の構造を持っている」という。「この恐怖説得コミュニケーションの特徴は、恐怖の原因の問題性よりも、むしろ恐怖の結果を過大評価させることにある。そしてそのテロによる恐怖説得がメディアの存在により増幅される」と（以上、『メディアとテロリズム』）。

この種の構図は、劇場型犯罪や愉快犯が実際以上に「過大評価」され、「公共敵」としてヒール化されるメカニズムと一緒である。

たしかに、欧米諸国では大量のムスリム移民とそのコミュニティを抱えているため、ホームグロウン・テロリズムの可能性が無視できない状況が関係しているのだろう。

だが、どちらかといえば「過熱報道」のせいで「過激思想」が「過大評価」され、もともと犯罪性向のある者が「イスラーム国」やアル＝カーイダの威光を借りて破壊行為に走る余地を与えてしまうかもしれない。ロレッタ・ナポリオーニは、オーストラリアの「ムスリム集団」が単に殺害場面をネットに投稿するためだけに無差別誘拐殺人を試みたとし、「現実の戦争を含めてすべてがゲームになってしまうバーチャル環境では、受け取る側の解釈次第でプロパガンダがいかようにも変質してしまうことを示した」（『イスラム国　テロリストが国家をつくる時』）と警鐘を鳴らしている。

これは、「ブランドとしての過激思想」の浸透を意味し、たしかに右のような欧米諸国にとっては脅威であろう。

だからといって、日本のマスメディアがそれに追従する必要はない。

日本のどこにテロリストが潜んでいるのか

「過大評価」の結果として「イスラーム国」が、米国を中心とする有志連合諸国のプレッシャーをものともしない「最強のジハード集団」「カリフ制国家」に映るだけでなく、それによって彼らのシナリオ——コーランやハディースからのおびただしい引用で成り立つ終末論的世界観と、それが現在進行形の善と悪の戦いであることを訴えるウェブ雑誌、SNSなどによる情報戦略——が真実味を帯びるのである（繰り返しでてくる「十字軍」というキーワードは、のちに述べるように、彼らが行使する暴力が現実的なものではなく、象徴的なものであることを指し示している）。世界中から支援者や戦闘員などを呼び込むことに成功していることが彼らのプロパガンダの巧妙さを裏付けている。

ＡＦＰのミシェル・レリドン編集長は、「ＩＳの残虐性について『誰にも知らなかったとは言わせない』というのが、おぞましいプロパガンダ映像を公開する際に大半のメディアが引用する主張だ」と述べ、「こうした問いに対して、完璧な正解はないだろう。（略）ＩＳの動画はオンラインで多くの人が見ることができる。その事実も、報道機関が公開する、あるいはしないと決断する際の根拠になっている」とした。(8)


しかし、最も悩ましいのはニュースバリューではないだろうか。

よく国内で殺人事件が起こると、犯人が捕まった後もその猟奇性などをネタに、似たような「過熱報道」がなされる。が、冷静に考えれば、その猟奇性云々を全国ネットで報じる意味はほとんどない。なぜなら、その地域で発生した特殊な事件の全容と全国の治安状況はまずもって無関係だからだ。むしろ、過熱報道のせいで身の回りの現実よりも「世の中が荒んでいる」という「体感治安」が醸成されるだけである。

つまり、トップニュースとしてセンセーショナルに報じるべきか否かという問題だ。

これを客観的なリスクと主観的評価という視点から考えると、優先順位付けを含めてニュースとしての取扱いが適切かどうかを検討することがいかに重要かが分かるだろう。

ダン・ガードナーの著書『リスクにあなたは騙される』（田淵健太訳、ハヤカワ文庫）は、９・11事件後に飛行機の利用客の多くが自動車に乗り換えた結果、逆に交通事故の死亡者が増加したという

「リスクヘッジが逆に大きなリスクを生む」図式を示した。

同書で言及される、テロに遭遇する確率から導きだされる客観的なリスクは、実に驚くほど小さい。なぜなら、9・11事件のような飛行機のハイジャックによるビルへの突入が毎週発生しても、月に一回程度飛行機を利用する人々がそのせいで死ぬ確率は、年間で一三万五〇〇〇分の一くらいなのだ。それに対し、年間で自動車事故によって死ぬ確率のほうが六〇〇〇分の一とケタ違いに大きい。そして、米国人がテロに遭遇して死ぬ確率は一万分の一以下と算出し、これは落雷で命を落とすのと同じ程度の確率と試算している。

過熱報道が「体感治安」を悪化させていることはほぼ確実だ。

米国では、CNNなどが行なった世論調査で米国民の八割が「イスラーム国」を「自国に深刻な脅威」と受け止めている。(9) これが米国の中東地域におけるプレゼンス拡大を後押しすることは目にみえている。

日本では、二〇一四年十月に「イスラーム国」に参加するために海外渡航を企てたとして、警視庁公安部から私戦予備・陰謀の疑いで、北海道大学の男子学生が事情聴取を受けた事件が大々的に報道された。一部の新聞では「前代未聞の無差別テロを引き起こしたオウム真理教事件の再来を危惧する声も出ている」と、日本国内でのテロを懸念する公安部のコメントをそのまま引いて不安をあおった。日本でもホームグロウン・テロが起きるかもしれない――と。

だが、北大生の動機については、フリージャーナリストの常岡浩介が、単に人生の閉塞感を打ち破る「戦場」という非日常体験を欲していた「自分探し」君であったことを暴露している。

「彼にインタビューすると、『もともとシリアにもイスラムにも、あるいはイスラム国にもイスラム革命にも全く関係関心もなく、今も関心がない。日本でない別の常識がある場所へ行きたい』と。（略）彼は結局、シリアが破滅的な場所というイメージでとらえて、その場所を自分の自殺願望か、破滅願望の舞台装置として使いたいというだけの人[10]」であったとし、シリアへの渡航意思が本当にあったのかどうかも含めその言動が軽はずみで、信用できるものではなかったことを再三強調している。そもそも欧米諸国と日本の状況があまりに違い過ぎるので同列に論じるのはかなり無理がある。

「オウム真理教事件の再来を危惧する声」という文言で思い出すのは、オウム事件や9・11事件以降常態化した「毎日が特別な警戒を要する緊急事態であるかのごとく、『テロ警戒中』、『特別警戒実施中』などという標語がいたる所に掲げられ続ける」（森達也『誰が誰に何を言ってるの？』大和書房）奇異な光景だ。今や日本中いたるところに当たり前のように設置されているが、テロによる死傷者がでたというニュースを寡聞にして聞かない。インターネットで「テロ警戒中」という語を打ち込んで画像検索すると、山奥や過疎地域のような場所にまで置いてあるのが「珍妙」だといいたくて、実に多くの人々が場違いな印象を残す看板をアップしていることにぶち当たる。いったいこんな辺鄙《へんぴ》な田舎のどこにテロリストが潜んでいるというのか。こんな頭の悪いことをやっているのは日本だけではないだろうか。

しかし、ふと思う。ああした集団があとどれだけ存在するのだろう。時折「海外テロ集団のメンバーの入国」が報道され、治安当局はテロの危険性を声高に叫ぶ。しかし、実際に起きている

「テロ関連事象」は、彼らが喧伝する何十分の一、いや何百分の一ではないか。警戒が全く必要ないとは思わない。しかし、これだけの態勢を続けるのは、警察側の人員確保、つまり組織としての自己防衛ではないか。そう考える人は少なくないはずだ(11)。

事実、現在速やかに取り組まなければならないのは、DV（ドメスティック・バイオレンス）や悪質ないじめであったりするのだ。こういった「暴力が暴力として認知されない聖域」への介入こそが喫緊の課題であるはずなのだが、マスメディアがテロの脅威を無責任に「過大評価」した結果として、合理的なリスク計算とは無関係にテロ対策などで大規模な予算が組まれ、警察権益拡大を念頭に置いたような法律が国会審議をいとも簡単に通過するようなことになってしまう。

少なくともわれわれは、過熱報道の嵐に振り回されないだけのリテラシーを持たなければならない。

「他者の言葉をそのまま使用すべきではない」

メディアリテラシーの問題に関していえば、メディアの報道が事件についての視野を決めてしまう「フレーム効果」が侮りがたい。

福田充は、通常メディアで用いられることが多い「治安問題」「宗教問題」「民族運動」の三つのフレームを例示する。

発生したテロ事件が、どのようなテーマによって意味づけされるかによって、フレームは異なってくる。オウム真理教事件のメディア報道は、治安問題フレームか、宗教問題フレームか。ウイグル問題のメディア報道は、治安フレームか、民族運動フレームか。中国当局による報道では常に、ウイグル問題は治安フレームに偏る傾向がある。このように、メディアの報道には常にフレームがはめられているのである。そのフレームから、私たち視聴者はテロリズムをのぞいているに過ぎない。(『メディアとテロリズム』)

ウイグル問題に関しては、欧米メディアが「民族運動フレーム」で問題視するため、中国当局とは完全に逆の見方になっている。

これはモデルとしては非常に分かりやすい。

中国当局によると、2014年7月に過激派集団がカシュガル(Kashgar)地区ヤルカンド(Yarkand)県エリシュクの警察署を襲撃し、住民と「テロリスト」合わせて96人が死亡した。一方、外国メディアの取材に初めて応じた住民らは、政府による新疆ウイグル自治区への弾圧に対し抗議行動を起こした数百人が、残酷なやり方で鎮圧されたと話している[12]。

これはAFPの記事の冒頭部分だが、後半のくだりで「エリシュクの住民たちがAFPに明かしたところでは、中国当局はウイグル人に対して、イスラム教の断食月『ラマダン(Ramadan)』の祈りを妨害したり、一部の集まりを『違法な宗教活動』とみなしたりするなど締め付けを強めており、主張の強いグループの間で反発が高まっていた」と報じ、人権団体の「暴動の背景には当局による文化的、宗教的な抑圧がある」との主張を裏付ける内容になっている。「海外の組織とつながりを持ち、分離主義を掲げるイスラム教徒のテロリストによるものだと断定」する中国政府とは大きな隔たりがある。

また、一部の過激派が「イスラーム国」に参加し、還流して国内テロを起こす可能性は否定できないことは事実だが、イスラム諸国に逃れるほとんどのウイグル人ムスリムは、同化政策を苦にしての脱出組だという[13]。だが、ウイグル人ムスリム全体を「過激派予備軍」とし、弾圧自体を正当化していることが、人権団体や西側諸国からの非難を浴びる要因になっている。

当然、「イスラーム国」問題とウイグル人ムスリムへの差別問題は区別して考えなければならない。つまり、どのようなフレームであるかに敏感であることと、いくつものフレームを使い分けられる柔軟性が必要になるのだ。

また、先のAFPの記事が「テロリスト」とカッコ書きで表記しているように、当局側・武装組織側の言葉をそのまま用いたりしないことが、公的レベルにおいても私的レベルにおいても重要となる。

9・11事件後、「テロリスト」という言葉の使用を控えたのはロイターだった。

ロイターの国際ニュース責任者ステファン・ジュークスは、記者たちに次のような通達を出した。

「ある人にとっての『テロリスト』は、他の人にとっては『自由の戦士』だ、ということをわれわれはみな知っており、ロイターでは、テロリストという言葉は使わないという原則を崩さないことにした」

さらに、こうも述べた。

「世界貿易センターへの攻撃を、テロリストの攻撃と言い換えてみても、何かが新しく付け加わるわけではない」

これはロイター社内外で物議をかもした。世界中のメディアが「テロリスト」や「テロリズム」をなんの保留もつけずに使っているなかでは、ジュークスのこの方針はあまりにも異例だ。だからこそ、このジュークスの通達はそれ自体が新聞ネタになったのだし、ロイター社内でも「感情的な」議論に発展した、とジュークス自身が認めている。

だが、私はジュークスの原則に賛成する。可能なかぎり公平であろうと努めるのは、ジャーナリストとして当然だと私も考えるからだ。（芝生瑞和『「テロリスト」がアメリカを憎む理由』毎日新聞社）

森達也は、イラク戦争でアブグレイブ刑務所の拷問がスキャンダルになった時期に、米国のメディアは、「torture（拷問）と ill-treatment（虐待）が入り乱れていて、まったく統一されていなかった」のに対し、日本のメディアがすべて「虐待」に統一されていることに驚いたと述懐している（森達也・森巣博『ご臨終メディア　質問しないマスコミと一人で考えない日本人』集英社新書）。その後米国メディアは「拷問」にシフトしていったが、日本はそのままだったという。
「テロ」「テロリスト」「武装集団に襲撃された」と発表する当局側と、「デモ」「抗議行動」「一方的な弾圧を受けた」とする反体制派や民族運動組織、それから、あれは「暴動」「虐殺」「騒乱」「略奪」だったと証言する市民たち……、さまざまなレベルの言葉があり、差別意識があり、レッテル貼りがある。報道機関には、しかるべき根拠に基づいた基準や指針が求められるだろう。
例えば、英国ＢＢＣでは、テロについての編集ガイドラインを提示している。

私たち（ＢＢＣ）のテロ行為に関する報道は、素早く、正確で、かつ十分に責任の持てるものでなければならない。感情的または価値判断を伴った不注意な言葉の使用によって、私たちの報道に対する信頼は損なわれてしまう。「テロリスト（terrorist）」という言葉自体が、理解を助けるというよりも、理解の妨げとなりがちであるため、客観的な用語としては相応しくない。私たちは、他者が使用している言葉をそのまま使用すべきではない。明確な法的手続きがない場合に、「解放（liberate）」「軍法会議（court martial）」「処刑（execute）」などの用語は不適切である。また、犯人について言及する際は、「爆弾犯（bomber）」「襲撃者（attacker）」「武装犯（gunman）」「誘拐犯（kidnapper）」「暴徒、反乱兵（insurgent）」「過激派（militant）」などの用語を使用すべきである。(14)

これはほんの一部を取り上げたに過ぎないが、「犯行予告」「ハイジャック」「テロ組織などが設定する行事への参加」など、多様なケースについてかなり細かく記述している。

ＢＢＣのニュースをつぶさにみると、他のメディアが「terror（テロ）」と報じる中で、「attack（攻撃）」と報じていることが多いのはそのためだ。

それに対して、例えば日本のＮＨＫは、「戦争・テロ報道」として六項目にまとめているに過ぎず、直接触れているのは「テロの報道にあたっては、為政者側の言い分を一方的に伝えるだけでなく、テロが生まれる背景や、テロを無くすために何が必要なのかなど、個別の事情をきめ細かく伝える」「戦場やテロ現場の映像については、慎重に判断して扱いを決める」の二カ所のみだ（放送ガイドライン２０１１）。

ＢＢＣの「私たちは、他者が使用している言葉をそのまま使用すべきではない」は、国家・非国家に関係なく他者の言葉を絶対に「鵜呑み」にしないという職業倫理のことだ。これは、世界中のメディア関係者だけにとどまらず、情報を受け取るすべての人々が肝に銘じなければならない警句でもある。

終章

「死にがい」としてのテロリズム

今日、本当の意味で生きているといえるのは誰なのか。われわれは、「単なる生」の彼方へとわれわれを導く過剰な強度と関わりをもつかぎりにおいて、またそうしたときのみ、「本当に生きている」のだとしたら？　たとえそれが「楽しいこと」であったとしても、単なる生存に関心を向けることは、結局、われわれの生そのものの喪失をもたらすのだとしたら？　敵から数百マイルも離れたところでコンピュータのスクリーンを見ながら戦争に従事しているアメリカ兵よりも、あるいは、体型を維持するためにハドソン川でジョギングをするニューヨークのヤッピーよりも、自分（他人）をふきとばす瞬間のパレスチナ人自爆テロリストのほうが「生気がある」と仰々しくもいえるのだとしたら？

スラヴォイ・ジジェク

（『操り人形と小人　キリスト教の倒錯的な核』中山徹訳、青土社）

アイデンティティをめぐる闘い――「仮想戦争《コズミックウォー》」

「自由ってやつは、役所で発行してもらう旅券とはわけが違うんだよ、アミーンおじさん。好きなところへ行けるから自由ってことじゃない。いくらでも食べられるから成功しているってことでもない。自由とは心の底からの信念なんだ。その信念からあらゆる確信が生まれる。そして、シヘムは与えられた幸運に自分がふさわしい人間だという自信を持てずにいた。あんたとシヘムは同じ屋根の下で暮らし、いい暮らしを謳歌していたが、見ているものは同じではなかった。シヘムはあんたが思いこんでいるよりもずっと、自分の民族に近いところにいた」

これは、在仏アルジェリア人作家であるヤスミナ・カドラの小説『テロル』（藤本優子訳、早川書房）の一節である。

物語は、アラブ人でありながらイスラエル・テルアビブの高級住宅街に家を構え、外科医として何不自由ない生活を送っていたアミーンのもとに、「自爆テロ」で犠牲になった十数人の遺体が担ぎ込まれてくるところから始まる。その遺体の中に、なんとアミーンの妻であるシヘムの遺体が損傷の激しい状態で発見される。あまりのショックに言葉を失ったのも束の間、警察の検死結果は、無情にも彼女が「自爆テロ」の実行犯であったことを突き付ける。しかも彼女は、妊婦を装って腹に爆弾を巻き付け、子どもたちが集うファストフード店を爆破したのである。この異様な出来事に納得することができないアミーンは「何が彼女をそうさせたのか」を追体験する旅にでる――。

「テロ」という重苦しい問題を扱いながらも、詩的でかつエンターテインメント性の高いこの小説は、一言でいうならば、推理小説の形式を用いながら現代における帰属意識《アイデンティティ》の危機を主題化したものだ。

冒頭の台詞は、シヘムに犯行のお膳立てをしたグループのメンバーが、アミーンに対し、シヘムが「大義のために」抵抗運動の中枢で活動したがっていた事実に触れ、「あんたはなぜ、シヘムには自分の民族の外にとどまっていてほしいのか。これは自由のために支払わなくてはいけない対価なんだ……」といった後に、アミーンが「シヘムは自由だったよ。不自由はしていなかった」と訴えたことへの返答である。

アミーンは、元孤児にもかかわらずイスラエルに帰化し、医師としてキャリアを積んで成功者の地位を享受していたが、その一方で、妻のシヘムは、自らのルーツを否定するようなイスラエルでの生活に欺瞞を感じ続けていたのだった。「自分は骨の髄までパレスチナ人で、自分がなすべきことを他の人にやらせるわけにいかない」と。アラブ世界からみれば、ベドウィン出身であるにもかかわらず、「シオニスト」の社会に溶け込んだアミーンは大なり小なり裏切り者で、反対に「自分と同じ民族がシオニストに支配されたままでいるというのに、のんびり日光浴など、できなくなってしまった」シヘムの行動は大なり小なり英雄のそれとなる。

これは、そっくりそのまま世界中で起きている帰属意識《アイデンティティ》をめぐる深刻な問題の縮図となっているのだ。

「フランスの9・11事件」といわれる二〇一五年一月の風刺週刊紙発行の新聞社シャルリー・エブ

ド襲撃事件とユダヤ食品店人質事件では、いずれの実行犯も移民二世の若者だったことがクローズアップされた。

シャルリー・エブド襲撃事件の容疑者サイド・クアシ、シェリフ・クアシ兄弟は、アルジェリア系移民二世で、幼い頃に両親と死別し孤児院で育った。アルバイトなどを転々としていたが、正規の仕事を持つことはできず、まともな教育も受けられなかった。後者の事件のアメディ・クリバリ容疑者は、マリ系移民二世で、シテと呼ばれる低所得者向け団地に育ち、一〇代から盗みや強盗などの犯罪歴を積み重ねた。

実行犯に共通しているのは、まず、移民二世でフランス社会から実質的に排除されていたことだが、最も重要なポイントは、刑務所でアル＝カーイダのリクルーターと知り合ったのをきっかけに、「大義のための暴力を正当化する」たった一つの過激な帰属意識《アイデンティティ》に自ら染まっていったことである。

私は一九四〇年代の分離政策と結びついたヒンドゥー・ムスリム間の暴動を経験した子供のころの記憶から、一月にはごく普通の人間だった人びとが、七月には情け容赦ないヒンドゥー教徒と好戦的なイスラム教徒に変貌していった変わり身の速さが忘れられない。殺戮を指揮する者たちに率いられた民衆の手で、何十万もの人びとが殺された。民衆は「わが同胞」のために、それ以外の人びとを殺したのだ。暴力は、テロの達人たちが掲げる好戦的な単一基準のアイデンティティを、だまされやすい人びとに押しつけることによって助長される。（アマルティア・セン『アイデンティティと暴力　運命は幻想である』大門毅編、東郷えりか訳、勁草書房）

この「わが同胞」が実行犯にとってはムスリム（イスラーム教徒）全体を意味したわけであるが、クアシ兄弟は、犯行後に現場で「預言者ムハンマドの仇を討った」と繰り返し宣言し、報道機関には「アラビア半島のアル＝カーイダ」から派遣されたと主張、クリバリ容疑者は、自ら投稿した動画で、「イスラーム国」の「カリフへの忠誠を誓った」といい、「われわれの行為は、彼らが行ったことに鑑みれば、完全に正当なものだ。カリフを攻撃すれば、われわれは反撃する」などと述べた[1]。

事件直後からマスメディアでは、移民問題や欧米諸国の覇権主義などへのコメントばかりが目に付いた。たしかに、失業率が高い上に露骨な就職差別があり、就職できても所得は平均年収の六割程度、外出しようものなら警察の職務質問は当たり前、ゲットーのようなシテに押し込められる[2]。つまり、「自由・平等・同胞愛」の原則を順守しているにもかかわらず、自分たちにだけはそれを適用されないという二重基準（ダブルスタンダード）を強いられる[3]苦々しい現実の只中にいるのだ。しかし、だからといって今回のような凶行に走る者はほんの一握りだ。要するに、これらの視点だけでは犯行に至る動機を説明するには足りないのである。

そこで、手掛かりになるのが、マーク・ユルゲンスマイヤー、レザー・アスランが提唱する「帰属《アイデン》意識《ティティ》をめぐる闘い」としての「仮想戦争《コズミックウォー》」という概念だ。難しい話ではない。

仮想戦争《コズミックウォー》とは宗教がらみの戦争のことである。そうした戦争では、神がどちらかの側に直接関与していると信じられている。地球上で相互に敵対する宗教グループのあいだで行なわれる戦争を意味する「聖戦」とはちがって、参加者は地球上で闘っていると思っているが、実際には天界で行なわれている儀式めいたドラマのようなものだ。言葉を換えれば、この世で現実に起こる身体を張った戦争であるとともに、時空を超えた世界での想像上の倫理的な会戦でもある。この闘いは実際には大殺戮の修羅場になるかもしれないが、戦争自体は精神レベルで行なわれ、私たち人間は、神によって書かれた神聖な台本のなかの役者にすぎない。（レザー・アスラン『仮想戦争　イスラーム・イスラエル・アメリカの原理主義』白須英子訳、藤原書店）

ぶっ飛んだ話に聞こえるだろうか。

いや、これがまんざらそうでもないのだ。

ここでは、「この世で現実に起こる身体を張った戦争であるとともに、時空を超えた世界での想像上の倫理的な会戦でもある」に着目してもらえばよい。「時空を超えた」がまるでＳＦのように感じるかもしれないが、ジョージ・Ｗ・ブッシュが９・11事件の五日後に、対テロ戦争について「この十字軍（this crusade）……」と発言して物議をかもし、九日後の演説では、「これは世界の戦いであり、文明の戦いである。進歩と多元主義、寛容と自由を信奉するすべての人間の戦いである」とぶち上げ、米国一国に対する一非合法組織の犯罪行為を、「世界レベルの聖戦」という壮大なフィクションに置き換えようとした。これが「時空を超えた世界での想像上の倫理的な会戦」なのである。もちろん「聖戦」に巻き込もうとしたのは、ハイジャッカーたちが先なのだが、ブッシュは、「その戦いにおいて神が中立ではないことを、われわれは知っている」（＝「神がどちらかの側に直接関与している」）として、そのフィクション＝「仮想戦争《コズミックウォー》」に参戦したのである。
さらに引用を続ける。

仮想戦争《コズミックウォー》は、殺し屋や刺客にすぎないと考えられている人間を、神によって認められた戦士に変貌させる。それは犠牲者を生け贄に換え、人間のモラルの概念では到底認められないような極端に異常な破壊行為を正当化する。仮想戦士が神の掌に載った人形にすぎないならば、彼らにとってそのような倫理的懸念は何の役にも立たないにちがいない。

仮想戦争《コズミックウォー》は、策略や戦略ではなく、むしろ信仰の力によって勝つ。仮想戦士たちは武器や戦闘能力のような戦術的なことを懸念する必要はない。結末は人間の手に委ねられているのではないと信じ、神の怒りという大きな力で敵をやっつけるために、自分の意志を神の意志だと思うだけでよい。

仮想戦争《コズミックウォー》は世界を白と黒、善と悪、私たちと彼らに分ける。そのような戦争には中立的立場はない。だれもが自分のつく側を選ばなければならない。軍人と民間人、戦闘員と非戦闘員、侵略者と野次馬など、これまでの実戦での見分け方は、仮想戦争《コズミックウォー》では通用しない。あなたはわれわれと同じでないならば、彼らと同じであるにちがいないという単純な方程式があるだけだ。もしあなたが彼らと同じであるならば、あなたは敵であり、したがって滅ぼさなければならない。（同前）

これは、決してイスラーム過激派組織などに限定される狭隘《きょうあい》な概念ではない。マーク・ユルゲンスマイヤーがキリスト教右派団体やユダヤ過激派などに内在している「聖なる戦争のイメージ」を抽出してみせた(4)ように、世界中に存在するファンダメンタルな傾向を持った宗派やその組織はもとより、帰属意識《アイデンティティ》の危機に直面した個人がひょんなことから陥る罠なのである。

レザー・アスランは、この点について「仮想戦争《コズミックウォー》は領土や政治政策をめぐる争いではなく、帰属意識《アイデンティティ》をめぐる闘いである。危機にさらされているのは、不確定な世界に生きている自分自身の意識である」といい切っている（傍点引用者）。

つまり、在仏移民二世の若者たちの一部は、「フランス人であってフランス人にあらず」という屈辱的な疎外感にさらされているがゆえに、ムスリムフランス人としての帰属意識《アイデンティティ》をあえて捨て去り、ムスリムの帰属意識《アイデンティティ》だけを、しかも、そのうちのごく少数が「テロの達人たちが掲げる好戦的な単一基準のアイデンティティ」を拠り所とし、自ら喜び勇んで「仮想戦士」として「アル＝カーイダ」や「イスラーム国」の戦列に加わったのである。(5)イスラームの教義が暴力を正当化する材料として周到に用いられ、米国の侵略行為や欧州での「反イスラーム」差別などの潮流が「仮想戦争《コズミックウォー》」のリアリティを支えているので、この「好戦的な単一基準のアイデンティティ」はわれわれが考える以上に強力な訴求力を持っている。

……たしかに、ムハンマドを侮辱した者たちを射殺したのは、カラシニコフを手にした移民二世である自分たちなのだが、これは「神によって認められた戦士」による「聖戦」であることに疑いの余地はなく、「邪悪な偶像崇拝者」への攻撃は必至（＝「自分の意志を神の意志だと思うだけでよい」）であり、その途中で戦死しようとも「結末は人間の手に委ねられているのではない」ので思いわずらう必要はない……、これが実行犯の大まかな主観であろう。少なくともそのプロセスの渦中にいる間は、彼らは「天界で行なわれている儀式めいたドラマ」の主人公となって、「大義」と「殉教」というスペクタクルに酔いしれることができる。つまり、そこでは「不確定な世界」では得られなかった「何者かであること」が初めて実感できるのだ。これは、実はヤスミナ・カドラの小説で言及された「自由」に近い。

自らの意識の危機に対する鈍感さ

われわれは多岐にわたるカテゴリーに同時に帰属しているのだ。私はアジア人であるのと同時に、インド国民でもあり、バングラデシュの祖先をもつベンガル人でもあり、アメリカもしくはイギリスの居住者でもあり、経済学者でもあれば、哲学もかじっているし、物書きで、サンスクリット研究者で、世俗主義と民主主義の熱心な信奉者であり、男であり、フェミニストでもあり、異性愛者だが同性愛者の権利は擁護しており、非宗教的な生活を送っているがヒンドゥーの家系出身で、バラモンではなく、来世は信じていない（質問された場合に備えて言えば、「前世」も信じていない）。これは私が同時に属しているさまざまなカテゴリーのほんの一部にすぎず、状況しだいで私を動かし、引き込む帰属カテゴリーは、もちろんこれ以外にもたくさんある。（『アイデンティティと暴力』）

アマルティア・センは、このように語り、「帰属意識《アイデンティティ》」はそもそも単一のものではないと看破した。

「現代の世界における紛争のおもな原因は、人は宗教や文化にもとづいてのみ分類できると仮定することにあるのだ。単一的な基準による分類法に圧倒的な力があることを暗に認めれば、世界中が火薬庫になる可能性がある」（同前）と。

イラン系米国人のムスリムであるレザー・アスランは、9・11事件の際「私は二重の悲しみを感じていた」と回想し、「私の帰属意識《アイデンティティ》の二つのよりどころである私の住む国と私の信仰が、両方とも襲撃されたからである」と述べた。

しかし、以後、世界は、政治レベルにおいても個人レベルにおいても、「単一基準のアイデンティティ」を志向し始めた。そして、自らに対しても他者に対しても「単一基準のアイデンティティ」を押し付けるようになってきている。これが、露骨な人種主義や排外主義を生みだす土壌になっている。日本では、「在日」と「それ以外」の区分にこだわる勢力が伸張し、社会問題化していることがその典型だろう。そうなると、ヒスパニック系米国人のムスリムや、アラブ系イラク人のクリスチャンなどは、いとも簡単に捨象されてしまう。逆にいえば、「単一基準のアイデンティティ」を希求する人々は、「危機にさらされているのは、不確定な世界に生きている自分自身の意識である」ということに鈍感過ぎるのである。なぜ自分がそれを正当なものと感じて吸い寄せられるのか、といった心的メカニズムへの警戒がまったくないのだ。

ルワンダの首都キガリ出身のフツ族の労働者は、自分をフツ族としてのみ見なすよう圧力をかけられ、ツチ族を殺せと駆り立てられるかもしれないが、彼はフツ族であるだけでなく、キガリ市民であり、ルワンダ人、アフリカ人でもあり、労働者であって人間でもある。われわれには複数のアイデンティティがあり、それらがさまざまな意味合いをもつことを認識するとともに、多様ならざるをえないこうしたアイデンティティのなかから、特定のアイデンティティの説得力や妥当性を見極めるうえで、選択がもつ役割を知ることがきわめて重要だ。（『アイデンティティと暴力』）

つまり、克服しなければならないのは、過激思想以前に「数多ある属性からたった一つのものを選びだし、是が非でもそれにのみ従属しなければならない」という偏狭さ、硬直性なのではないか。ドミニク・モイジはいう。

フランスは（公の場で宗教色を排除する）ライシテ（政教分離の原則）[6]を掲げているが、これ自体が宗教だともいえる。キリスト教、イスラム教、ユダヤ教に次ぐ第４の宗教というわけだ。ほかの宗教と同じく非寛容になり得る。[7]

ジャン・ボベロの言を借りるなら、「フランスのライシテは、アメリカ的市民宗教（略）に近づいている。あるいは、それは、世俗的市民宗教になろうとしているといえよう」（『世界のなかのライシテ　宗教と政治の関係史』私市正年・中村遥訳、文庫クセジュ）。つまり、「ライシテという第四の宗教」が「単一的な基準」となりつつあることを指している。

モイジは、「政教分離は教会が非寛容で抑圧的だった時代の産物だ」としたうえで、「多くの人が自分の価値やアイデンティティーを測る基準を求めている」現代では、「（政教分離の原則があるからといって）イスラムの人たちを侮辱すると、穏健派の人たちは離れ、過激派は増長する」と付言した。例えば、スカーフの着用は、移民二世、三世の間では、元来慣習として強いられた「宗教的しるし」であったものが、自由な意思に基づき身に付ける装飾の一つと化している面もある。

要するに、世俗化（国家と公的領域のどちらにおいても宗教の影響力が失われること）と、ライシテは本来別物であるのだが、これがごっちゃにされて「宗教的価値観を持つ者を除けものにする」口実にされている。しかし、戦前の日本の国家神道と同様に、「見えない宗教」「意識されない宗教」こそが最も「非寛容で抑圧的」で暴力的なのだ。

帰属意識《アイデンティティ》の危機はそもそも世界的な傾向である。

グローバル化の進展は、世俗化と相まってさまざまな国や地域で、そこに昔から住んでいる人々の「帰属意識《アイデンティティ》の定義」を動揺させている。(8)

レザー・アスランは、移民やその子どもであれば、なおさら困難さを伴うとしている。そして「市民社会の一員としての資格が、その主流文化に一体感をもつことであると断定されるならば、どうしたら完全に同格のメンバーとして参加できるのだろうか？　単純な事実は、民族と国民が同一のものと考えられていて、市民の帰属意識《アイデンティティ》の定義のむずかしい国では、外国人は永久に外国人のままであることだ」と指摘し、「地球規模のジハード唱道運動がはびこるのは、そのような『帰属《アイデン》意識《ティティ》の真空地帯』のなかである」と述べた。

自分の宗教的・文化的系譜のせいで、住んでいる社会から〝よそ者〟というレッテルを貼られてしまっているハシブ・フサイン〔二〇〇五年七月のロンドン同時爆破事件の容疑者〕のような若者たちにとって、ジハード唱道運動は別な形のもの——すなわち、社会的反抗の手段としての反動的帰属意識である。それは、身近な居住地で感じる悲憤と地球規模の悲憤を意図的に関連づけることによって形成される帰属意識《アイデンティティ》で——現実的であるとともに観念的でもある——それが苦難と不当な扱いをめぐる一つの共感をもてる物語を生み出す。地球規模のジハード唱道運動を阻止するには、こうした関連を断ち切り、その物語を粉砕するしかない。（以上『仮想戦争』、〔　〕内引用者）

E・H・エリクソンの「否定的アイデンティティ」（既存のアイデンティティに対する全面的な嫌悪から社会的に望ましくないアイデンティティを選択すること）を思わせる、この「身近な居住地で感じる悲憤と地球規模の悲憤を意図的に関連づけることによって形成される」「社会的反抗の手段としての反動的帰属意識」という視点こそ、「彼ら」の問題を「われわれ」の問題として受け止める糸口となるだろう。

これは、大ざっぱにいえば、どのような普遍主義にも付きまとう宿痾《しゅくあ》である。

している。

「テロとの戦い」を、「米国の幻影とイスラームの幻影を通じて、勝ち誇ったグローバリゼーションが自らと格闘している場面」と評したジャン・ボードリヤールは、もっと核心に踏み込んだいい方をしている。

それはあらゆる世界秩序、あらゆる覇権的支配につきまとう戦争であり、仮にイスラムが世界を支配したとすれば、今度はイスラムに対するテロが起こるだろう。なぜなら、グローバリゼーションに抵抗しているのは、じつは世界そのものなのだ。（『パワー・インフェルノ　グローバル・パワーとテロリズム』塚原史訳、ＮＴＴ出版）

「崇高な精神的共同体」とそれ以外

世界を救うのは騒乱プロジェクトだ。文化の氷河期。前倒しされた暗黒時代。騒乱プロジェクトは地球が元の姿を取り戻すまで、強引に人類を休眠、あるいは服役させる。

「アナーキズムの正当性を定義してみろ」タイラーは言う。「その頭で考えろ」ファイト・クラブが事務員や食品雑貨梱包係を解体するように、騒乱プロジェクトは文明を解体して、よりよい世界を創り直す。

「想像してみろ」とタイラーは言った。「デパートのウィンドウの前を過ぎ、腐りかけた優雅なドレスやタキシードが並ぶ悪臭ぷんぷんのラックの列を縫うようにしてヘラジカを追う。人間には死ぬまで擦り切れない皮の服がある。手首ほども太さのあるクズのつるを伝ってシアーズ・タワーを登る。ジャックと豆の木だ。水滴を滴らせる葉や枝のあいだを抜けててっぺんに出ると、空気が澄み渡っているおかげではるかかなたまで見晴らすことができる。真夏の太陽が照りつけるなか、長さ一五〇〇キロ、八車線のスーパーハイウェイの、空っぽの相乗り専用レーンでトウモロコシを挽いたり、細く裂いたシカ肉を干したりしている小さな人影までしっかり見える」

騒乱プロジェクトの最終目標はそれだ、とタイラーは言った。文明を徹底的にかつ即座に破壊することだ。(チャック・パラニューク『ファイト・クラブ〔新版〕』池田真紀子訳、ハヤカワ文庫)

一九九九年に日本で出版され、同時期に米国で映画化もされた長編小説『ファイト・クラブ』は、カリスマ的リーダーであるタイラー・ダーデン率いる反グローバル資本主義を掲げた集団が、最終的にニューヨークの摩天楼を爆砕するまでに至る様子を、ひょんなことからタイラーの相棒となった「ぼく」の視点で描いた異色小説である。のちに9・11事件を予見した作品として分析の対象にもなった。

主人公の「ぼく」は、自動車会社でリコール調査を行なう会社員だが、ブランド物を買いあさっては自足する虚飾に満ちた生活に嫌気が差している。そんな折、高級石鹸を売り歩く謎の男・タイラーと出会い、その反社会的な生き方に魅力を感じるようになる。酒場で酔っ払った挙げ句、本気で殴り合うことに価値をみいだした「ぼく」とタイラーは、同じ問題意識と破壊願望を持ったメンバーを集めて「ファイト・クラブ」を作り、これが全米にフランチャイズ化され拡大していくこととなる。この組織がグローバル資本主義の中枢である金融会社のビルを爆破する過激派の母体となるのだが、この小説（映画）がいまだにカルト的な人気を誇っているのは、自らの生活の実りのなさを「すべてを計算可能性と金銭的価値に還元する」今の社会システムのせいだと考え、かつて経験したことのない「殴り合い」＝「痛み」を経由して真の男となれる「帰属集団」を得て、「地球が元の姿を取り戻すまで、強引に人類を休眠、あるいは服役させる」という壮大なプロジェクトに参画する、といった一昔前のマルクス主義青年の革命戦士ストーリーの現代版リメイクだからである。違うのは、爆砕する対象がツァーリ（皇帝）から金融資本の総本山に変わったことだ。

だが、これは決して他人事では済まない非常に厄介な問題なのである。

伝統が重きをなしておれば、共同体における個人の社会的地位は安定しており、そのことが自己同一性のよすがとなる。伝統がすたれて、各自がライフスタイルを自由に選択するようになると、自我の確立を避けて通れなくなる。人々は、これまで以上に能動的に、自己同一性の構築ないし再構築にはげまなければならなくなる(9)。

これは一九九〇年代末期に発表された著名な社会学者の分析だが、現在、多かれ少なかれどのような国にもみられる状況である。

あらゆる物事が選択の対象となるので、自由度は格段に向上する一方、これで大丈夫といった確信は得られない。家族や地域共同体のつながりが弱まると、帰属意識《アイデンティティ》の強制から解放されるものの、常に「自分は誰なのか」という不安を抱えなければならない。

「ぼく」が四六時中さらされる空虚は、いうまでもなく帰属意識《アイデンティティ》の危機に由来している。会社は「すべてを計算可能性と金銭的価値に還元する」最小ユニットであり、とてもではないが帰属先にはなり得ない。「ぼく」には恋人もいなければ信頼できる友人もいない。そして、そんな自分自身のライフスタイルに嫌悪を催し、それはすぐに自分以外の世界に対する嫌悪に転化する。「ぼくはぼくが恵まれなかった美しいものをすべて破壊したかった」「全世界をどん底に突き落としたかった」。

そんなときに、ダメな「ぼく」を体よく鍛え直してくれる、マッチョでイカれたグル（導師）が現われる。新しいタイプのアンチヒーローだ。

彼と「殴り合い」という血の契りを交わすと、物質主義や消費主義に塗《まみ》れた社会システムに異議を唱える者らの「崇高な精神的共同体」を作り上げる。「殴り合い」はこの集団のメンバーとして承認されるための通過儀礼の役割を果たすものだ。やがて内部だけで完結していた「殴り合い」は、「宿題」として街中で一般人に対して行なうよう指示され、次第にその「宿題」の内容は、単なるいたずらから社会秩序を転覆させる本格的な破壊活動へと発展していく。この話のどこを見ても既視感（デジャヴ）を覚えるのは、さまざまな反社会的組織に共通するプロセスの戯画であるからだ。

タイラーの物質主義に対する嫌悪——「若く強い男や女がいる。彼らは何かに人生を捧げたいと望んでいる。企業広告は、本当は必要のない自動車や衣服をむやみに欲しがらせた。人は何世代にもわたり、好きでもない仕事に就いて働いてきた。本当は必要のない物品を買うためだ」「我々の世代には大戦も大不況もない。しかし、現実にはある。我々は魂の大戦のさなかにある。文化に対し、革命を挑んでいる。我々の生活そのものが不況だ。我々は精神的大恐慌のただなかにいる」——は、過激なイスラーム主義の原点にも通じる純正主義（ピューリズム）を体現している。

敵意が向けられる矛先は、尊大、貪欲、軽薄で退廃的な根無し草のコスモポリタリズムに彩られた「**都市**」であり、科学と理性に裏付けられた「**西洋的考え**」であり、自らを犠牲にする英雄とは正反対に、自己保身に走る「**ブルジョア階級**」であり、純粋な信仰世界のために倒さなければならない「**不信心者たち**」だった。（イアン・ブルマ、アヴィシャイ・マルガリート『反西洋思想』堀田江理訳、新潮新書）

このような抽象化された「想像上の西洋」に敵意をむきだしにし、「殺人的衝動を持つ」思想傾向を、ブルマ＝マルガリートは「オクシデンタリズム」と名付けた。

抽象化された「想像上の西洋」というのがポイントで、実際の地理的な条件とは関係のない「世界のどこででも生まれ得る」現象なのだ。しかも、その来歴は、資本主義やマルクス主義などの諸々の近代思想と同様に「ヨーロッパのなかで生まれ、その後に非西洋世界へと移動していった」という。

ブルマ＝マルガリートは、T・S・エリオットの「神なき世界」で生きる近代都市に対する悲観を詠んだ詩を取り上げ、「世界貿易センタービルを、アラーと聖戦の名の下に破壊した行為は、粗野に、文字通り殺人的に、エリオットの詩と響き合う。これらはまったく異質のものではないのだ。ジハード戦士たちは、復讐の標的を厳選した。ニューヨークはアメリカ帝国の首都であり、ツインタワーにはさまざまな人種、国籍、宗教の人々が集い、グローバル資本主義のために働いていた。ジハード戦士たちにとってツインタワーは、近代の『人間の都市』にまつわる嫌悪すべきもの全てを体現した建造物だった」と述べた。

　オクシデンタリズムのルーツは、十九世紀のドイツロマン主義に遡る。フランスのナポレオンに敗北したプロシア（ドイツ）は、「フランス人の空虚で無情な洗練を、ドイツ人の深遠で精神的な内面生活、国民的魂に宿る詩心、素朴さや高貴さなどと対比させた」。これは、「空虚な合理主義」と「深遠なる精神」への分化であり、「軽薄、不信心、根無し草、拝金、機械的、個人主義、俗物的な生」などと、「崇高、敬虔、伝統的、有機的、名誉、民族主義、英雄的な死」などを対置させるようになる。そして、これが本質ともいえるのだが、「ロマン主義の世界観では『純真』の時代が『堕落』の前に存在するため、彼らの政治は失ったものへの郷愁に向かう傾向がある」（傍点引用者）。つまり、表向きは「文明の衝突」的な宗教戦争とみえるものが、その内実はといえば、ドイツナショナリズムや汎ゲルマン主義などを淵源とする「反西洋思想」の影響下で「過激化」していった可能性が高いのだ。

　欧米列強に遅れをとった戦争中の日本からアル＝カーイダに至るまでその浸透性は非常に顕著であり、恐るべきことに『ファイト・クラブ』が示唆——映画版でブラッド・ピット演ずるタイラーは、観客に向かって「職業が何だ。財産が何の評価に？　車も関係ない。人は財布の中身でもファッションでもない。お前らは、この世のクズだ」という——したように、先進諸国の内部にも「物質文明」「市場原理主義」などの「想像上の西洋」との戦いを挑む者らが、少なからず表舞台に登場してきているのである。

その最初期の代表格には、米国の大学や航空業界に爆破物を送り付けたセオドア・カジンスキー（通称ユナボマー）が挙げられるだろう。彼は、ニューヨーク・タイムズなどに、犯行中止を条件に掲載を要求した犯行声明文「産業社会とその未来」（Industrial Society and Its Future）で、「現代文明の発展は人間性や生態系を破壊する」「産業革命は絶対悪」などとして、技術文明を創造した人類が逆にそれ自体に支配される危険性を指摘し、自然への回帰を訴えた。欧米諸国から、もともとイスラーム教と関係のなかった白人の若者が突然ムスリムになり、過激思想にひとっ飛びする場合もこれと重なる部分が少なからずある。そこには、どこか「西洋の行き詰まり」を打破する革新思想としてのイスラーム主義への期待が垣間みえる。一九七〇年代であればそれは共産主義による世界革命を呼びかける左翼過激派組織が受け皿になったことだろう。

「自由からの逃走」から「カリフ制国家」へ

グローバル化に伴う先進・途上国を問わない地域経済の空洞化は、都市への人口集中をますます推し進め、情報化による分断（オフラインの濃密な関係性よりもオンラインの淡白な関係性が増大）は、「社会的つながり」のない大量の「孤独で不安定な個人」を生みだす。

エーリッヒ・フロムの『自由からの逃走』（日高六郎訳、東京創元社）は、「自由になったにもかかわらず、不自由を求めてしまう」近代人特有のメカニズム――「かれは自由の重荷からのがれて新しい依存と従属を求めるか、あるいは人間の独自性と個性とにもとづいた積極的な自由の完全な実現に進むかの二者択一に迫られる」――を明らかにしたが、これは現在もなお有効である。手っ取り早い不安の解消法は、『ファイト・クラブ』の「ぼく」のように「自分の生きる道」を指南してくれる「グル（導師）」に付き従うことだ。後は、彼にいわれたとおりに「宿題」＝「やるべきこと」をこなしていけばいい。いちいち悩んだり迷ったりしなくて済む。なぜならグルが、「悪いのは○○○のせい」で、「君は悪くない」と断言してくれるからだ。

池内恵は、「若者はなぜイスラム国を目指すのか」と題したインタビューで同様の説を採用している。

これは移民に限らないことだが、近代自由主義の中で生きる人間に固有の問題が現れているのだと思う。どういうことかというと、西欧社会では「自分が何をなすべきか」は自由意思に任されている。逆に言えば絶対に正しい答えというものはなく、自ら判断しなければならない。そのような自由は時として重荷になってしまう。ところが、何か権威あるものに従うことにすれば、自分で決めなくても良い。自ら判断する自由を捨ててナチスドイツの台頭を許した人々の心理を分析した社会心理学者、エーリヒ・フロムの言葉でいえば、彼らは「自由からの逃走」を図ろうとする。ましてやイスラム教の「神の啓示」は、なすべきことを全部教えてくれる。先進諸国からイスラム国を目指す若者が出ているのは、このような理由があるからではないだろうか。(10)

池内は、「その多くは欧米社会でそれなりの学歴を得た、比較的生活水準の高い層から出ている」と指摘し、「動機としては、差別や貧困よりも、先に述べた『自由からの逃走』が圧倒的に強い」と述べている。

ロレッタ・ナポリオーニは、「イスラーム国」の戦闘員の夢は「現実的かつ現代的」だという。「おそらくは、中東における新しい政治秩序の構築に参画するまたとないチャンスだということが、若いムスリムを惹きつけるのだろう。人種差別も宗派対立もない近代国家（言うまでもなくある種の『浄化』を経た後の話だが）の建設は、たしかにめったにない機会にはちがいない」と。そして、「この分析が正しければ、『イスラム国』の究極の魅力は、教育水準の高い欧米の若者にこのユートピアの実現に参加したいと思わせ、カリフ制国家こそがそのユートピアの姿だと信じさせる説得力と訴求力にある」として、これが「欧米民主主義の輸出」よりも魅力的なものに映るのであれば、それはなぜなのかをわれわれは自分自身に問わねばならないと警告した（以上、『イスラム国　テロリストが国家をつくる時』村井章子訳、文藝春秋）。

アブドルバーリ・アトワーンは、それに「非日常性」というスパイスを添える。

過激な暴力は、アラブ世界、西欧世界に新たな若者文化を生んだ。西欧の大都市圏のムスリムの若者は、疎外と差別に悩んでいる。こうした状況下に住む若者にとり、ジハードに参加することは、ギャングに参加できたのと同じような快感をもたらす。ギャングへの参加と異なるのは、彼らが、共通の思想、目的、地位を持ち、戦闘の準備を整えた「同胞たちの社会」に入っていく点である。西欧に住む悩める若者は、これによりコンプレックスから解放される。

ビデオゲームや映画、ＳＮＳなどに支配された世界に暮らす人々は、日常的なものに満足しなくなり、心を満たすために非日常的な何かを求めるようになる。戦車に乗り、カラシニコフ銃を持って馬に跨《また》がり、五回の礼拝を欠かさない長髪のジハード戦士の姿、ジハードを呼びかける歌、大義のために命を捧げ、戦闘で勇敢に戦う行為は、こうした人々を刺激した。そして何よりもインパクトがあったのは、イスラーム国の「成功」である。

人生経験に乏しい人々にとって、これらはとても魅力的なものに映った。かつてチェ・ゲバラのような政治家が多くの人々を惹きつけたように、そしてポップシンガーやサッカー選手に惹きつけられるように、彼らはジハード戦士たちに惹かれていった。（『イスラーム国』春日雄宇訳、中田考監修、集英社インターナショナル）

が、本質的に「自由からの逃走」を内包したこれらの動向については、池内のいう「今の国際秩序も国内についてもルールをよく知らないのだけど、『現状はダメだ』と言ってしまう次元の反発」「非常に浅いアンチ・システム運動」の表出に過ぎない、といった冷静な分析がとりわけ重要になってくるのである。(11)

よく槍玉に挙げられるのは「米国の侵略主義」や「グローバル資本主義」だが、これらを敵視することが問題なのではない。

それらがもたらす「害毒」にはたと気付き、「命懸けで立ち向かおうとしている」われわれ＝覚醒した者たちの「崇高な精神的共同体」と、彼ら＝「それ以外」を分かち、後者を「米国の侵略主義」や「グローバル資本主義」のお仲間、果ては無関心・傍観的態度を決め込む同じ穴のムジナであるとして、自分たちのユートピアを実現するための暴力主義の犠牲になるのもやむなしと考える、そのあまりにずさんで、知的怠慢に過ぎる二元論こそが問題なのだ（わざわざ、いうまでもないことだが、「イスラーム国」とそこで生活する数百万の住民を「カルト」とその一味と決め付けて「こういった連中を皆殺しにして支配地域そのものを焦土化すれば問題のすべてが解決する」といった発想も、知的怠慢という意味ではまったく相似である）。

「現実があまりに辛すぎるので、今すぐにユートピアを実現したい」

こう思って日々努力している非営利組織や慈善活動家はいくらでもいる。

だが、普通に考えて自分たちが生きている間＝「今生」にそれがなされると本気で信じている者はいない。当然理想は「今生」というスパンを夢みているが、「良い大人」であれば現実的に困難なことぐらいは理解できる。だから、わずかずつでも目標に向かって進むしかない。それが、思いどおりにいかない、複雑極まりない、多彩かつ変化に富んだ「この世界」である。

しかし、これをいかなる手を用いてでも「今生」に実現しなければならないというラディカルな欲求が昂進し、この「大義」の成就を妨げる連中を排除しなければならないなどといい始めると、柔和な理想主義者であっても一気に過激思想への扉を開いてしまう。

加藤朗は、冷戦後のグローバリゼーションに対する反発として、世界各地で吹き荒れたテロリズムを「ポストモダン・テロ」と大くくりし、「近代の世界観や思想」への疑問符を突き付ける一連のテロリズムを「アンチモダン・テロ」と総称した（『テロ　現代暴力論』中公新書）。

「環境保護」「動物の権利（アニマル・ライツ）」「反中絶」などキーワードはさまざまだが、要するに、

「近代の負の遺産」に対しては暴力主義も辞さないとする団体や個人の行動のことだ。(12)

「環境保護」「動物の権利（アニマル・ライツ）」（この二つは、エコ・テロリズムの動機になっている）「反中絶」などを、「今生」で完遂しようとすれば、環境保護の場合ならグローバル企業やその経営者たちを粛清することになり、動物の権利の場合なら動物実験を行なう企業や研究機関、密猟ビジネスに携わる者たちを粛清することになり、反中絶の場合ならクリニックの医者たちを粛清することになる。いくら理想が素晴らしいものであっても、「今生」で実現するとなると「大量虐殺」と「強制収容所」が必要になる。なぜなら、抗議や脅迫などを含めた説得や交渉などに甘んじていたら、その間（最低でも数百年かかるだろうか）にアマゾンの原生林は次々と焼かれ、数多の動物たちが薬物漬け、皮剥ぎにされ、新生児となるはずだった胎児が掻きだされてしまうからだ。こういった短絡は、すでにナチズムやスターリニズムが証明してしまったことである。

日本では、オウム真理教による一連の事件となって表面化した。のちに発見された世界最終戦争（ハルマゲドン）の計画――サリン七〇トンを霞が関や皇居に散布して、一〇〇〇丁の自動小銃で武装した信者で首都をせん滅する――は、簡単にいえば「生きているうちにユートピアを実現するための強硬手段」であったといえる。

ここで、注視しなければならないのは、端的な暴力主義＝テロリズムが、「凡庸な生」を「特別な時代」に生きる「変革の担い手」に格上げし、そのおかげで各々の「生きにくさ」が解消され、「何者かであること」の実感が得られるといういかさまである。ブルマ＝マルガリートは「ファシズムはまさにその理由から、凡人に魅力的だった」という。「なぜならば『スーパー国家』――そしてナチスの場合は優秀な美徳と精神性を誇る『スーパー人種』――に属しているというだけで、凡人でもつかの間の栄光を垣間見ることができたからだ」(『反西洋思想』)。

ここでは、暴力主義＝テロリズムという「特別な行為」が、「特別な時代」を要請し、「特別な自分」を造形するというトートロジー(循環論法)が何食わぬ顔で息づいている。つまり、「崇高な精神的共同体」に支えられた「特別な行為」ゆえに「特別な時代」となり、「凡人」が「特別な自分」というフィクションに与れるというわけだ。だが、そのいかさまはアブドルバーリ・アトワーンがいったように、「非日常的な何か」として「悩める若者」を惹き付けているのもまた事実なのだ。「〇〇を真に変革するためには、もう合法的な活動をやっている場合ではない。『彼ら』はすでに非合法的な行為＝悪をなしているではないか。だから、『われわれ』はついに『彼ら』に対する攻撃に打ってでる。『この時』を逃しては変革の機会は二度とこない。『われわれ』がその最前衛となる役割を負うのだ」――これは、あらゆる組織が「殺人」のハードルを取り去る際に繰り返し唱える呪文である。イエスですら二〇〇〇年待っても音沙汰がないのに、自分たちが存命中に「千年王国」を到来させようという企てなのだ。この「千年王国」はある者にとっては「(誰にとっての差別かはさておき)人種・宗派差別の根絶された世界」であり、ある者にとっては「環境破壊のない原始生活が営まれる牧歌的な世界」であり、ある者にとっては「すべての胎児が生まれてくることを保障される世界」であり、ある者にとっては「最終解脱者が統治する精神的修養のための世界」であり、ある者にとっては「欧米が後ろ盾の独裁者や政治的腐敗などとは無縁のカリフ制国家」である、というわけである。

つまり、ロレッタ・ナポリオーニが、彼らは「つまり、死後ではなく、この地上でカリフ制国家を体験したいのである」（『イスラム国 テロリストが国家をつくる時』）と語るとき、彼らはこの「カリフ制国家」に「腐敗、悲惨な状況、不信仰、拝金主義を終わらせ」（『イスラーム国』）る「機械仕掛けの神」（Deus ex machina）を夢見ているのである。

居場所がないから「自爆テロ」？

過激思想というものは通常、高まる期待と低下する機会の認識ギャップを苗床に育っていく。その国の若年人口比率が高く、彼らが暇で、退屈しているときは特にそうした傾向が見られる。芸術や文化が貧弱で、娯楽（映画や芝居や音楽）にたいする警察の監視がきついか、あるいは娯楽そのものがまったく存在せず、しかも若い男たちがその心を慰めてくれるはずの女性と交流する機会を奪われている場合、過激思想は猖獗（しょうけつ）をきわめることになる。（ローレンス・ライト『倒壊する巨塔〈上〉アルカイダと「9・11」への道』平賀秀明訳、白水社、（ ）内引用者）

ジェノサイド研究の第一人者であるグナル・ハインゾーンは、『自爆する若者たち 人口学が警告する驚愕の未来』（猪股和夫訳、新潮選書）で、世界各地で発生しているテロや内戦などの主たる要因として、人口統計の見地から「ユース・バルジ（youth bulge）」という現象に着目した。「バルジ」とは、男女の年代別人口を両サイドの横棒グラフとして示した人口ピラミッドの図表のうち、外側に向かって「膨《ふく》らんでいる部分」を指している。つまり、ユース・バルジとは「極端に多い若者の世代」のことである。以下の記述は同書に基づく。

ハインゾーンは、この人口爆発によってこの世に投げ出されたベビーブーマーたちに対し、その国がしかるべき「地位や持ち場＝ポスト」を与えることができなかった場合、彼らの持てあましたエネルギーの向かう先は、「国外への移住」「犯罪に走る」「クーデタを起こす」「内戦または革命を起こす」「集団殺害や追放」「越境戦争に及ぶ」——の六つしかないとした。いずれも共通するのは、「野心を満足させるだけのポストを得たい」という非常に明快な動機付けである。

ハインゾーンは、アフガニスタンにおける高水準の出生率を取り上げ、「アフガニスタンでは新たに戦士となり得る者を毎年五〇万動員できる。うち三五万は次男以下の弟たちだ。西側からの援助もあって彼らは腹を空かせることもなく、文字を覚え、医療も受けている。が、引きも切らず押し寄せる怒れる若者の野心を満足させるだけのポストのことは、NATOやNGO諸団体の頭のなかにはない。だから、二番目から五番目までの息子たちにとって、切望していた国外移住が叶わないとなれば、武器を手にして通常の犯罪に手を染めたり地下組織の軍隊に足を踏み入れたりするのは、現実的な選択肢のひとつとなる」とした。悲しいことではあるが、それが、植民地主義を緩衝材にすることができた欧米諸国と異なり、「モダニティの遅参者」たる国々が取り得る「『グローバルな諸問題へのローカルな解決』のひとつ」なのである。(13)

アル＝カーイダのメンバーや、「モロッコの9・11事件」といわれるカサブランカ連続爆破事件の容疑者の出自や生育環境などを取材した国末憲人は、彼らの経歴に〝ある共通点〟があることを突き止めた。

巷間語られる貧困層特有の問題などではなく、「ある程度裕福だったり、それなりに成功に手が届きそう」な若者たちが大半で、その後何らかの挫折によってポストを得ることができなくなってしまったことだ。いわば過激派組織は、それらの事情を察したうえで彼らの「劣等感」「上昇志向」に巧妙に付け入るのである。

〔9・11事件の二〇番目のテロリストといわれた〕ザックことザカリア・ムサウイは高卒、高専卒で満足できず、何とか大学で学ぼうとロンドンにまで行った。モハメド・ムハニは、スラム出身者としては異例といえる地元の名門大学合格を果たしながら、中退した。〔9・11事件の実行犯〕モハメド・アタはカイロ大学を出たものの就職できず、ハンブルグに留学したまま、卒論を書くのに九年近くを費やした。神童の誉れ高かったカメル・ダウディは大学入学後ただの人になってしまい、学業を途中で放棄した。〔アフガニスタン北部同盟のマスード将軍の暗殺者〕アブデサタール・ダーマンはブリュッセルの大学を転々としているうちに違法滞在となってしまった。（『自爆テロリストの正体』新潮新書、〔 〕内引用者）

グローバル化の進展は、後進国においても人々を伝統や地域性から解き放ち、国外移住や越境に対する抵抗感が弱くなり、むしろ野心に裏打ちされた期待感が増すことになる。そうなると、旧来型の父親は到底モデルになり得ず、「自己承認」と「父性」を求める旅になる可能性がある（運が悪ければそれこそ「死出の旅」になるだろう）。

ここでも、実は「自由からの逃走」問題は顕在化しており、ハインゾーンの人口爆発による「ポスト取りゲーム」と微妙に重なり合っている。

章タイトルの次に掲げたパラグラフの最初の行――「今日、本当の意味で生きているといえるのは誰なのか」は、時代が地球的規模で「自由と生存をめぐる闘争」から「帰属と承認をめぐる闘争」にシフトしていることを示すものだ。それは、血縁にも地縁にも縛られなくなった個人が国民国家に統合（再編）されず、何か別のオルタナティヴなものに「自分らしさ」や「生きがい」、もしくは「自らの命を懸けるに値する価値」をみいだす状況を表している。

ジジェクはいう。

> 人生を「生きるに値する」ものにするのは、人生における過剰にほかならない。つまり、それは、人生には、命を賭ける価値をもった何かが存在する、という意識である（われわれはこの過剰を、たとえば「自由」「名誉」「尊厳」「自律」などと呼んでもよい）。このように命を賭ける覚悟ができてはじめて、われわれは本当の意味で生きているのだ。したがって、ヘルダーリンが「生きることは、形式を守ることである」と書くとき、この形式は、単なる生の形式 Lebensform ではなく、生の過剰性の形式である。すなわち、この過剰性が生というテクストに暴力的に書き込まれる際のありようである。（『操り人形と小人　キリスト教の倒錯的な核』）

「人権」もジジェクのいう「命を賭ける価値をもった何か」＝「過剰」に含められるだろう。選択肢は無限である。

民族独立運動といえば、クルド人、ウイグル人、バスク人などがよく知られているが、旧来からの民族自決に伴う古典的な暴力主義は、これからも存在し続けることは想像に難くない。だが、その一方で、世界中では、新たな統合のシンボルを求めて急進的なナショナリズムや極右勢力などが台頭し、多様性をモットーとしつつあるリベラルな公共空間との衝突が拡大している。

急進的なナショナリズムや極右勢力などといっても、大半が「陰謀論」「人種主義」「反近代思想」などをパッチワーク的につなぎ合わせた、たかだか近代以降に出現した〝○○○人〟というカテゴリー――アマルティア・センのいう「単一基準のアイデンティティ」――にのみ執着し、それを自他ともに強制しているに過ぎない。しかも、そこにもはや明確なビジョンや建設的な議論は存在しない。「あいつらを追い出せ」「われわれに然るべき地位を与えよ」「あいつらに税金を使うな」「この国はわれわれ○○○人のものだ」――などと鬱積した負の感情を吐きだしてカタルシスを得ようとする動きがあるだけだ。つまり、彼ら、あるいはわれわれに決定的に欠けているのは、「人生を『生きるに値する』もの」にする何か、なのだ。それが「ない」のは、自分たちの可能性を障害している何者かがいるからに違いない、などと社会科学的なもろもろの思考をショートカットしてしまう。

そうして、自分たちの「空虚さ」を説明してくれる、もっともらしい似非理論に基づく怒り、呪詛、フラストレーションを「過剰性」として背負うこととなる。「不安定な世界に生きている自分自身の意識」（レザー・アスラン）に無頓着な人々ほど、分かりやすい「解」に飛び付きたがるものである。だが、それは埋め草に過ぎない。

ルネ・ジラールはいう。

科学精神は、人間にとって最初のものではありえない。科学精神の前提となるのは、現代の民族学者たちが見事にも明らかにした、呪術—迫害的思考への古びた好みの放棄である。人類はつねに、自然に由来し、遠くにあって理解しがたい原因よりは、「社会的に意味があり、人間が干渉して変更させることができる」原因、言いかえれば犠牲者のほうを好んできたのであった。（『身代わりの山羊』織田年和・富永茂樹訳、法政大学出版局）

チャック・パラニュークが『ファイト・クラブ』を発想するきっかけになったのが、ホスピスでの「互助グループ」への付き添いボランティアの体験だったことは、まさに今日的な時代状況をよく表しているといえる。

自らの苦悩や悲憤を絞りだすことができ、かつそれを受け止めてくれるメンバーがいる——これは、多くの人々が潜在的に欲しているものなのだが、実はわれわれの社会において圧倒的に不足しているものでもある。先進国におけるカウンセリングブームは、こういった欠陥の埋め合わせ、対症療法だ。失われた紐帯の代替物としての、反社会的といわれる「組織」「団体」「セクト」「カルト」等々と呼ばれる集まりは、たとえさまざまな宗教や思想のパッチワークであろうとも、かけがえのない「互助グループ」としての機能を提供できれば、アメーバのように増殖し続ける寄生体なのである。だが、暴力主義を掲げる「テロの達人たち」が、これを都合の良い駒として利用し始めたら、どんな事態を招来するのかはすでに縷々《るる》述べたとおりだ。

ハインゾーンは、サミュエル・ハンチントンの言葉を引き、イスラーム圏での「怒れる若者世代」が主役の暴力主義は、あくまで近年の人口爆発が大きな要因であるため、二〇二〇年代には大幅に減少するとみている。しかし、これは、世の中から「テロ」を招来する暴力主義の原因がなくなることを意味しない。

必要なのは、われわれが決して暴力主義に堕することのない、「人生を『生きるに値する』ものにする」「生の過剰性の形式」であり、別の手段による「グローバルな諸問題へのローカルな解決」の仕方なのである。それは、自分たちの社会を「実りがない」「不毛だ」と感じ、そこのメンバーであることの自覚がなく、反社会的な帰属と承認に「生きがい」あるいは「死にがい」をみいだしてしまう人々を、「われわれ」の問題として引き受けることができるかどうかにかかっているのだ。

〝彼ら〟ではなく〝われわれ〟の問題だ
～エピローグに代えて～

「僕たちは、もう誰ひとり人殺しをしなくなるような世界を築き上げるために殺すんじゃないか！　この大地がついには罪のない人間たちでいっぱいになるためには、僕たちは犯罪者になることさえいとわないんだ！」
「でも、もしそうならなかったら？」

アルベール・カミュ

（「正義の人びと」『新潮世界文学49　カミュⅡ』白井健三郎訳）

世界に衝撃を与えた日本人によるテロ

日本は、テロに馴染みがないように思われがちだ。

しかし、一九七〇年代に世界を席巻した「日本赤軍」によるハイジャック事件など、一時期左翼過激派によるテロリズムがセンセーショナルな話題を提供し、国内外のさまざまな組織に大きな影響を与えていたことを忘れてはならない。この「われわれ」の同胞が生みだした「悪しき知恵」は、今もなお「われわれ」の与り知らぬ人々の間で精神の糧とされ、暴力主義と名が付くもののモデルケースとなっている。それは「彼ら」にとって、原典も本家も知らなくても習得可能な非合法活動のメソッドのようなものである。

すでに多くの研究者が指摘していることだが、テロリズムの歴史において重要視される日本人による三大テロは、東アジア反日武装戦線〝狼〟による「三菱重工爆破事件」などの一連の企業爆破テロ、「日本赤軍（アラブ赤軍）」による「テルアビブ空港乱射事件」、オウム真理教による「地下鉄サリン事件」などの一連の化学兵器テロだといわれている。

〝狼〟の事件は、その攻撃のスケール――「重さにして四〇キロ、ダイナマイト四〇〇本分と見られる強力な爆弾がテロ事件で使用されたのは、史上初の規模である」（福田充『メディアとテロリズム』新潮新書）――と、「無差別テロ」の走りであったことが焦点になりやすい。だが、その一連のプロセスを抽象化していくとアル＝カーイダの出現を予見させる数多の痕跡にぶつからざるを得ない。

まず、現在では、アル＝カーイダをはじめとしたグローバル・ジハード運動の組織に典型的な「非集権的で、分散的なネットワーク」の先駆であることだ。「中央」が作戦計画を立案し、下々に具体的な指示を与える、軍隊型の指揮命令系統をあえて設けず、「特定の思想」に共鳴する者たちがフランチャイズ的にグループを立ち上げ、それぞれが「共通の敵」に対して攻撃を加えるスタイルである。東アジア反日武装戦線に紐づく形で〝狼〟〝大地の牙〟〝さそり〟と三つのグループが存在したことがそれに当たる。

さらに、メンバーの獲得方法が、『腹腹時計』という地下出版物によるものだったことだ。爆弾の製造法やゲリラ戦の手法などを解説した、いわゆる教程本で、自らの「反日帝＝植民地主義」のエッセンスが詰め込まれていた。当時はインターネットがなかっただけで、「アラビア半島のアル＝カーイダ」が二〇一〇年に発刊した英語圏向けのウェブ雑誌「インスパイア」誌上に「ママのキッチンで爆弾を作る」といったコーナーとともに、「少人数によるジハードは当局の目を逃れやすい」などとテロ行為を煽る記事を掲載したのと変わらない。

しかも、「彼ら」は、普段は一般市民として何食わぬ顔で生活して当局の目をかいくぐって、曰く「日帝支配・植民地支配の象徴《シンボル》」である「三菱重工本社ビル」を攻撃した。これは、「9・11事件」の実行犯が犯行当日まで米国市民として完全に社会に溶け込んだうえで、ジャンボジェット機の操縦法をマスターし、「米帝国主義・グローバリゼーションの象徴《シンボル》」である「ツインタワー」を攻撃したのと似通っている。その後の経過も興味深い。

一連の企業爆破テロと直接関係はないとされているが、北海道警察本部爆破事件、北海道庁爆破事件などで「東アジア反日武装戦線」名義の犯行声明がでるなど、「反日帝＝植民地主義」に共鳴する者たちによる「想定外」のテロを招来したことである。

これは、アル＝カーイダが辿った「ブランド化」と「ローン・ウルフ（一匹狼）型テロの誘発」という事態を髣髴《ほうふつ》とさせる。

「テルアビブ空港乱射事件」と「地下鉄サリン事件」は、すでに記したので重ねて言及はしないが、つまるところ、「われわれ」の同胞は、実はその時代の節目節目に、暴力主義のエポックを紡いできた側にいたのである。

思想など二の次の「身勝手な破壊願望」

「イスラーム国」への参加を企てたとされる北海道大学の男子学生の事件が大きく取り上げられた際、「日本赤軍」の岡本公三を引き合いにだした識者が何人かいた。

たしかに、中東の地を舞台に日本人が国際的な「テロリズム」活動に加わるという事態は、「日本赤軍」のパレスチナ解放人民戦線などとの連携以来のことである。

しかし、一九六〇～七〇年代の政治の季節を知る人たちにとって、北大生のような「自分探し」君と岡本の決断は、全然「質」が異なるのではという印象を持つかもしれない。だが、少し立ち止まってこの両者を観察してみよう。

私は、テルアビブ空港襲撃の目的は何か聞いてみた。岡本はいった。第一目的は世界に衝撃を与え、怒らせること、そして革命の力、赤軍派の力を知らしめることだ。第二目的は、世界中の革命運動への、日本赤軍派の連帯の表明だ。襲撃は、パレスチナ問題だけに特別に関係したものでは決してないと、彼は強調した。それはどこででも起こりうる。どんな運動とも結びつきうる。革命は世界規模なのだ。革命兵士はあらゆる国に存在し、あらゆる国で闘うだろう。(パトリシア・スタインホフ『死へのイデオロギー　日本赤軍派』木村由美子訳、岩波現代文庫)

これは、パトリシア・スタインホフによる岡本へのインタビューだが、「革命」とは、要するに「ブルジョア資本主義」vs.「世界中の革命運動」という構図の「聖戦」のことである。そして彼は、五・一五事件の首謀者・井上日召の生き写しのように、既成秩序の破壊にのみ傾倒する楽観主義者であった。

私は、革命で既成社会を打倒したらそのあとにはどんな社会が出現するのか、聞いてみた。岡本はほほえんで、それは革命においてもっともむずかしい問題です、と答えた。次にはどのような社会になるのか、はっきりとはわからない。でも、新しい社会は、ブルジョア資本主義打倒ののちに現われるということははっきりしている。新しい社会でどのような価値観が具現化されるのか、岡本は言明しなかった。ただ、ブルジョア資本主義打倒をめざして蜂起するプロレタリアートによる社会となるだろうと語った。革命の獲得目標について曖昧なことしかいえない事実を認めたうえで、岡本はいった。真の目標は、革命それ自体だ。既成権力を世界規模で破壊することだ。その先はわからない。(同前)

最後のくだりが井上日召の「自分等は現状破壊を任務とするので建設のことは考へてゐない」と呼応することはみやすい。

さて、北大生はどうであろうか。

〔フリージャーナリストの〕常岡さんによると、北大生は理数系で、数カ月前に「学校も、家族も、携帯も捨ててシリアに行くために上京した」とされる。イスラム法学者の紹介で知り合った常岡さんの取材に対し、「日本社会のフィクション（虚構）が嫌になった。日本では人を殺すことは悪だが、イスラム国では正義になる。戦闘に参加して人を殺してみたい」などと話したという。

ただ、「シリアに特に関心はない」「イスラムに興味はない」とも答えたといい、常岡さんは「北大生は自分の内面の問題を解決するために日本を離れたいと思ったようだが、本気でイスラム国の戦闘に加わるつもりだったかどうかは疑問を感じた」と話している[1]。

ここでは、共通点は「破壊願望」ぐらいにみえる。だが、岡本も彼の地に関心があったかどうかは大いに疑問がある。

「一本釣り」され赤軍派に入った岡本は大学を休学した上で、七二年三月にレバノン入りし、訓練に参加した。次兄の武に会えるとの言葉に乗せられて中東入りしたともいわれている。事件前にベイルートで岡本に会った日本人ジャーナリストが当時語ったところによると、岡本自身は英語もままならず、パレスチナの実情についてもほとんど知らない状態だったという。（杉山文彦編、時事通信外信部『世界テロリズム・マップ　憎しみの連鎖を断ち切るには』平凡社新書）

岡本が、ベトナム戦争に反対する平和運動が無意味だと感じて失望し、先に述べたとおり革命という名の「破壊願望」と、ブルジョア資本主義との「聖戦」の革命戦士になった一方で、北大生は、「日本社会のフィクション（虚構）が嫌」になり、ジハードへの参加――「日本では人を殺すことは悪だが、イスラム国では正義になる。戦闘に参加して人を殺してみたい」――によって「破壊願望」を満たそうと考えた。

当然時代背景も属性も異なる二人を比較する必然性はない。ただ、そこには、まず観念的な問題が先行していたことは確実で、それをどうにかするために「過激思想」が要請される、もしくは「破壊願望」に相応しい現実の戦場や紛争地が選択されているように思われる。その内実が「稀有な体験」を求めてのものか、どうにもならない人生をブレイクスルーするための「通過儀礼」を求めているのか、根無し草的な自分を位置付ける新たな「承認と帰属先」を求めているのか――そのいずれをも含むのか、それは本人にすら把握できないものなのかもしれない。

だが、岡本はこんな言葉を残している。

襲撃での死の覚悟を、彼は「玉砕」という言葉で具体的に表現した。戦場で、その主義に殉じて美しく散華するという意味である。のちに岡本はこう述べている。

「桜の花が散るように、私はロッド（テルアビブ）空港で散っていきたかった。散らなければならなかった。終身刑は私の心を重くした。」（『死へのイデオロギー』）

これでは、まるで「散る」ことが目的で、「襲撃」は手段だったといっているようなものだ。北大生の事件でにわかに注目を集めることとなった、かつてシリアの反政府組織で戦闘に加わったことのある元自衛官の青年は、「宗教的、政治的な信念はなかった」「戦場で何もかもぶっ壊したい」といってのけた(2)。

このように、動機は多様でとても一元化などはできない。しかし、この思想など二の次の「身勝手な破壊願望」は、決して「われわれ」に無縁ではない。むしろ、当たり前過ぎてみえていないだけなのである。

他の文化基準を認めない自己の絶対化

日本人論の泰斗、山本七平は、戦時中陸軍に徴用された民間人の手記にあった「日本の敗因二十一カ条」の一つ「日本文化に普遍性なき為」「一人よがりで同情心が無い事」を引き、「そこにあるのは、自己の絶対化だけであり、『他に文化基準のあること』を認めようとしない、奇妙な精神状態だけがあった。絶対化してしまえば、他との相対化において自己の文化を把握しなおして、相手にそれを理解さすことができなくなるから、普遍性をもちえない」（山本七平『日本はなぜ敗れるのか　敗因21ヵ条』角川oneテーマ21）と述べた。

山本は、その典型的な例として大学生たちの傾向を挙げる。

あるキリスト教系の大学で、毎年、新入生から「宗教」に関するアンケートをとってきた。そのアンケートの中で、つねに最大の比率を占めるのが「自分は宗教を必要としない。そういうものがなくても生きて行ける。しかし、だからと言って、否定しようとは思わない。弱い者や不幸なもの、また老人や女性には必要なものだろうと思う。だから、その点では理解もし、そういう人たちが何らかの宗教を信ずることに反対しようとは毛頭思わない。それはそれでよいと思う。しかし自分は必要としない」という考え方だといわれます。（『比較文化論の試み』講談社学術文庫）

しかも、当人には「『自分がなぜそう考えるか』という意識が皆無」だという。

「そこで、そういう考え方は、吉田松陰の考え方とほぼ同じですが、あなたは自分の考え方が、伝統的な日本的な考え方だと思ったことがありますかと質問しますと、その人たちは一様に、非常に驚いた顔をします」といい、「自分の考え方を歴史的に把握しなおす」作業を怠っている事実を強調している。つまり、これでは自らの思想を「ある時代のある文化圏のある考え方」とみることができないので「反省」は不可能となり、それどころか「自分の考え方は、全地球に通ずる普遍性をもっていると信じてしまう」と（同前）。

この「知的伝統」は、自称「無宗教」を名乗るわれわれ日本人、とりわけ知識層といわれる人々に特徴的なものでもある。

つまり、「無宗教」といいながらも「神社の前を通って何かを感じる」「（遺骨や遺品から）何かを感じる」という「臨在感」の「来歴」には無頓着なのである。

それについて山本はこういう。

だから、なんらかの臨在感を全然感じない人は非常に少なく、これは年齢層に関係がないんです。なにかをあそこで感ずる。それでいて何を感じても、それがどういうことなのかということは検討しない。同じように、ある一つの構築物、あるいは一つの仏像、あるいは神棚・神社というものに対して、日本人ってのはなにか臨在感を感ずる。感じていながらそれを自分で検討しませんから、感じない民族のことも、別の感じ方をする民族のことも理解できなくなるんです。（同前）

これが最終的には「自己の絶対化」につながってしまう。

シリアの反政府組織で戦った件《くだん》の青年は、週刊誌のインタビューで、現地のシリア人に「一緒に戦うなら、イスラム教に改宗しないとダメだ」といわれたエピソードを披露し、「僕は思想には興味がなく、ただ戦いたいだけ。でも、ここで引き返したくなかったので改宗しました」と語った。「一部のイスラム原理主義の人たちからも非難されました。アッラーに帰依するために戦うのであって、戦いのために改宗するというのは目的が違う、と(3)」。これは、非常に危うい態度表明だ。

グローバル・ジハード運動に（中東地域などからきた）日本在住のムスリムや日本人が動員されるといった、公安関係者が危惧するような事態は、そもそもイスラーム諸国からの移民問題を抱えていない日本では考えづらい。むしろ、二〇一五年四月にドローンが総理大臣官邸の屋上に不時着した事件のように、無人機を重要施設に送り込むことでマスメディアにメッセージを訴える手段が定着すると、殺傷目的のテロリズムは逆に退潮していく可能性のほうが高いかもしれない。

しかし、アイデンティティ・クライシスの超克や戦場体験による「自己陶冶」を求めてイスラーム過激派などに加わる者はでてくるだろう。だが、恐ろしいのは山本が指摘するように、内にも外にも「無理解」を公言することによるトラブルだ。

自分たちの思想傾向を客観化できていないので、相手の思想傾向に敬意を払うという発想がない。もっとひどいと、宗教を必要とする者は「遅れており（もしくは劣っており）、無宗教こそが知的に洗練されていて、全地球に通ずる普遍性をもっている」と勘違いすることである。これは災いしか呼ばない。

ヤンネ・テラーの児童文学『人生なんて無意味だ』（長島要一訳、幻冬舎）は、どうせ人間は死んでしまうのだから何もかも無意味だ、と決めつけて不登校になったピエールという少年をめぐって展開される、現代の黙示録ともいえる寓話だ。友人たちは、自分たちの宝物（有形とは限らないのがミソだ）を持ち寄ってピエールの眼前に示そうとする。「これが自分にとっての人生の意味です」と。だが、ニーチェ的な「宇宙論的諸価値の崩壊」（＝世界が無に帰するなら何をしても一切はムダ）に直面しているピエールは、その「意味の山」をみて一笑に付す。それに逆上した友人たちは、衝動的に彼を殺してしまう。簡単にいえばそれだけの話である。彼が殺されたのはニヒリストであったからではない。山本流に解釈すれば、どこまでも自己の感情を絶対化し、「相手」が「臨在感」を持つ対象に何らの「敬意」を払わなかったからだ。

だが非常に困ったことに、われわれ〔日本人〕は、対象を臨在感的に把握してこれを絶対化し「言必信、行必果」〔言は必ず信あり、行いは必ず果たすということ。有言実行の意〕なものを、純粋な立派な人間、対象を相対化するものを不純な人間と見るのである。そして、純粋と規定された人間をまた臨在感的に把握してこれを絶対化して称揚し、不純と規定された人間をもまた同じように絶対化してこれを排撃するのである。〔山本七平『「空気」の研究』文春文庫、〔 〕内引用者〕

少し横道にそれるが、『人生なんて無意味だ』は、人生に対する二つの究極的な回答——「有意味」と「無意味」の二つの原理主義、普遍主義の衝突を描いている。[4] つまり、元来回答のないものに最終回答を与えようとする愚昧《ぐまい》だ。

さて、ここで問わねばならないのは、岡本にとって、現実のパレスチナはただの晴れの舞台だったのではなかったかということだ。「岡本はいった。第一目的は世界に衝撃を与え、怒らせること、そして革命の力、赤軍派の力を知らしめることだ。第二目的は、世界中の革命運動への、日本赤軍派の連帯の表明だ。襲撃は、パレスチナ問題だけに特別に関係したものでは決してないと、彼は強調した。

それはどこででも起こりうる」。「パレスチナ問題だけに特別に関係したものでは決してないと、彼は強調した」は、裏を返せばパレスチナ問題という地理的なこだわりは些末《さまつ》なもので、自分たちの存在を喧伝するプレイグラウンドであることが重要といっているようなものだ。

パトリシア・スタインホフはいう。

岡本はパレスチナ民族の闘いに個人的にかかわったのではなく、赤軍派によって描かれた世界革命へ、イデオロギー的に参加したといえよう。(『死へのイデオロギー』)

それは「赤軍派の力を知らしめる」ために「パレスチナ」という土地を選択したのであり、その逆ではない。「戦うため」にやむなくイスラーム教に改宗した(ジハード戦士を選択した)先の元自衛官の青年とどこか似てはいないだろうか。かくて岡本も彼も日本の伝統に回帰しているのである。

相対主義の次元にとどまるための智慧

「イスラーム国」による日本人人質事件の際、ネットユーザーの一部が、実行犯の側から投稿された画像に対し、コラージュを施して「イスラーム国」のメンバーにSNSを介して送り付ける珍事が起こった。(5) 一口にコラージュといっても、ナイフ片手に要求を読み上げる通称ジハーディ・ジョンを切り抜いて、ケバブを切っている屋台の料理人に差し替えたり、舞台をコンビニに変えて(ナイフの代わりに)アイスクリームを持っている場面に加工したりと、考えられる限りの趣向を凝らした表現で、不特定多数の者が短時間の間に膨大な画像を制作し、「イスラーム国」関係者のツイッターアカウントに送ったり、独自のタグを使って各自のツイッターにアップロードしてその「おバカさ」を競う、一種の「お祭り騒ぎ」となった。彼らの行為は、多くの嘲笑と批判の的になったが、動機や意図がどうであったかはともかく、果たした機能という面からみれば、暴力主義のプロパガンダに対抗して（相手側からすると）いわば前代未聞の変化球で応えたわけである。

事実、当初お決まりの脅し文句で返答していた「イスラーム国」関係者のツイッターから、同じようにコラージュを施した画像が投稿され、どちらかといえばこの「変化球」を面白がる反応がみられ、レスポンスの状況は型どおりの「反発」から「混融《こんゆう》」という不可思議な段階へと突入した。通常、その国の国民などに脅迫を行なう非合法組織に対するリアクションは、「怒り」か、人質がいる場合は「懇願」となるが、組織側が脅迫のために投稿した画像を逆利用した、凄まじい規模の意味不明なコラージュの連投は、あまりに予想外であったために、どう対応すべきか、そもそもどういうふうに受け取ればよいのか、相当に悩ましい出来事であったことは間違いないだろう。しかし、それは「日本人はわれわれに対して憎しみや怒りの感情をぶつけるのではなく、何か別の感情の共有を模索しているのではないか」と思わせるのに十分だった。それは一言でいえば「笑い」である。海外メディアでは、「日本のツイッター利用者は、恐怖によって人々をコントロールしようとするテロリストの手法にユーモアで対抗しているのではないか」などと指摘したが、それすらを超えて「恐怖を発信する側」に「笑い」を感染させて一種のコミュニオン（交感）を生じせしめたのである。これは、あらかじめ計画してできるものではない。

実のところ、重要なことは、極端な話「日本人の一部のネットユーザー（画像を加工した者）の動機」などではなく、その行為の総体を実行犯の側、あるいは世界中のメディア関係者がどう解釈したかがすべてなのである。では、なぜ「交感」は現出したのか。それは、第一に「シャルリー・エブド」のお世辞にも上品とはいえない、悪趣味な風刺画とは異なり、大半が「イスラーム国」を対象にしたものであり、イスラームの教義そのものやムスリムを対象にしたものではなかったこと、第二に、それは風刺ではなく万国共通の「ナンセンスな笑い」を追求したものであったことが非常に大きな要因だった。そしてこのことが、少なくとも「恐怖のコミュニケーション」に対する「恐怖そのものを減殺するユニークな対抗手段」「婉曲的に要求を拒否する（煙に巻く）メッセージ」としておおむね理解されたことである。

何度も繰り返すが、「ただ面白くてやっただけに過ぎない」としても、受け取る側が侮辱されたと感じれば反発するし、「面白がれば」奇妙な融和が引き起こされるというシビアなメカニズムがあるだけだ。しかも、われわれ日本人はそれを「無意識」に成し遂げたのであるから、これには当然日本人の国民性や文化が刻印されているはずである。それは、宗教的シンボルを「笑い」の対象にすることへの本能的ともいえる回避——バーミヤンの仏像破壊に感じる嫌悪と表裏一体のものだ——と、「笑い」の本質を落語などに典型的なフラットな身体性に求める傾向——コピーや分裂、切り貼りが可能な空間認識がベース——があるからであろう。

これを、「カウンタープロパガンダ」として称揚し、「将来のテロ防止に役立つ」とまで持ち上げる海外メディアを鵜呑みにする必要はないが、われわれ日本人こそがこの現象について、きちんと検証・分析を行ない、言語化すべきである。

かつて三島由紀夫は、「どんな宗教的紐帯《ちゅうたい》にも、思想的紐帯にも、完全に繫縛《けいばく》されることなく育ってきた日本文化は、しばしば云われるとおり、無思想性、無理念性を特色としている。どんな道徳も美的判断に還元され、思想のために生きるかに見えてもその実おのれの感受性の正確さだけにたよって生きてきた日本人は、永いあいだ、生活の中へ美学を持ち込み、美学の中へ生活を持ち込んで恬然《てんぜん》として来た」と述べ、「いかなる宗教的絶対性にも身を委《ゆだ》ねず、かかる文化の多神教的状態に身を置いて、平衡を失しない限り、それがそのまま、一個の世界精神を生み出すかもしれない」とその可能性について評価した（『小説家の休暇』新潮文庫）。

三島は、決して能天気にそうなると断言したわけではない。まだ予感すらないが、われわれが「相対主義の次元」にとどまる限り、あり得ない話ではないといっているまでである。


さて日本文化の稀有な感受性のはたらきは、つねに、内への運動と、外への運動とを、交互に、あるいは同時に、たゆみなくつづけて来たのである。内への運動は、その美的探究の、極度の求心性にあらわれた。この感受性はかつて普遍的な方法論を知らず、必要とせず、感受性それ自らの不断の鍛錬によって、文化の中核となるべき一理念に匹敵する、まことに具体的な或るものに到達した。日本文化における美は、あたかも西欧文化の文化的ヒエラルヒーの頂点に一理念が戴《いただ》かれるように、理念に匹敵するほど極度に具体的な或るものとして存在している。（略）私がこれを美と呼ぶのは、あくまで西欧的概念にすぎず、他に名付けようのないものに、仮にその名称を借りたにすぎぬ。（略）日本の美は最も具体的なものである。世阿弥《ぜあみ》がこれを「花」と呼んだとき、われわれが花を一理念の比喩と解することは妥当ではない。それはまさに目に見えるもの、手にふれられるもの、色彩も匂《にお》いもあるもの、つまり「花」に他《ほか》ならないのである。（同前）

ここで語られる「美」を「笑い」に置き換えてもまったく同じだ。

三島が「ニヒリストが絶対主義の政治に陥らぬために、『美』がいつも相対主義的救済の象徴として存在する」「美は、ともすると無を絶対化しようとするニヒリストの目を相対性の深遠を凝視することに、連れ戻してくれるはたらきをする」（同前）というとき、ここにおける「美」は「笑い」が持つ機能と等価なのである。

つまり、「いかなる宗教的絶対性にも身を委《ゆだ》ねず、かかる文化の多神教的状態に身を置いて、平衡を失しない限り」、「笑い」は、「マニ教的二元論」に陥りがちな「われわれ」の内なるニヒリズムを一瞬にして破壊し、ともすると特定の他者を「諸悪の根源」にしようとする「呪術―迫害的思考」の梯子を外すことができるのだ。

本書で「テロ」「テロリズム」という言葉自体がすでに価値判断を含んでいることは何度も述べた。であるなら、この語句を使用する場合は、個々の状況に応じた是非とともに説明責任が求められるだろう。また、国家が率先してこの言葉を濫用する事態については、非国家アクターだけを名指し対象とし、国家だけにそれを適用しない不文律が問われるだろう。要するに、「テロ」「テロリズム」という言葉は、あまりに下品で胡散《うさん》臭いのだ。特に国家が嬉々としてそれをお題目のように使用するときは注意しなければならない。

「恐怖」が誰かに利用される前に、「笑い」という水が差されることで、感情にわずらわされない「覚めた議論」の余地が生じる。これは、「恐怖によるコミュニケーション」を、その発信元である非合法組織と国家で、あたかも共犯者のごとく利用し合う――非合法組織は自らの力の誇示、国家は安全保障権益の拡大――中で、われわれ国民が、冷静でいなければならない「思考のゼロ地点」「相対主義の次元」に立ち返るための一つの智慧である。

「歴史はデマゴーグの主張より複雑で、矛盾している」

「われわれ」と「彼ら」を分かつことは簡単だ。

最近になって日本人ですら、その一部が人種主義的な振る舞いを起こし、国連人種差別撤廃委員会から、法的規制をするよう勧告する「最終見解」を突き付けられている。

遠い遠い昔、われらの祖先は、ユーラシア大陸のバイカル湖周辺に居住し、そこから朝鮮半島や日本列島のある辺りに移動してきたといわれている。元を辿れば恐らくまったく同じ祖先である。その後、日本には四〜七世紀頃に渡来人という形で、中国大陸や朝鮮半島から移住した者たちがいた。天皇陛下の「韓国とのゆかり発言」――「私自身としては、桓武天皇の生母が百済の武寧王の子孫であると、続日本紀に記されていることに、韓国とのゆかりを感じています[6]」――は、その長いスパンにおける交流の一端を示したものであり、「われわれ」と「彼ら」という垣根を越えたところでの「思い」を述べておられるのである。

エドワード・W・サイードは、この「われわれ」には二つの意味があるという。

一つは、ムスリムなどの特定の人々などをイスラーム過激派と同類のものとして取り扱い、「異人」として敵視することでナショナルなものを志向する「われわれ」と、ムスリムなどにとどまらず世界中のさまざまな人種や文化圏を含む、包括的なものを志向する「われわれ」だ。いわずもがな、サイードは後者の立場に立つことの重要性を訴えている。

だが、世界の不安定化が進めば進むほど、「われわれ」から「○○○」を分かち、この「○○○」こそが不安定化の原因だとする「呪術的思考」(magical thinking)という妖怪が独り歩きをするようになる。これは、世界の富のほとんどがユダヤ人によって牛耳られているので、ユダヤ人をせん滅すればすべては解決されるという「反ユダヤ主義」、世界中でテロが起こっているのはイスラームの教義が原因なので、ムスリムを国外へ追放してしまえば治安は回復されるという「イスラモフォビア＝イスラーム恐怖症」など、国内外を問わず多様な形態を取りながら「不安に駆られた個人」を呑み込んでいる。先進国の多くでは、「不安定化」の真因は、グローバル化の影の部分(光の部分は消費者として日々享受している)であり、そのプロセスにおいて既存の人的ネットワーク(地域や家族)が脆弱になり、それに対する手当を国家単位でも個人単位でも怠ったからなのだが、一部の「不安に駆られた個人」は、そんな「風が吹いたら桶屋が儲かる」的なストーリーよりも、「魔女狩り」的な「呪術的思考」に則ったストーリーのほうを好む。

サイードはいう。

実際には単一のイスラームなどというものは存在しない。複数のイスラームがあるのであり、それは複数のアメリカがあるのと同じことだ。この多様性はあらゆる伝統や宗教や国家にあてはまるものであり、一部の信奉者たちがみずからの周囲に境界線を引き、みずからの信条を厳格に押しつけようとしても、それは空しい試みである。歴史というものは、デマゴーグたち（その支持者や対抗者たちが主張しているよりは、ずっと狭い範囲のものしか代表していない）が提示するようなものよりずっと複雑であり、矛盾している。（エドワード・W・サイード『戦争とプロパガンダ』中野真紀子・早尾貴紀訳、みすず書房）

そうであるならば、「われわれ」は、「異人」として取り扱われている人々だけでなく、「呪術的思考」に囚われている人々をも「われわれ」の範疇《はんちゅう》に入れなければならない。そんなことが可能なのかと問う人々がいるかもしれない。が、そこにしか解決に至る道はない。

イザヤ・ベンダサンこと山本七平は、日本人の宗教は、「人の世を作ったのは人だ」とする日本教であるとし、日本教の「創世記」があるならこう書かれるだろうといった。

人の世を作ったものは神でもなければ鬼でもない。やはり向う三軒両隣りにちらちらする唯《ただ》の人である。唯の人が作った人の世が住みにくいからとて、越す国はあるまい。あれば人でなしの国へ行くばかりだ。人でなしの国は人の世よりも猶《なお》住みにくかろう。

越す事のならぬ世が住みにくければ、住みにくい所をどれほどか、寛容《くつろげ》て、束《つか》の間《ま》の命を、束の間でも住みよくせねばならぬ。ここに詩人という天職が出来て、ここに画家という使命が降《くだ》る。あらゆる芸術の士は人の世を長閑《のどか》にし、人の心を豊かにするが故に尊《たっ》とい。（『日本人とユダヤ人』角川ソフィア文庫）

これはあまりにつかみどころがないか、戯画的過ぎるであろうか。

いや、山本からすれば、「われわれ」はまだ自分たちが何者なのかを知り得ていない。(7)ならば、「われわれ」は、それゆえに無知であり、未知なるものでもある。

なかんずく「……束の間の命を、束の間でも住みよくせねばならぬ……」は、すでに「一個の世界精神」ではないのか。この「精神」は、さまざまな国々で医療・福祉などの分野で支援活動に従事し、現地人から信頼を得ている日本人すべてに共通する特性でもある。

ノルベルト・ボルツは、「ペシミズムとは思考をサボることでしかない」といった。(8)つまり、この世界やこの社会の「多彩さ」にとことんまで付き合うことをせず、自分の「狭隘《きょうあい》さ」を棚に上げて身近な誰かに責任を押し付けるのは、何も考えていないと同程度の「知性の怠慢」でしかない。もっと古い言葉を引こう。魯迅《ろじん》は「絶望の虚妄なることは正に希望と相同じい(9)」といった。

くよくよする必要は何もない。

「われわれ」が自分たちを動かしている「精神」を知ること、そのポテンシャルを信じること、そこからしか新しいストーリーは始まらないだろう。

注

プロローグ

(1) 〝シリア空爆は「想定内」、ＩＳＩＳ戦闘員に単独取材〟CNN.co.jp（二〇一四年九月三十日）
http://www.cnn.co.jp/world/35054463.html

(2) 黒井文太郎『世界のテロと組織犯罪　21世紀最新データ・ファイル（増補改訂版）』（ジャパンミリタリーレビュー）。第七章「中南米」の、左翼ゲリラ「サンディニスタ民族解放戦線」エデン・パストーラ司令官に対するインタビュー。

(3) 〝オバマ氏「脅威消えていない」…同時テロ14年〟読売新聞（YOMIURI ONLINE）（二〇一五年九月十二日）
http://www.yomiuri.co.jp/world/20150912-OYT1T50046.html

(4) 「新たな研究によれば９・11事件以降、米国内での白人至上主義およびムスリム以外の狂信者による殺害者数は、イスラム過激派によるそれを大幅に上回ることが明らかになりました。『ニュー・アメリカ』研究センターによれば、９・11以降、26人がイスラム過激派の事件による死者は26人ですが、右派《（ママ）》組織による攻撃の死者は48人に上りました。オバマ政権はイスラム教徒コミュニティに重点的に焦点をあてていますが、２００１年９月11日以降の非イスラム教徒によるテロ事件は19件なのに対し、イスラム教徒によるものはわずか７件でした」（〝米国は右派テロを無視?　９・11以降、イスラム聖戦士よりも白人過激派に殺害された犠牲者の方が多い〟Democracy Now!〈二〇一五年六月二十五日〉）
http://democracynow.jp/dailynews/15/06/25/2

第一章

(1) 〝人質が斬首されても身代金を拒否する米国〟AFPBB News(二〇一四年九月二十五日)
http://www.afpbb.com/articles/-/3027063

(2) 〝日本は人質殺害事件さえまともに検証できなくなった〟(VIDEO NEWS〈二〇一五年五月二十三日〉)によると、「後藤氏の妻は身代金を要求してきたイスラム国側と接触を続けていたところ、政府からやめるよう命じられ、交渉を断念したという。また、その後も、仲介に入った危機管理コンサルタント経由で開放《ママ》交渉は続いていたとされているが、安倍首相が1月にエジプトで行ったスピーチで『イスラム国』を名指ししたことで交渉が決裂し、その直後に湯川、後藤両氏が殺害されていた」という。
http://www.videonews.com/commentary/150523-02/

(3) レーガン政権時代の一九八六年、米政府は、左派政権に反対するゲリラ組織「コントラ」の支援やその他の軍事行動について、国際司法裁判所からニカラグアを撤退するよう命令されたが、それに従わずに結果として約三万人に及ぶニカラグア人の殺害に加担したとされている。ノーム・チョムスキーは『9・11 アメリカに報復する資格はない!』(山崎淳訳、文春文庫)の中で、「米国は、国際司法裁判所によって国際テロで有罪を宣告され――裁判所の言い方では、政治的目的のため『力の非合法な行使』に対し――これらの犯罪を中止し、相当額の賠償金を支払うよう命令された唯一の国である」と語った。その後の著作でもおおむね同じ発言を繰り返している。

(4) パレスチナは二〇一五年一月、国際刑事裁判所に正式に加盟を果たした。AFPは、「国連の潘基文(バン・キムン、Ban Ki-moon)事務総長は、パレスチナ自治政府からの加盟申請を正式に受理し、国際刑事裁判所が四月一日からパレスチナ自治区における重大な犯罪を捜査することができるようになると述べた。/パレスチナの交渉責任者、サエブ・アリカット(Saeb Erakat)氏はAFPの取材に『パレスチナの人々にとって歴史的な日だ。イスラエルの責任を問えなかったのもこれで終わりだ』と語った。／だが、ICC非加盟の米国はこの決定に反対を表明。米国務省のジェン・サキ（Jen Psaki）報道官は『米国は、パレスチナが主権国家の条件を満たしていると考えておらず、パレスチナを主権国家として承認もしておらず、パレスチナが国際刑事裁判所に関するローマ規程（Rome Statute）を締約する要件を満たしているとも考えていない』と述べた」と伝えている（〝国際刑事裁判所に加盟、米国は改めて反対〟AFPBB News〈二〇一五年一月九日〉http://www.afpbb.com/articles/-/3036086）。

(5)米国務省が毎年発表している『国際テロリズムの動向』（U.S. Department of State, Pattern of Global Terrorism）によると、「普遍的に認められたテロリズムの定義はない」とされている。

(6)ジョージ・ジョナスによるノンフィクション小説『標的は11人　モサド暗殺チームの記録』（新庄哲夫訳、新潮文庫）を下敷きにしている。原題は「*Vengeance*（報復／復讐）」。日本語訳の出版は一九八六年。

(7)イスラエル人ジャーナリスト、ウリ・アブネリの批評が代表的なもののうちの一つ。

「『ミュンヘン』では、事件そのものについても、極めて意図的な操作がなされている。事件に直接関連する重要な事実がいくつか、観客に知らされないままになっているのだ。たとえば——

・検死結果で、殺害された11人のイスラエル人選手とコーチのうち9人は、極めておそまつなスキルしか持っていなかった西ドイツ警察の狙撃手の銃弾によって死亡したのが明らかになっていること。（この検死報告書は、今日もなお、イスラエル、ドイツ、どちらの国においても機密扱いになっているが、スピルバーグほどの要人であれば、当然、内容は知っているはずだ）

・人質となったイスラエル人選手の命運を決定づけたのは、当時のイスラエル首相ゴルダ・メイアと、ドイツ出身の閣僚たち——全員が「偉大な英雄」——であったこと。誘拐犯グループは、自分たちを人質ともども、アラブのどこかの国——イスラエルに収監されているパレスチナ人の囚人と人質との交換が、確実に実行される場所――に連れていくようにと要求したが、ゴルダ・メイアらは、それを拒否した」。（山田和子訳、〝ナブルス通信〟〈二〇〇六年二月十五日号〉）

http://melma.com/backnumber_109484_2471861/、Uri Avnery's Column"…Shall We Not Revenge?" Gush Shalom（二〇〇六年二月四日）

http://zope.gush-shalom.org/home/en/channels/avnery/1139098502

(8) DVD『ミュンヘン スペシャル・エディション』（角川エンタテインメント）収録の特典映像「スピルバーグ監督によるイントロダクション」。

(9) 注8と同じ。

(10) 一九四八年五月十四日に英国のパレスチナ委任統治が終了し、ユダヤ人は国際連合のパレスチナ分割決議（国連総会決議181）に従って建国を宣言したが、アラブ連盟はイスラエル建国を不服とし、その数時間後にアラブ諸国連合軍がパレスチナに攻め込んだ。ユダヤ人にとってはホロコーストの生々しい記憶が癒えないなか、再び「ディアスポラ（ギリシャ語で「離散」を意味する）」の恐怖に向かい合わざるを得なかった。イスラエル側は「独立戦争」、アラブ側は「アン・ナクバ（大災害）」と呼称している。

(11) 清水隆雄「テロリズムの定義――国際犯罪化への試み」国立国会図書館『レファレンス』第六五七号、二〇〇五年十月所収。

第二章

(1) ジャーナリストのジェイソン・バークは、「アフガン戦争にアラブ人が果たした貢献度を過大評価するのは誤りである」と述べた。「アフガン戦争で戦ったアフガン人ムジャヒディンは一五万から二五万とされるが、アフガン戦士の多くは、中東からやって来たアラブ人志願兵を負債と感じていた。戦争のどの時期を取ってみても、アラブ人志願兵の数は数百人規模であって、軍事的な意味で『ジハード』に対するアラブ人の貢献度は無視できる範囲だった」としている。その総数については、「一〇年間の戦闘に何人のアラブ人が参加したのかという推定値はさまざまだ。おかしい数字もあるが、当時パキスタンに駐在していた元CIA当局者は、最大限二万五〇〇〇人という数字を出している」（以上、『アルカイダ　ビンラディンと国際テロ・ネットワーク』坂井定雄・伊藤力司訳、講談社）。

(2)レーガン大統領のアーカイブス“Ronald Reagan Presidential Library and Foundation”には、一九八三年に大統領執務室で〝アフガニスタンの自由の戦士たち〟と会合の機会を持ったとあり、アフガニスタンにおけるソ連の残虐行為について議論したと注釈している（http://www.reagan.utexas.edu/archives/photographs/atwork.html）。また、「レーガン大統領は彼らと記念撮影を行い、『ムジャヒディンの理想は、米国の建国者たちに通ずるものだ』と賞賛した」（アルンダティ・ロイ「戦争は平和」、『世界』二〇〇二年一月号〈岩波書店〉所収）。

(3)スティーブ・コール『アフガン諜報戦争（上）　CIAの見えざる闘い　ソ連侵攻から9・11前夜まで』（坂井定雄・伊藤力司・木村一浩訳、白水社）

(4)パキスタンのカイデ・アザム大学（イスラマバード）のパルヴェーズ・フッドボーイ教授は、大学を含む米国の諸機関が提供したイデオロギー的な支援についてこう記述している。「ラワルピンジやペシャワルの書籍バザールを歩き回れば、今日でも、一九八〇年代にネブラスカ大学に与えられた米国国際開発庁（USAID）からの五千万ドルの助成金によって書かれたシリーズの教科書をみつけることができる。これらの教科書は、イスラムの闘争性への情熱を創り出すことでマルクス主義と拮抗させることをねらっていた。そこには、アフガンの子供たちが『敵のソヴィエト人の目玉をえぐりだし、足を切り落とす』よう説かれていたのだ。これらの本は、最初に印刷されてから何年もたった後、タリバンによって神学校での使用のために認可された―彼らのイデオロギーの正しさの証明として」(“IS IT A WAR ON ISLAM?” by Pervez Hoodbhoy = 〝イスラムとの戦争か?〟 田崎晴明訳〈二〇〇三年一月十六日〉)
http://www.gakushuin.ac.jp/˜881791/hoodbhoy/WaronIslamJ.html

(5)〝菅官房長官「安重根は犯罪者」 碑設置の動きに不快感〟 朝日新聞デジタル〈二〇一三年十一月十九日〉)

(6)〝チャン・イーモウ監督、安重根映画制作へ…朴―習の過去史共助第2弾〟 中央日報/中央日報日本語版(二〇一四年三月二十七日)
http://japanese.joins.com/article/422/183422.html

(7)安重根『安重根自叙伝・東洋平和論　仁の人、義の人、信の人』(うの ていを訳、愛知宗教者九条の会)を一部改変した。

(8)北アフリカ在郷軍人全国連盟(ＦＮＡＣＡ)の機関誌「L'Ancien d'Algérie」編集長、ミシェル・サブルディ氏によれば、「１９５４年から62年までの7年半のアルジェリア戦争の間、戦地には常に25万人がいるように」兵士が送り込まれ、「ある時期には、それは50万人にも」達したという。「実に、約２００万人が徴兵としてアルジェリア戦争に赴きました。戦争が終息しアルジェリアは独立しましたが、このアルジェリア、モロッコ、チュニジアでの10年にわたる紛争の中で、３万人のフランス軍兵士が命を落としました。アルジェリアでは２万６０００人。フランス政府は長い間これを戦争とは認めずに、フランス領土での秩序維持、もしくは保安作戦だったとし、『独立戦争』という言葉を使わなかったのです。そのため、兵士の負った傷害や疾病がなかなか認められませんでした。58年に創設されたＦＮＡＣＡは、これを戦争と認めさせるための連盟です。73年、フランス政府は歩みよりを示し始め、74年には兵士証明書の交付に関する法が制定されました」(〝アルジェリア独立から50年　アルジェリア独立戦争を振り返る〟フランス・ニュースダイジェスト)
http://www.newsdigest.fr/newsfr/features/5143-50th-anniversary-of-algerian-war.html

(9)米議会上下両院合同会議および米国民に向けた大統領演説、ホワイト・ハウス大統領報道官室、二〇〇一年九月二十日、米国大使館

(10)〝スイス、米にアルカイダ兵とタリバン兵の捕虜としての処遇を要求〟swissinfo.ch―スイス公共放送協会〈SRG SSR〉国際部（二〇〇二年一月二十四日）
http://www.swissinfo.ch/jpn/%E3%82%B9%E3%82%A4%E3%82%B9-%E7%B1%B3%E3%81%AB%E3%82%A2%E3%83%AB%E3%82%AB%E3%82%A4%E3%83%80%E5%85%B5%E3%81%A8%E3%82%BF%E3%83%AA%E3%83%90%E3%83%B3%E5%85%B5%E3%81%AE%E6%8D%95%E8%99%9C%E3%81%A8%E3%81%97%E3%81%A6%E3%81%AE%E5%87%A6%E9%81%87%E3%82%92%E8%A6%81%E6%B1%82/2496986

(11)〝ＣＩＡ、９・11立案者に「水責め」１８３回〟ロイター（二〇〇九年四月二十日）
http://jp.reuters.com/article/worldNews/idJPJAPAN-37581320090420
〝米ＣＩＡの尋問、アルカイダ被告に水責め１８３回〟AFPBB News（二〇〇九年四月二十日）
http://www.afpbb.com/articles/-/2593921

(12)〝「テロ容疑者の無実、ブッシュ大統領も知っていた」、元米国務長官の側近が証言〟AFPBB News（二〇一〇年四月十一日）
http://www.afpbb.com/articles/-/2717491?pid=5597889

(13)カナダのシンクタンク、グローバル・リサーチは、二〇〇六年の段階でＦＢＩの捜査広報担当者から直接、「九・一一事件と彼を関連付ける十分な証拠がないため、公式に起訴も告発もされていない」との言質を取っている。
FBI says, "No hard evidence connecting Bin Laden to 9/11" By Global Research, June 10, 2006
Muckracker Report 10 June 2006

http://www.globalresearch.ca/fbi-says-no-hard-evidence-connecting-bin-laden-to-9-11/2623

(14) 〝ＦＢＩ『重要指名手配犯』リストでビン・ラディンに同時多発テロ容疑の記載なし（上）〟WIRED（二〇〇一年十月一日）
http://wired.jp/2001/10/01/fbi%E3%80%8E%E9%87%8D%E8%A6%81%E6%8C%87%E5%90%8D%E6%89%8B%E9%85%8D%E7%8A%AF%E3%80%8F%E3%83%AA%E3%82%B9%E3%83%88%E3%81%A7%E3%83%93%E3%83%B3%E3%83%BB%E3%83%A9%E3%83%87%E3%82%A3%E3%83%B3%E3%81%AB/

第三章

(1) 降旗学〝南アフリカの指導者、ネルソン・マンデラ氏が死去　だが、マンデラは生き、ビコは死んだ【後編】〟ダイヤモンド・オンライン（二〇一三年十二月二十七日）
http://diamond.jp/articles/-/46585?page=8

(2) 高木徹『ドキュメント 戦争広告代理店　情報操作とボスニア紛争』（講談社文庫）は、米大手ＰＲ会社「ルーダー・フィン社」が「セルビア＝悪」というイメージを定着させ、米国をはじめとする国際世論に軍事介入の必要性を訴えるため、「民族浄化（ethnic cleansing）」という言葉を作りだした背景を暴いている。同社のＰＲ戦略の専門家ジム・ハーフは、セルビア人だけが一方的に他民族を虐殺していることを印象付けるため、「強制収容所」の存在をでっち上げたことなどを、関係者に対するインタビューなどから浮き彫りにしている。

(3) 〝『パラダイス・ナウ』のハーニー・アブーアサド監督に直接インタビュー〟、東京外国語大学ＨＰ内「日本語で読む世界のメディア」（二〇〇七年二月二十七日）、山本薫　中東イスラーム研究教育プロジェクト研究員によるインタビュー、二〇〇七年二月十四日、於東京・渋谷アップリンク

http://www.el.tufs.ac.jp/prmeis/html/pc/News20070227_141011.html

(4) AFPは「ロンドンに拠点を置く国際人権団体アムネスティ・インターナショナル（Amnesty International）は2日、前年12月—今年1月のイスラエルによるパレスチナ自治区ガザ（Gaza）地区攻撃に関する報告書を発表し、イスラエル軍が子どもたちを『人間の盾』として使い、民間人に理不尽な攻撃を行ったと非難した」。また「ハマス（Hamas）についても、イスラエル南部に向けて住宅密集地からロケット弾を発射し続けたことは、市民を危険にさらす行為で、戦争犯罪に当たると批判している」と報じた（〝イスラエル軍が「人間の盾」使用、ガザ攻撃のNGO調査報告〟AFPBB News〈二〇〇九年七月三日〉）。
http://www.afpbb.com/articles/-/2617639?pid=4327019

(5) 〝ボンヘッファーの思想と信仰から「今、キリスト者であること」を考える　船本弘毅氏・関学大名誉教授が東大ＹＭＣＡで講演〟クリスチャントゥデイ（二〇一五年六月二十四日）
http://www.christiantoday.co.jp/articles/16365/20150624/funamoto-hiroki-bonhoeffer-tokyo-university-ymca.htm

(6) 「アメリカ早分かり（About the USA）」、〝国民の権利／個人の自由と権利章典、第5章　武器を携帯する権利〟アメリカンセンター・レファレンス資料室
http://aboutusa.japan.usembassy.gov/j/jusaj-govt-rightsof5.html

(7) 〝英反逆者ガイ・フォークスの仮面、「抵抗の象徴」　国際ハッカー集団アノニマスも〟CNN.co.jp（二〇一一年十一月六日）
https://web.archive.org/web/20120718025223/http://www.cnn.co.jp/business/30004490.html

(8) 特に欧米のサブカルチャーは、この私怨（個人的な復讐）と理念（自由主義、民主主義のルール）の葛藤やズレをよく使う（正義のための暴力とはいいながら、不必要な暴力ではなかったか等々）。

(9)マックス・ヴェーバーは、国家を「ある一定の領域の内部で――（略）――正当な物理的暴力行為の独占を（実効的に）要求する人間共同体」と定義する。「国家以外のすべての団体や個人に対しては、国家の側で許容した範囲内でしか、物理的暴力行使の権利が認められないということ、つまり国家が暴力行使への『権利』の唯一の源泉とみなされているということ、これは確かに現代に特有の現象である」（『職業としての政治』脇圭平訳、岩波文庫）。

(10)内外情勢の回顧と展望（平成二十七年一月）の公表について（公安調査庁）
http://www.moj.go.jp/psia/kaitenH2701.html

(11)〝石破氏　秘密保護法案反対デモは「テロ行為」　その後〝撤回〟〟産経ニュース（二〇一三年十二月一日）
http://www.sankei.com/politics/news/131201/plt1312010004-n1.html

(12)日本では、一般的に左翼＝反体制思想、右翼＝体制思想という、国際的に通用しない、思想史的に誤った考え方が出回っており、その証拠に「愛国左翼（左派）」「左翼ナショナリズム」は、世界的には当たり前の概念であるにもかかわらず、日本ではそれすらまともな区分けとして取り扱われていない。また、デモや集会の自由は、民主主義の根幹であるはずなのだが、これも未だ人口に膾炙《かいしゃ》していない。

(13)〝米国家安全保障局（ＮＳＡ）の情報収集は違法。裁判所が新たな判断〟ギズモード・ジャパン（二〇一五年五月十四日）
http://www.gizmodo.jp/2015/05/nsa_14.html

(14)合衆国憲法修正第一条が分かりやすい。「連邦政府による言論規制」を禁止したもので、その真意は「われわれが同意する言論ではなく、われわれが憎悪する言論を守るために存在する」（「アメリカ早分かり（About the USA）」〝国民の権利／個人の自由と権利章典、第3章　言論の自由〟アメリカンセンター・レファレンス資料室 http://aboutusa.japan.usembassy.gov/j/jusaj-govt-rightsof3.html）というものだ。「ヘイトスピーチ」は世界各国で対応が異なるが、欧州では米国よりも法的規制が厳しい傾向にある。
(15) ダライ・ラマ『ダライ・ラマ「死の謎」を説く』(角川ソフィア文庫)。

第四章

(1) サンダー・カトワラ〝ゴア・ビダルは主張する:「〝ブッシュ軍事政権〟は911に共謀している」〟オブザーバー・インターナショナル(ガーディアン紙)(二〇〇二年十月二十七日)寺島隆吉・寺島美紀子訳。
http://observer.guardian.co.uk/international/story/0,6903,819931,00.html
(2) マーク・W・ヘロルドほか『翻訳資料集 アメリカはアフガニスタンで何人の人々を殺したのか⁉ ――アメリカの無法な戦争、戦争犯罪、そして戦争レイシズム――』アメリカの戦争拡大と日本の有事法制に反対する署名事務局編訳。(問合せ先は同署名事務局のメールアドレス:stopuswar@jca.apc.org)
(3)「ビンラディン氏声明『米の破壊、神が祝福』」(朝日新聞〈二〇〇一年十月九日〉)の発言要旨、小森保良訳。ビン・ラーディンの一九九四年~二〇〇四年までの声明・インタビューなどを集成したブルース・ローレンス『オサマ・ビン・ラディン発言』(鈴木主税・中島由華訳、河出書房新社)で全文が読める。
(4)〝米無人機攻撃は「国際法違反」、民間人犠牲も多く 人権団体〟CNN.co.jp(二〇一三年十月二十三日)
http://www.cnn.co.jp/world/35038884.html
(5) "UN Report A/68/382"
http://justsecurity.org/wp-content/uploads/2013/10/UN-Special-Rapporteur-Extrajudicial-Christof-Heyns-Report-Drones.pdf
翻訳は、特定非営利活動法人ヒューマンライツ・ナウの声明「無人機攻撃 情報公開と国際人権・人道法に基づく速やかな規制を求める。」(http://hrn.or.jp/activity/3042/)を参考にした。

(6)ジョッシュ・ジーザ〝知ってるようで知らない無人機攻撃の怖さ Everything You Need to Know About Drones〟ニューズウィーク日本版(二〇一三年二月十九日)
http://www.newsweekjapan.jp/stories/us/2013/02/post-2853.php
(7)THE DAILY BEAST "A Former Ambassador to Pakistan Speaks Out" (2012.11.20)
http://www.thedailybeast.com/articles/2012/11/20/a-former-ambassador-to-pakistan-speaks-out.html
(8)〝「米国籍を持つ米国の敵」、アウラキ師殺害で法律論議〟AFPBB News(二〇一一年十月一日)
http://www.afpbb.com/articles/-/2831882?pid=7852794
(9)〝海外での無人機攻撃で米国人4人を殺害、米政府が初の公表〟CNN.co.jp(二〇一五年五月二十三日)
http://www.cnn.co.jp/usa/35032454.html
(10)Devlin Barrett and Siobhan Gorman〝米司法省の秘密メモ公開―海外の米市民への無人機攻撃を正当化〟WSJ(二〇一四年六月二十四日)
http://jp.wsj.com/articles/SB10001424052702303319204579643563783041716
(11)〝ハマスの軍事訓練に押し寄せるガザの若者たち〟AFPBB News(二〇一五年二月十日)
http://www.afpbb.com/articles/-/3039267
同記事では、一週間の軍事訓練キャンプを一月末に修了した一万七千人の若者たちのうちの一人として、パレスチナ自治区ガザ地区に住む弱冠十四歳のハテム少年に話を聞いている。「ぼくのめいは去年の夏、イスラエル人に殺された。今度はぼくが奴らを殺すんだ」。ハマスは、イスラエルと戦う次世代を育成するものだと説明している。
(12)米議会上下両院合同会議および米国民に向けた大統領演説、ホワイト・ハウス 大統領報道官室(二〇〇一年九月二十日)米国大使館

(13)ブッシュ大統領による一般教書演説、米国議会、ワシントンDC（二〇〇二年一月二十九日）米国大使館

(14)〝イラク開戦10年も終結見えず　相次ぐ爆発で55人死亡〟CNN.co.jp（二〇一三年三月二十日）
http://www.cnn.co.jp/world/35029733.html

第五章

(1)国枝昌樹によると、「自由シリア軍」は、「穏健」だとか「人権重視」といわれているものの、「きわめて残虐な宗派性をむき出しにして、自由シリア軍が自ら言うほどに穏健な世俗主義ではないことを示す不都合な事態は少なくない」という。例えば、英国のチャンネル4ニュースのアレックス・トムソン記者と彼の仲間たちは、二〇一二年六月、自由シリア軍兵士たちの案内で戦闘現場に連れて行かれた際、わざと政府軍狙撃兵が待ち伏せするルートに誘導されて射殺されかけている。「この事件は、自由シリア軍側が英国ジャーナリストをシリア軍兵士に殺させて、世界にシリア政府非難の世論を起こして圧力をかけようとする罠だった」。また、「自由シリア軍傘下のファルーク軍団司令官アブ・サッカルは政府軍兵士を殺した上で腹を裂き、内臓を取り出して歯で噛む仕草をして」、カメラに向かって「アラウィ派の連中を殺しつくせ。殺して心臓を取り出し、食ってしまえ！」と叫んだ動画がYou Tubeにアップされ話題になったが、自由シリア軍の上層部からは何のお咎めもなかったという（国枝昌樹『報道されない中東の真実』朝日新聞出版）。

(2)〝シリア：アレッポを脅かす不法な空爆　国連決議に反し、政府がたる爆弾を使用した証拠が明らかに〟Human Rights Watch（二〇一四年三月二十四日）
http://www.hrw.org/ja/news/2014/03/24

(3)平成二十七年六月十三日に西東京市柳沢公民館に開催された「西東京　風の会」主催の講演会「イスラム国とは」における発言。常岡浩介、聞き手・高世仁『イスラム国とは何か』（旬報社）も参照。

(4)記事では「シリアの野党勢力の指揮官によると、ＣＩＡは英国、フランス、ヨルダンの諜報機関と協力して、さまざまな武器の使用について反政府勢力に訓練を行っているという。ある西側の政府高官によると、これらの諜報機関は反政府勢力に市街戦の訓練を行うほか、シリア軍の掩蔽壕（えんぺいごう）に向けて対戦車火器を使用する方法や親アサド派のスパイの侵入を防止するための戦略を教えている」とした。（ADAM ENTOUS、SIOBHAN GORMAN and NOUR MALAS〝ＣＩＡ、シリアの反政府勢力に機密情報提供―内戦への関与深め〟ＷＳＪ〈二〇一三年三月二十三日〉）

http://jp.wsj.com/articles/SB10001424127887323873404578377761548955952

(5)ヒューマンライツウォッチは二〇一〇年、報告書「失われた10年：アサド政権下のシリアにおける人権状況」（全35ページ）を公表し、アサド政権最初の10年における人権状況を調査し、「政治及び人権活動に対する弾圧、表現の自由の制限、拷問、クルド人の処遇、過去の強制失踪問題への対応。これらの検証の結論は、大変遺憾なものである」とした。「シリアの人々の恐怖の対象である情報機関ムハバラートは、逮捕状なしでの拘禁や拷問に手を染めても、全く罪に問われない。２００８年7月5日に始まったセドナヤ刑務所における暴動の際、刑務所当局と憲兵隊は小火器を用いてこれを鎮圧。それから2年経過した後も、関係当局は少なくとも、42人の被拘禁者のその後を明らかにしていない。しかし、少なくともうち9人は殺害されたとみられる。また、検閲も広く行われており、検閲は、Facebook や YouTube、Blogger などの人気のウェブサイトにも及んでいる。／また、アサド大統領は、市民による政治参加や市民社会の役割を拡大する法律をつくる公約をしていたものの、いまだ実現していない。２００５年3月、『これからは複数政党の自由が認められた時代がくる』とジャーナリスト陣に伝えたが、いまでも、シリアは事実上の一党制の国で、自由に政治活動できるのは依然としてバース党のみという状態だ」などと報告した（〝シリア：アサド政権の10年人権抑圧の10年〟二〇一〇年七月十六日）。

(6)〝1000人超のサウジ軍部隊、バーレーンに入国〟ＷＳＪ（二〇一一年三月十五日）
http://jp.wsj.com/public/page/0_0_WJPP_7000-199063.html
〝サウジアラビア、バーレーンに軍派遣〟AFPBB News（二〇一一年三月十五日）
http://www.afpbb.com/articles/-/2790590

(7)〝デモ隊強制排除で5人死亡、バーレーン〟AFPBB News（二〇一一年三月十七日）
http://www.afpbb.com/articles/-/2790930

(8)〝「バーレーン：闇の中で叫ぶ声」の監督 弾圧下での困難な取材を語る〟Democracy Now!（二〇一二年四月六日）
http://democracynow.jp/video/20120406-3

(9)山田敏弘〝メディアが伝えないシリア国民の本音　What Do Syrians Really Think of Assad?／反アサド派の蜂起はどの程度民意を反映しているのか——世論調査などで見えてきた意外な実態〟ニューズウィーク日本版（二〇一二年三月十四日）
http://www.newsweekjapan.jp/stories/world/2012/04/post-2504.php

(10)〝世界最大のテロ組織はアルカイダに代わりＩＳＩＳ　米国務省〟ＣＮＮ（二〇一五年六月二十日）
http://www.cnn.co.jp/world/35066228.html

(11)〝米のベネズエラ制裁に南米諸国連合反発　大統領令撤廃を要求〟日本経済新聞（二〇一五年三月十五日）
http://www.nikkei.com/article/DGXLASGM15H28_V10C15A3FF8000/

(12)〝「対テロ戦争」：チョムスキー・インタビュー〟ディミトリアディス・エパミノンダス（二〇〇二年七月三日）益岡賢訳
http://www.jca.apc.org/~kmasuoka/persons/chomint0207.html

(13)米国大使館ホームページ／概論 国務省テロ対策調整官　フランシス・X・テイラー大使

http://japan2.usembassy.gov/j/p/tpj-jp0147.html

第六章

(1)「広報ゴジョウ」平成二十五年三月発行第七七三号、市長公室ふるさと創造課編、五條市

(2)「明治維新の魁　生野義挙」朝来市ホームページ、「生野義挙150年記念事業提案書」朝来市

(3)ただし、例外なのが旧薩摩藩の士族が中心となって起こした「西南戦争」だろう。今もそのカリスマ性から人気が高い西郷隆盛を大将に擁立していたこともあり、西郷没後百周年を記念して西郷南洲顕彰館が造られ、鹿児島市が財団法人西郷南洲顕彰会に運営を委託する形となっている。

(4)後年、脚本を手掛けた笠原和夫は『日本暗殺秘録』について、監督の中島貞夫とのスタンスの違いに絡めてこう述懐している。「中島は、全共闘みたいなことでラストに（左翼的な）理屈をつけようとするでしょ。僕は違うんだよ。僕は陶酔というものを描きたかったんだよ。それでラストは、テロリストの陶酔というものが、最後にこういう形になっていくんだというものを見せようと。（略）僕は答えが出ない映像をやりたいわけですよ」（笠原和夫・荒井晴彦・絓秀実『昭和の劇　映画脚本家　笠原和夫』太田出版）

(5)関東朝日新聞社編『血で描いた五・一五事件の真相　陸海軍大公判と血盟団公判の解説』（共同館）

(6)石井良助の『天皇　天皇の生成および不親政の伝統』（講談社学術文庫）によれば、「天皇親政が標榜され、且つ行われたのは」明治以前では、「奈良時代を中心とした上世」のみで、しかも、外国法を継受して作ったものである。戦後、日本国憲法が制定され、これまでの国体の定義が崩れたと感じる人々がいたことについて、石井は「これ等の人々の考えた我が国体なるものは、何等歴史的根拠のないものであり、頭の中で空に考え出された独断だったのである。天皇は垂拱主義が本来の姿であり、ために（天皇制は）非常にフレク

シブルである」と述べた。ちなみに「垂拱《すいきょう》」とは、「垂衣拱手《すいいきょうしゅ》」の略で、何もしないこと、傍観の意で、王が直接統治に介入せず、自ずと天下が治まることをいう。

(7)岡田啓介首相、高橋是清大蔵大臣、天皇の側近である斎藤實内大臣らの襲撃の報せを聞いた天皇は、「朕が股肱《ここう》の老臣を殺戮す。かくのごとき凶暴の将校ら、その精神において何の恕《ゆる》すべきものありや。朕が最も信頼せる老臣をことごとく倒すは、真綿《まわた》にて朕が首を締むるに等しき行為なり」「朕みずから近衛師団を率い、これが鎮定に当たらん」（本庄繁『本庄日記』原書房）と激高した。青年将校らにやや同情的な陸軍出身の侍従武官長、本庄繁の「その精神だけでも認めてほしい」という奏上を受けたものである。天皇は、蹶起趣意書を読み上げて状況説明する川島義之陸軍大臣に苛立ち、早急に鎮圧せよと命じた（同前）。いずれにしても、リベラルデモクラシーの社会に照らしたとき、小室直樹のいうようにまともな判断を下したのは、恐るべきことに天皇陛下だけだった。軍内の派閥争いなどよりも、国際的にみて「蹶起ノ趣旨ニ就テハ天聴ニ達セラレアリ」などという意味不明な告示を出し、「反乱軍がその警備をする正規軍に組み入れられるとうとても考えられない現象」（『昭和天皇の悲劇　日本人は何を失ったか』光文社）が帝都・東京で展開される光景のほうがよっぽど国家の重大危機である。

第七章

(1)原作者の百田尚樹は、自身のツイッター（@hyakutanaoki）で「私は『永遠の0』で特攻を断固否定した。多くの特攻隊員に慕われていると言われている大西瀧治郎中将さえ批判した。それなのに一部の粘着する連中から「百田尚樹は特攻を賛美して肯定する軍国主義者とだ（ママ）」と執拗に非難される。多くは本を読んでない人だが、中には読んだと言う者もいるから啞然とする」（二〇一四年八月二十二日）とツイートした。

(2)〝『永遠の0』の何が問題なのか？〞「プリンストン発　日本／アメリカ新時代」ニューズウィーク日本版

（二〇一四年二月六日）
http://www.newsweekjapan.jp/reizei/2014/02/post-624_1.php

(3)戸部良一、寺本義也、鎌田伸一、杉之尾孝生、村井友秀、野中郁次郎の六人による共著。防衛大学校の戦史研究者と組織論研究者の共同研究で生まれた学際的な論考。序章で「大東亜戦争における諸作戦の失敗を、組織としての日本軍の失敗ととらえ直し、これを現代の組織にとっての教訓、あるいは反面教師として活用することが、本書の大きな狙いである。それは、組織としての日本軍の遺産を批判的に継承もしくは拒絶すること、といってもよい。いうまでもないが、大東亜戦争の遺産を現代に生かすとは、次の戦争を準備することではない。それは今日の日本における公的および私的組織一般にとって、日本軍が大東亜戦争で露呈した誤りや欠陥、失敗を役立てることにほかならない」と意図を述べている。

(4)ジョージ・オーウェルのディストピア小説『一九八四年』に登場する架空の言語。国語の語彙を操作する（主に簡略化）ことで思考を制限することを目指す。広い意味で、体制側にとって都合のよい造語（修辞技法、婉曲法をも含む）のことをいう。ダブルスピーク（矛盾する二つのことをいい表わすこと）も同作に由来し、作中のスローガン「戦争は平和である（war is peace）」、「自由は屈従である（freedom is slavery）」、「無知は力である（ignorance is strength）」が有名。国防省の役割を担う「平和省（minipax）」、秘密警察的な機関として「愛情省（miniluv）」などの名称が秀逸である。
安倍晋三首相が二〇一三年の首相就任後、使用し始めた「積極的平和主義（proactive contribution to peace）」という言葉が最新の例。中野晃一上智大学教授（比較政治学）は、「英語だと使えない」「はっきりいえば、バカに聞こえるから」とし、「武器をたくさん持って行けば平和が訪れるというのは知的にはありえない議論」などと一蹴している。（立憲デモクラシーの会、集団的自衛権に関する緊急記者会見　二〇一四年六月九日、日仏共同テレビ局フランス）

https://www.youtube.com/watch?v=2pKvpe88vNo

(5)第三章で取り上げた映画『パラダイス・ナウ』の監督であるハニ・アブ・アサドは、日本赤軍に参加した映画監督の足立正生との対談の席上、テルアビブの事件の影響について触れ、「少年だった私たちにとって、日本赤軍はヒーローでした。学校で、ひそかに『僕たちも勇気を持たなければ!』と言うようになりました。なぜなら、日本のような物質に恵まれた豊かな国の人たちが、その生活を捨てて、私たちのために死にに来てくれたのですから。多くのパレスチナ人は自分たちがパレスチナ人だと言うことさえ恐れていましたが、勇気を持って、自分たちはパレスチナ人だと言うようになりました。占領下の暮らしぶりや、自分たちの権利などについて語り始めました」と述べ、「あなた方が私たちの意識を変えてくれたのです。これは、とても重要なことです。あなた方のような日本人が!!(感涙にむせぶ)とても感謝しているのです。ほんとうに、いつだって感謝しているのです」と謝意を表明している。(インタビュー「足立正生氏との対談」アップリンク)

http://www.uplink.co.jp/paradisenow/interview_adachi.php

(6)初出『文藝春秋』二〇〇一年一一月号所収、「自爆テロの研究」。現在は『思索紀行 ぼくはこんな旅をしてきた』(書籍情報社)に収録。

(7)井上日召(第六章参照)に関しては、一時期満州(中国・東北地方)に渡っており、「そこでは商売をやったり、中国人といっしょに支那革命運動に参加したり、陸軍情報機関ではたらいたり、いわゆる満州浪人や大陸浪人といわれるものの生活を体験した。彼は、ここで『理屈を超えた祖国愛と人生に対する真剣な心構えを得た』といっている」(松本清張『昭和史発掘〈4〉』文春文庫)。

(8)クルアーンには「またあなたがた自身を、殺し(たり害し)たりしてはならない」(婦人章四章二九節)、ハディース(預言者ムハンマドの言行録)には、「自殺をした者は、何を使ってどのように自殺しようと、地獄においてひたすら罰を与えられ、永遠に拘留される」（『サヒーフ・ブハーリー』）とある。

第八章

(1)共同通信は、「過激派組織『イスラム国』の英字機関誌『ダビク』の最新号が12日、インターネット上で公開され、同組織による邦人人質事件について『傲慢な日本政府に恥をかかせるのが目的だった』と述べた」とし、身代金要求については、「(同組織は)金には困っておらず、日本政府が身代金を支払わないことは分かっていた」とのコメントを伝えている。(〝人質事件、日本に恥かかせる目的「イスラム国」機関誌〟二〇一五年二月十二日)

http://www.47news.jp/CN/201502/CN2015021201001945.html

(2)元外務省主任分析官で作家の佐藤優は、平成二十七年一月二十九日に衆議院第一議員会館で開催された、新党大地「東京大地塾」一月例会で、(一月)二十四、二十七日の静止画像(後藤さんの写真と湯川さんを殺害したとするメッセージなど)の投稿時刻が深夜二三時台だったことに着目。「日本の新聞の締切がだいたい午前一時であるため、その情報を追いかけるのが精いっぱいで、それに対する批判的なコメント・検証、日本政府側の反応を十分に掲載できない。これは明らかに新聞の締切時間を分かった上でやっている」などと述べた。

(3)〝人質殺害を口実に…安倍首相がNHKで『自衛隊派遣』を示唆〟日刊ゲンダイ(二〇一五年一月二十六日)

http://www.nikkan-gendai.com/articles/view/news/156705/1

(4)二〇一五年一月十三日付の国際政治誌「フォーリン・アフェアーズ」のオンライン版に寄稿されたアダム・ドルニック教授の論文「身代金に関する4つの誤謬」を解説したBLOGOS(ブロゴス)の記事「人質の命を救うことを最優先しなければならない 身代金に関する4つの誤謬—アダム・ドルニック教授」神保哲

生（二〇一五年二月七日）。
http://blogos.com/article/105161/
(5)エチオピア人キリスト教徒の斬首動画では、処刑の対象はあくまで「ムスリムを殺害した報復である」とし、他のキリスト教徒に関しては、シャリーア（イスラーム法）に従い、イスラーム教に改宗しなくても、人頭税を支払いさえすれば支配地域内でも生活の安全は保障されると説明し、その証拠にシリアの支配地域に暮らすキリスト教徒へのインタビューなどを盛り込んでいる。また、真偽のほどは定かではないが改宗も人頭税も拒むキリスト教徒は追放したとしている。
(6)常岡浩介、聞き手・高世仁『イスラム国とは何か』（旬報社）。
(7)組織的な「残虐性」にのみ目を向けるのなら、メキシコで起こっている麻薬カルテルによる虐殺行為を写した動画のほうが遙かに凄惨だ。しかし、思想性のない組織犯罪であるため、主要なニュースとして報じられることはほとんどない。そのため、斬首・手足の切断などのとても正視できない処刑を映した動画が公開されてもマスメディア上の扱いは微々たるものだ。
(8)〝【AFP記者コラム】「イスラム国」の斬首動画が報道機関に突きつけた課題〟AFPBB News（二〇一四年九月二十三日）
http://www.afpbb.com/articles/-/3026762
(9)〝米国民8割、ISISは自国に「深刻な脅威」〟CNN（二〇一五年三月二十一日）
http://www.cnn.co.jp/usa/35062097.html?tag=cbox;usa
(10)〝イスラム国「参加計画」騒動の内幕を渦中のジャーナリスト常岡浩介氏に聞いた〟東京ブレイキングニュース（二〇一四年十月十一日）
http://n-knuckles.com/case/society/news001749.html

(11) 47NEWS編集部、小池新〝コラム　日めくり〟47NEWS（二〇一二年一月十一日）
http://www.47news.jp/47topics/himekuri/2012/01/post_20120111133945.html
(12) 〝ウイグル住民「中国警官隊がデモ隊を射殺」、昨年7月の事件めぐり証言〟AFPBB News（二〇一五年五月一日）
http://www.afpbb.com/articles/-/3047149
(13) 〝イスラム諸国に逃れるウイグル族、中国はジハードのリスク警戒〟WSJ（二〇一五年二月二日）
http://jp.wsj.com/articles/SB10769343920788724096004580437183238447658
(14) BBC（2005）Editorial Guidelines.
http://www.bbc.co.uk/guidelines/editorialguidelines/edguide/war/mandatoryreferr.shtml
翻訳は、福田充『メディアとテロリズム』（新潮新書）、原麻里子「BBCワールドサービス〜こちらはロンドン」（『ソフィア』第五四巻第二号、二〇〇五年夏季号、上智大学）などを参考にした。

終章

(1) 〝パリ籠城犯が撮影か、ネットに犯行声明動画「イスラム国に忠誠」〟AFPBB News（二〇一五年一月十二日）
http://www.afpbb.com/articles/-/3036250
(2) 二〇一五年一月二十日付の毎日新聞は、「ピザ配達さえ入ることができない地区——。仏フィガロ紙がこう表現した」「フランスでも最貧困地区といわれるパリ南郊グリニ市」の現状を、現地のムスリムのインタビューから明らかにしている。「オマール」さんは話してくれた。『行政から見捨てられている。急患対応の医者や郵便配達も、治安が悪いからと来てくれない。火事が起きた時だけ消防がやってくる』。若者の未来も

『がんばって大学を卒業し、就職先を探しても、出身地を書いた履歴書はゴミ箱に行く。不公平だ』と嘆く」（〝仏連続テロ：クリバリ容疑者が育った街　渦巻く若者の憎悪　偏見と貧困、過激化を誘発〟）
http://mainichi.jp/shimen/news/20150120ddm002030057000c.html

(3)二重基準（ダブルスタンダード）は言論の自由でも顕著だ。反ユダヤ主義の場合は違法となるからである。パリ政治学院のファブリス・イペルボワン教授は、「言論の自由には二つの形がある。世界共通の価値観で、どこの国に住む人もおそらく合意するのが米国式の言論の自由。これは、米国憲法の修正第一条に定められている言論・表現の自由だ。特徴は、自由はあるが同時に隣人に思いをはせる。社会を構成する個人が気持ち良く生きることを考慮する。神の冒とくはいけない、それは信仰を持つ隣人を傷つけることになるからだ」と述べ、「フランス式の言論の自由とはフランスのみで通用する。隣人への考慮をしない考え方だ」としている。（〝フランス式「言論の自由」は、普遍的ではない　パリ政治学院教授に聞く「文化と歴史」〟東洋経済ＯＮＬＩＮＥ〈二〇一五年一月二十四日〉）
http://toyokeizai.net/articles/-/58902

(4)マーク・ユルゲンスマイヤー『グローバル時代の宗教とテロリズム』（立山良司訳、明石書店）

(5)だが、間違っても彼らはフランスの価値観それ自体に背を向けているわけではない。むしろ、たとえ無意識にせよ、その価値観の正しさを信じているからこそ「自分自身の意識」が「危機にさらされている」というべきなのだ。森千香子は、「在仏ムスリム移民をめぐる誤解―統合が進んだ故の『衝突』である」という論文で「2世以降の存在が問題化するようになったのは、文化面の格差が大幅に縮小して『対等』に近づいた若い世代のムスリム移民が、フランスの価値観に依拠しながら自分たちの受ける差別を告発し、平等を要求するようになった、という文脈で起きている」と強調している（『外交Vol.30』〈『外交』編集委員会編、時事通信出版局〉所収）。つまり、「平等」の徹底をこそ求めているのだ。

(6)「国教を立てることを禁じ、いっさいの既成宗教から独立した国家により、複数の宗教間の平等ならびに宗教の自由（個人の良心と集団の礼拝の自由）を保障する、宗教共存の原理、またその制度。国家と公立学校などの公的領域を脱宗教化することで、私的領域における宗教の自由を保障するライシテの公私二元論は、宗教的民族的出自から切り離された普遍的市民権のベースにもなっている」（ジャン・ボベロ『フランスにおける脱宗教性（ライシテ）の歴史』三浦信孝・伊達聖伸訳、文庫クセジュ）

(7)〝イスラムに広がる「屈辱」〟日本経済新聞（二〇一五年二月十六日）

(8)鹿島茂は、シャルリー・エブド襲撃事件について、エマニュエル・トッドの「受け入れ社会の全能性の原則」（移民を受け入れる国が持っている無意識の家族型的価値観が適用されるという考え）によるムスリム家族の解体が若者の「アイデンティティクライシス」を招いているとみる（〝仏紙襲撃事件は、強烈な普遍主義同士の衝突　鹿島茂氏が読み解く仏紙襲撃事件（前編）〟東洋経済ＯＮＬＩＮＥ〈二〇一五年一月二十一日〉http://toyokeizai.net/articles/-/58478）。つまり「元がどういう家族類型の民族であっても、受け入れ国の制度に融合せざるを得ない。その結果、内婚制度の共同体家族であるイスラムがフランスに入ってくると、家族が解体して個人にならない限りは、フランス人にはなれない」という歯がゆい現実が突き付けられる。その結果として「アイデンティティクライシスに陥った若者は母親に依存しがちになる。男の子の場合、これはよいこととはいえない。（略）そもそも、イスラムの家では母親の存在が大きく、父親の存在感は薄い。これは内婚制だから。家族が殻につつまれていたのに、殻がこわれてしまうと、幻想の父親を外に求めてしまう」という。

(9)アンソニー・ギデンズ『暴走する世界　グローバリゼーションは何をどう変えるのか』（佐和隆光訳、ダイヤモンド社）

(10)〝若者はなぜイスラム国を目指すのか…池内恵氏インタビュー〟読売新聞（YOMIURI ONLINE）（二〇一五

年二月四日)
http://www.yomiuri.co.jp/feature/yokoku/20150203-OYT8T50221.html?page_no=1
(11)池内恵・山形浩生(対談)「『イスラーム国』に集まる人々」、『公研』二〇一四年十月号(第五二巻第一〇号・通巻六一四号)所収。
(12)ただし、「アンチモダン=反近代」という語は、ネオラッダイトをイメージしやすく誤解が生じる恐れがある。なぜなら、現に、彼らはアーミッシュのように文明の利器を拒否して十六世紀の生活をしているわけではないからだ。つまり、起こっている事態はむしろ「近代(啓蒙思想)の先鋭化」だ。フランス革命以来の啓蒙思想が現在の人権意識を形作り、良くも悪くも歴史を前に推し進めてきた。この人権意識が「環境(生態系)」「動物」「胎児」にまで拡大適用された結果として出現したものといえる。アル=カーイダですら、米国は「われわれの地球環境を破壊し、産業廃棄物で汚染した最大の国だ」「われわれの子孫が住めないかもしれない地球にしようとしている」といっている(ジェイソン・バーク『アルカイダ　ビンラディンと国際テロ・ネットワーク』坂井定雄・伊藤力司訳、講談社)。これは「近代(啓蒙思想)」が空間的な制約を越えて全世界に膾炙《かいしゃ》したことを意味する。ユナボマーにしろ、そもそも爆発物を製造し、自らの主張をマスコミを通じて喧伝する行為からして一九世紀のアナーキストのごとく「近代的」である。いうなれば「近代(啓蒙思想)と近代(科学技術文明)の内なる衝突」なのだ。
(13)ジグムント・バウマン『廃棄された生　モダニティとその追放者』(中島道男訳、昭和堂)

エピローグ

(1)〝イスラム国参加準備の北大生、フリー記者に「人殺してみたい」「イスラムに興味ない」〟北海道新聞(二〇一四年十月七日)

(2)〃イケメン北大生がイスラム国の戦場に求めた「花道」とは　不満と行き詰まりの果て…新たな「戦闘員」誕生も?〃産経ニュース(二〇一四年十月二十八日)
http://www.sankei.com/affairs/news/141028/afr1410280007-n1.html

(3)〃26歳の日本人イスラム戦士が告白「僕らはなぜ〃聖戦〃に惹かれたのか?」【後編】〃週プレNEWS(二〇一四年十月十四日)
http://wpb.shueisha.co.jp/2014/10/20/37287/2/

(4)しかし、これは見方を変えれば異端審問だ。ピエールは、世俗的な価値のすべてを否定したために、火焙りの刑に処せられる現代の魔女である。周囲の説得は、いわば「人生は無意味だ」教の「棄教」と「改宗」を迫る十字軍でもある。

(5)通称「ISISクソコラグランプリ」。「クソコラ」とは、読んで字のごとく「クソみたいなコラージュ」の略だ。「2015年1月に発生したISIS(自称イスラム国)が日本人男性2名を人質にし、身代金を要求した事件をきっかけとし脅迫映像を主な素材とした雑コラが作成され、Twitterで『#ISISクソコラグランプリ』というハッシュタグを使って多数投稿、拡散され祭りとなったもの。日本人だけでなく、自称イスラム国側と見られるアカウントや、海外のユーザーも画像を投稿している」。また、ルールとして「イスラム教やその教義、ムハンマド、コーランなどはネタにしてはいけない」を課した。(ニコニコ大百科)

(6)宮内庁「天皇陛下お誕生日に際し(平成十三年)」会見年月日:平成十三年十二月十八日
http://www.kunaicho.go.jp/okotoba/01/kaiken/kaiken-h13e.html

(7)山本は、「日本教の基本的理念は『人間』である。従って神学は存在せず人間学が存在する。だがこれが、法外の法で規定され、言外の言で語られているため、言葉で知ることが非常にむずかしい。従って日本教を知るには、それを体現している一人物の、思想と行動を出来うる限り解明していく以外に方法がない。この点で、西郷南洲の生き方や記したものこそ、最も良き研究対象であろう」といった（『日本人とユダヤ人』）。

(8)ボルツは、「意味を問うことと不安を語ることは、委曲を尽くした叙述を不可能にする二つのテクニックである。『意味』や『不安』を口にすれば、世界の複雑性を他人に背負わせることができる」と述べている。（『意味に餓える社会』村上淳一訳、東京大学出版会）

(9)もともとはハンガリーの詩人の書簡の一節。魯迅が自著で引用――「絶望之為虚妄、正与希望相同」――したもの。竹内好『魯迅』（講談社文芸文庫）所収。

主要参考文献

テロリズム関連

ブルース・ホフマン『テロリズム　正義という名の邪悪な殺戮』上野元美訳、原書房
チャールズ・タウンゼンド『テロリズム〈1冊でわかる〉シリーズ〉』宮坂直史訳、岩波書店
フランソワ＝ベルナール・ユイグ『テロリズムの歴史』遠藤ゆかり訳、創元社
タラル・アサド『自爆テロ』苅田真司訳、青土社
J＝F・ゲイロー、D・セナ『テロリズム　歴史・類型・対策法』私市正年訳、文庫クセジュ
スラヴォイ・ジジェク『「テロル」と戦争　〝現実界〟の砂漠へようこそ』長原豊訳、青土社
加藤朗『テロ　現代暴力論』中公新書
宮坂直史『日本はテロを防げるか』ちくま新書
福田充『メディアとテロリズム』新潮新書

アメリカ関連

ジェレミー・スケイヒル『アメリカの卑劣な戦争　無人機と特殊作戦部隊の暗躍〈上・下〉』横山啓明訳、柏書房
ウィリアム・ブルム『アメリカの国家犯罪全書』益岡賢訳、作品社
ジョン・K・クーリー『非聖戦　CIAに育てられた反ソ連ゲリラはいかにしてアメリカに牙をむいたか』平山健太郎訳、筑摩書房

ノーム・チョムスキー『新世代は一線を画す　コソボ・東ティモール・西欧的スタンダード』角田史幸・田中人訳、こぶし書房
伊藤千尋『反米大陸　中南米がアメリカにつきつけるNO!』集英社新書

イスラム関連

ロレッタ・ナポリオーニ『イスラム国　テロリストが国家をつくる時』村井章子訳、文藝春秋
アブドルバーリ・アトワーン『イスラーム国』春日雄宇訳、中田考監修、集英社インターナショナル
池内恵『イスラーム国の衝撃』文春新書
常岡浩介、聞き手・高世仁『イスラム国とは何か』旬報社

日本関連

森川哲郎『暗殺（テロリズム）百年史』図書出版社
中野泰雄『安重根と伊藤博文』恒文社
久野収、鶴見俊輔『現代日本の思想』岩波新書
保阪正康『「特攻」と日本人』講談社新書
森史朗『特攻とは何か』文春新書
デニス・ウォーナー、ペギー・ウォーナー、妹尾作太男『ドキュメント神風〈上・中・下〉』妹尾作太男訳、徳間文庫
森本忠夫『特攻　外道の統率と人間の条件』光人社ＮＦ文庫

その他

イアン・ブルマ、アヴィシャイ・マルガリート『反西洋思想』堀田江理訳、新潮新書
アマルティア・セン『アイデンティティと暴力　運命は幻想である』大門毅編、東郷えりか訳、勁草書房
レザー・アスラン『仮想戦争　イスラーム・イスラエル・アメリカの原理主義』白須英子訳、藤原書店
ジャン・ボードリヤール『パワー・インフェルノ　グローバル・パワーとテロリズム』塚原史訳、ＮＴＴ出版
グナル・ハインゾーン『自爆する若者たち　人口学が警告する驚愕の未来』猪股和夫訳、新潮選書
村上伸『ボンヘッファー』清水書院
山本七平『日本人とユダヤ人』角川ソフィア文庫

あとがき

本書の初校がでる直前の昨年十一月にパリ同時多発テロ事件が起こった。

十二月には、米カリフォルニア州サンバーナディーノの福祉施設で銃の乱射事件があり、一四人が死亡し、実行犯の夫婦も死亡した。夫のサイード・ファルーク容疑者は移民ではなく米国生まれ。いわゆるホームグロウン・テロであったことが衝撃を呼んだ。前者は「イスラーム国」が犯行声明を、後者は〝支持者〟の犯行を称える声明を発表した。そして、ちょうどこの文章を書いている最中、インドネシアの首都ジャカルタで、武装集団による発砲・爆破事件が起こった。「イスラーム国」が犯行声明をだすなど緊迫した情勢が続いている。特に少人数・単独行動で計画・実行するローンウルフ（一匹狼）である場合は、当局が事前に察知して取り締まることはほとんど不可能に近い。

しかし、問題の本質は、これらの事件の予防が困難なことよりも、それがもはや個人的な動機に根差したものなのか、政治的な動機に根差したものなのかが、どんどん不明瞭になってきていることにあるように思われる。社会からの疎外感や人間関係のトラブルなど、公私入り乱れる要因が複雑に絡み合って人生に行き詰まり、それが宗教や人種など歴史的な悲劇に裏打ちされた分かりやすい対立構造に還元されたとき、当て所なく潜在していた「暴力的な衝動」や「自殺願望」が「テロ」としてにわかに顕在化することがある。その一方で、もともと「暴力的な衝動」や「自殺願望」を抱えていた者が、「テロ」という表現手段を発見して社会に一石を投じようとすることも十分あり得る……。まさに鶏が先か、卵が先か、である。

テロをめぐる状況は刻一刻と変化している。

本書に関していえば、第五章中のシリア情勢などは、ロシアが空爆を開始して以降の動きには触れていないため、情報としてかなり古くなってしまった部分がある。しかし、アサド政権と反体制派の両者が互いの行為を「テロ」と呼ぶスタンスは変わっていない。また、この内戦に関わっている国家間においても組織間においても、誰を「テロリスト」と呼び、誰を「テロリスト」と呼ばないかの判断基準が異なる。しかし、最も恐ろしいことは「テロリスト」という過大評価された虚像のせいで、テロ事件の何十倍もの犠牲者を生みだしている「戦争犯罪」がみえなくなることだ。

「テロ」というマジックワードは、今日も世界中で「テロリスト」と「テロリスト以外」を生産し続けている。「テロリスト・ワールド」とは、そんな陳腐な二項図式を常にこめかみに突き付けられる、風変わりとしかいいようのない世界を一言で表した言葉である。

しばらくはこの世界から逃れる術はないのだから、滑稽にみえても、稚拙であったとしても、できることから少しずつ始めたい。筆者はそう思っている。本書はいわばその第一歩のようなものだ。

本書の執筆に当たり、現代書館の吉田秀登さんには大変お世話になった。吉田さんには、いつも驚くほど的確な助言と刺激的なアイデアを頂き、原稿を書き進めるうえで大きな支えとなった。原稿の感想としてメールで送られてきた、吉田さんの示唆に富む〝テロリズム論〟にはどれだけ触発されたか分からない。この場を借りてお礼を申し上げたい。

二〇一六年一月十四日　ジャカルタが攻撃された日に

真鍋　厚

真鍋　厚（まなべ　あつし）
一九七九年、奈良県生まれ。大阪芸術大学大学院芸術制作研究科修士課程修了。評論家、著述家。出版社に勤務する傍ら評論活動を行っている。『週刊ＳＰＡ！』が運営するニュースサイト『日刊ＳＰＡ！』で、映画の読み解きを通じて社会問題や戦争などを論じるコラムを執筆している。

テロリスト・ワールド

二〇一六年二月二十日　第一版第一刷発行

著　者　真鍋　厚
発行者　菊地泰博
発行所　株式会社現代書館
東京都千代田区飯田橋三－二－五
郵便番号　１０２－００７２
電　話　０３（３２２１）１３２１
ＦＡＸ　０３（３２６２）５９０６
振　替　００１２０－３－８３７２５
組　版　プロ・アート
印刷所　平河工業社（本文）
東光印刷所（カバー）
製本所　積信堂
装　幀　中山銀士＋金子暁仁

校正協力・渡邉潤子

ISBN978-4-7684-5782-5
定価はカバーに表示してあります。乱丁・落丁本はおとりかえいたします。
http://www.gendaishokan.co.jp/